2023−2024年

試験をあてる

TAC スーパー予想模試 証券外務員 一種

編著 TAC証券外務員講座

TAC出版

はじめに

　ご存知のように、証券外務員の資格は、金融機関において必須であり、お客様に金融商品を販売するためには、なくてはならない資格です。そのため、内定者の段階で外務員資格を取得させる金融機関が増えており、またTACの教材をご利用いただくケースも増加しています。

　このような状況において、TACの法人研修をご利用いただいている大手の証券会社や銀行の内定者、その職員の方々だけでなく、地方の証券会社や銀行、あるいは広く一般に受験される方々にも、外務員の資格に合格していただきたく、TACのノウハウを問題集として公開することといたしました。

　本書は、日本証券業協会より発売されている「2023年版　外務員必携」および「追補」に基づいて、本試験に出題されそうな箇所を問題として作成しております。また本書の構成は、分野ごとにまとめた**分野別問題編**と力試しとしてチャレンジする**模擬試験**の二部構成となっています。なお、分野別問題編のうち、一種・二種で同じ問題が出題されるCHAPTER 1 ～ 14につきましては共通問題とすることで、一種・二種ともに受験される方の学習の手間を省いています。

　まずは分野別の問題でどのくらい理解しているのか試していただき、最終確認として模擬試験で実力を測ってみてください。この問題集を利用すれば、いつの間にか実力がついていることは間違いありません。ぜひ、頑張っていただきたいと思います。

　最後に、証券外務員資格にチャレンジするすべての方が本書を利用して、合格されることを心よりお祈り申し上げます。

2023年 6 月

TAC証券外務員講座

脅威の的中実績！合格者の声

VOICE 1　酒井 龍一さん／大手金融機関

大学1年生のとき、証券外務員二種の試験に合格し、大学2年生のとき、一種が誰でも受験できるようになったことを知り、迷わずTACの証券外務員講座を受講しました。ちょうどそのころ、TACの先生に勧められた証券アナリスト試験の勉強もしていたこともあり、外務員一種の試験に見事1回で合格することができました。さらに大学3年生のとき、証券アナリスト試験にも一発で合格することができ、今は自分が希望していた運用会社で働いております。二種のときと同じように、一種の講義もやはりコンパクトにまとめられ、大学生の私でも理解することができ、効率よく勉強することができました。また、一種の本試験でも、宿題として配布されていたTAC教材の問題集と非常によく似た問題が出題され、本試験について非常に分析しているとやはり感心しました。今社会人として運用会社で働いておりますが、外務員の資格や証券アナリストの資格は、十分仕事に役立っております。数ある専門学校の中で、TACを信じてよかったと本当に感謝しております。

本書は、TAC証券外務員講座のあらゆるノウハウを、「あたる」と評判のTAC教材に掛け合わせ、書籍化に至ったものです。ここでは、本講座教材を使用して学習し、合格を勝ち取った3名を紹介します。彼らの声を聞いてみましょう。

VOICE 2　梶川 麻美さん／有限会社ココ・DE・プランニング

TACでFP講座を受講していたときに、外務員二種の資格に合格し、さらに外務員一種の資格にも挑戦し、見事一回で合格することができました。特に金融資産運用の勉強に非常に役立ったことは言うまでもありません。特に驚かせられたのは、TAC教材の問題集と類似した問題が出題されたことです。知り合いで外務員の資格について相談された場合には、迷わずTACを薦めています。

VOICE 3　増村 大輔さん／学生

大学1年生のとき、金融に興味を持ち、TACで二種の勉強を始め、見事1回で二種の試験に合格することができました。その後、一種も誰でも受験できることを知り、改めてTACで勉強を始めたところ、やはり見事1回で合格することができました。二種と同様に宿題として配布されたTAC教材の問題集は、本試験の問題とほぼ類似していたので、当日は焦らず問題を解くことができました。TACには感謝しております。

TACのノウハウを集約した「あてる」をやれば、合格まちがいなし！

「外務員試験」学習の
悩みに応えます！

証券外務員資格は、銀行や商社などに勤めている人や、金融系業界への就職活動をする学生にとってとても有用な資格です。しかし、いざ勉強を始めようとしたとき、人それぞれさまざまな悩みが出てくるはずです。そこで、よく聞かれる学習上の悩みをあげてみました。

ケース1　新人社員

証券会社に入社して、会社から外務員二種をできる限り早く取得するように言われた。少しでも早くパスして同僚に差をつけたいけど、**効率のいい勉強方法**はないかなぁ？

ケース2　派遣社員

外務員資格を取得して高待遇の証券会社や銀行で仕事がしたい。市販の問題集を使っていたけど、本試験では勉強した内容がほとんど出題されず結果は散々……実際に**出る問題を集中して解きたい**なぁ

ケース3　就職活動者

転職を考えていますが、中途採用で金融業界を目指す場合は外務員資格取得が前提条件のようです。先のことも考えて、試験勉強を進めるとともに**知識も深めたい**です。

ケース4　大学生

金融業界に興味があるので就活のアピール材料がほしい。外務員の資格を持っていると書類審査で有利と聞いたけど、これまでエスカレーター式で大学まできた**から試験慣れしてなくて**……

そんなあなたに
本書をオススメします!!

効率よく勉強したい!

本書には、本試験で「出る問題」を厳選して収載しているので、学習に費やした時間がムダになりません。また、分野別問題編では一つひとつの問題に重要度ランクをつけているので、ランクが高いものを優先して解けば、効率的に学習が進められます。

出る問題を集中して解きたい!

本書の原型となったTAC証券外務員講座の問題集は、多くの金融系企業の研修で使用されており、本試験の出題を「あてまくった」ことにより好評をいただいています。勉強した内容が出題される驚きを、ぜひ本書で実感してみてください!

知識も深めたい!

TAC証券外務員講座の長年のノウハウを結集した本書では、解説部分も充実しています。重要用語は本書付属の赤シートで隠せるから、用語の暗記学習にも使えて便利!

試験慣れしたい!

本書付属の模擬試験(別冊)を解くことで、本試験に向けた演習ができます。また、試験申込から本番当日までの流れが丸ごとわかる「証券外務員試験ガイド」(xiiページ〜)を収載しているので、初受験の方でも安心して試験に臨むことができます。

合格をつかむ！「あてる」活用法

1 学習フローチャートを確認

はじめに学習フローチャートで、学習開始から合格までの流れをチェックします。現在の自分がどの位置にいて、合格というゴールまでにどのような段階を踏んでいかなければならないのかを把握しましょう。

2 CHAPTERごとに全体像をつかむ

まずは分野別問題にチャレンジ！　その前に各CHAPTERの扉にある「CONTENTS」でこれから学ぶ内容を確認しておきましょう。「学習のポイント」には本書独自の分析による最近の出題傾向や重要事項がまとめられているので、必ず読んでおきましょう。

3 分野別問題で知識をインプット

証券外務員試験には○×問題と5肢選択問題があり、本書では問題と解答・解説が左右で見開き構成になっています。また、解答・解説頁ではおさえておくべき計算公式を☐で示しています。演習にあたっては①〜④に留意してすすめましょう。

① 重要度の高いAランク問題から解く
② 問題を1つ解くたびに答えあわせをする
③ チェックボックス(□)を活用する
　（まちがった問題やもう一度解くべき問題に✓、できた問題に✓など使い方はイロイロ！）
④ 赤シートを使って重要事項をチェック

模擬試験にチャレンジ！

アラームつきの時計などを使い、時間を計って模擬試験問題を解いてみましょう。制限時間は160分です。本番を意識しながら解いてペース配分をつかみましょう。

実力アップにつながる答えあわせをする

解き終わったら、すぐに「解答・解説編」で答えあわせをしましょう。間違えたものについては、なぜ間違えたのか解説をよく読んで検証し、次は必ず正解できるようにすることで実力がつきます。重要事項は色付き文字になっているので、赤シートを活用しましょう！

復習をする

学習フローチャートに沿って2～5を繰り返し、模擬試験3回分を解き終えたときには、合格レベルの実力が身についているはずです。その時点でまだ本試験までの時間が残っていたら、分野別問題のうち重要度Aランクの問題を中心に復習し、実力をより完璧なものにしておきましょう。

一種外務員試験の概要

外務員資格試験は、外務員としての資質を確認するために日本証券業協会が実施しています。資格試験に合格したものは、協会の協会員を通じて、外務員登録原簿に登録を受けることで、外務員の職務を行うことができるようになります。

一種外務員試験概要

受験資格	特に制限なし。年齢などにかかわらず誰でも受験可能
試験実施日	通年で実施。原則として、月曜日から金曜日(祝日、年末年始等を除く)
試験会場	全国の主要都市に設置されている試験会場(テストセンター)
受験料	13,860円(税込)　※別途手数料がかかります。
試験時間	160分
出題数	100問(○×式70問、五肢選択式30問)
合否判定基準	440点満点中308点(70%)以上の得点で合格
試験の方法	CBT (Computer Based Testing：コンピュータを利用した試験)を採用。試験会場に備えられたPC (パソコン)により行われ、PCの操作にはマウスを使用します。
合否の通知	試験当日、試験会場で「外務員資格試験受験結果通知書」が配布される
受験申込	プロメトリック(株) https://www.prometric-jp.com/examinee/test_list/archives/17 ※申込日の翌日を1日目として5日目(土日祝日、年末年始を除く)の日から1カ月間に実施される試験の受験を申し込むことができます。

注) 上記内容は刊行時のデータに基づきます。
最新の情報は日本証券業協会のホームページ (https://www.jsda.or.jp/index.html) をご確認ください。

予想出題数・配点一覧

科目ごとの出題数・配点予想一覧

一種外務員試験は計15科目で成り立っていますが、学習の便宜上、本書は以下のように構成しています。最新の傾向から、出題科目別の出題数・配点を下表のように予想しました。学習を行う際の目安にしてください。

科 目 （本書におけるCHAPTER順）		予想出題数		予想配点
		○×式問題	五肢選択式問題	
CH1	証券市場の基礎知識	0問	1問	10点
CH2	経済・金融・財政の常識	0問	2問	20点
CH3	株式業務	6問	4問	52点
CH4	債券業務	5問	3問	40点
CH5	投資信託及び投資法人に関する業務	7問	2問	34点
CH6	証券税制	6問	1問	22点
CH7	株式会社法概論	5問	1問	20点
CH8	付随業務	0問	1問	10点
CH9	財務諸表と企業分析	5問	1問	20点
CH10	金融商品取引法	6問	2問	32点
CH11	金融商品の勧誘・販売に関係する法律	3問	0問	6点
CH12	協会定款・諸規則	8問	3問	46点
CH13	取引所定款・諸規則	6問	0問	12点
CH14	セールス業務	5問	0問	10点
CH15	信用取引	※「株式業務」「取引所定款・諸規則」の中で問われる。		
CH16	先物取引	8問	9問	106点
CH17	オプション取引			
CH18	特定店頭デリバティブ取引			
合 計		70問 （1問2点）	30問 （1問10点）	440点

はじめての受験でも安心！ 証券外務員試験ガイド

Q&A **本試験の流れ**

Guide 1 ベーシック Q&A

Q 未成年でも試験を受けることはできるの？

A 受験できます。年齢・国籍などに関係なく、誰でも受けることができます。

Q 試験会場ってどこにあるの？　自分で選べるの？

A 全国47都道府県内各地に設置されており、すべての会場から任意で選択することができます。会場のタイプは、教育サービス系法人、NPO法人、大学、高等学校、専門学校、パソコン教室などがあります。

地域別試験会場数(2023年6月時点)　合計170カ所	
北海道・東北………26	関東(東京都以外)……29
関東(東京都)………20	中部…………………28
近畿…………………29	中国…………………14
四国…………………5	九州・沖縄…………19

Q いつ受けられるの？

A 祝日および年末年始休業期間中を除く月～金曜日に実施されています。ただし、試験会場によって実施状況が異なるので申込みの際に確認しましょう。

Q 受験の申込方法はどうやるの？

A 下記ウェブサイトよりオンラインで申込みをしてください。

プロメトリック(株)

https://www.prometric-jp.com/examinee/test_list/archives/17

Q 試験会場に何を持っていけばいいの？

A 受験者が持参するものは次のⅠ～Ⅱの2つです。

証券外務員試験はCBT試験であり、試験日も自由に選べるなど通常の国家試験などとは異なる点が多く、受験方法につき、不安を抱えていらっしゃる受験生も多いことでしょう。本試験前に、こういった様々な不安を解消しておくことも受験対策のうちの1つです。このガイドでは、よくある受験生の疑問と試験の流れについてまとめました。本ガイドを熟読し、受験手続上の不安を一掃しましょう！
（試験会場により、一部異なる場合もあります）

Ⅰ 本人確認書類(以下①～⑤のいずれか)

①運転免許証 ②パスポート ③マイナンバーカード

④在留カード又は特別永住者証明書(外国人の場合)

⑤運転経歴証明書(2012(平成24)年4月1日以後に交付されたものに限る)

※ 学生証は不可。

Ⅱ 確認書

プロメトリック(株)への受験料支払い完了時にウェブ上で発行されます。集合時刻や会場の地図などの情報が記載されているため、画面を印刷し、持ち運びできるようにしておきましょう。

確認書の内容	
●試験日・試験名・当日の集合時刻	●会場情報と地図
●当日必要な本人確認書類	●試験予約の変更受付期限

Ⅲ プロメトリックID

プロメトリックが実施している認定試験を受験する際に必要なIDで、数秒で発行されます。アルファベット2桁＋数字7桁の番号で構成されています。このIDは本試験当日、受付より貸し出され、試験室に持って行きます。

なお、IDを取得するには、有効なEメールアドレスが必要です。

Q 合否っていつ、どのようにわかるの？

A 試験終了直後、試験結果が画面に表示されることで合否がわかります。

次ページから本試験までの流れを確認！

Guide 2 試験前〜本試験の流れ

試験前

◆「ＰＣによる試験(CBT：Computer Based Testing)」をデモ体験しておく

プロメトリック(株)のホームページから、オンラインで練習ができます。次のURLからアクセスして、操作方法などを体験しておきましょう。

> プロメトリック(株) **CBT**体験版(問題内容は外務員試験のものとは異なります)
> https://www.prometric-jp.com/examinee/procedure/

本試験（当日）

◆ 自　宅

✓ 持ち物のチェック
- ☐ 本人確認書類
- ☐ 確認書

◆ 受　付
- ●本人確認書類の提示
- ●入場時刻の記入を行う
- ●受験規定への同意・署名
- ●ロッカーキーとプロメトリックIDの受取り

◆ ロッカー室
- ロッカーキー番号のロッカーを使用
- 「本人確認書類」「プロメトリックID」以外の荷物をすべて入れる
- カギをかける

◆ 試験室(テストルーム)
- ロッカーキーの番号の席につく
- ID番号と名前を入力して認証を行う
- 画面上の指示に従って操作し、試験を開始する。

(試験開始から160分が経過すると自動的に終了)

※机の上にメモ用紙と筆記具が用意されています。
※任意のタイミングで試験の「開始」「終了」ができます。
※試験会場によっては、ロッカーキーの番号と着席の番号とが異なる場合もあります。

試験後

◆ ロッカー室
・荷物を取り出す

◆ 受　付
・退場時刻の記入を行う

☆「受験結果通知」(合否通知)の見方
試験後に「受験結果通知」がメールで届きます。

◎合格～外務員として仕事を始めるまで

外務員試験合格
▼
日本証券業協会に加入している金融商品取引業者(企業など)に就職
▼
所属している金融商品取引業者から外務員登録
▼
外務員の仕事が可能！

学習フローチャート

◆ フローチャートの使い方

①フローチャート全体を見る	学習を完成させるまでの流れをつかんでおきましょう。
②学習を開始する	レベルⅠから、学習を始めていきます。
③模擬試験に挑戦する	レベル毎に設定された「正答率○割」を目安として、手ごたえを感じたら次のレベルに進みましょう。
④学習の完成	レベルⅣの内容が終わったら完成です！

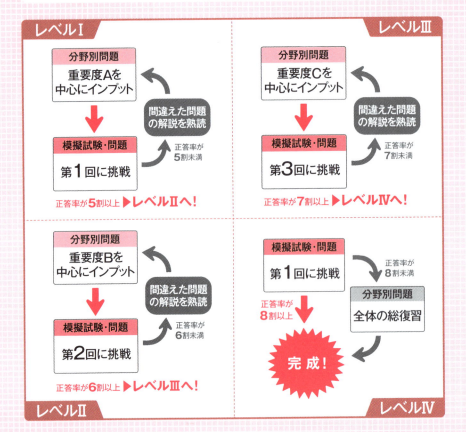

CONTENTS

はじめに

◆ **脅威の的中実績！　合格者の声** ···································· iv
本書のベース教材で合格を勝ち取った、金融系企業などで活躍中の３名を紹介。

◆ **「外務員試験」学習の悩みに応えます！** ···················· vi
効率学習・試験慣れ……さまざまな要求に応える本書の魅力がココでわかる！

◆ **合格をつかむ！　「あてる」活用法** ························· viii

◆ **一種外務員試験の概要／予想出題数・配点一覧** ·············· x

◆ **はじめての受験でも安心！　証券外務員試験ガイド** ·········· xii
受験手続などの基本的な疑問を解消し、試験当日のリアルな流れを把握しよう。

◆ **学習フローチャート** ·· xvi

分野別問題編

CHAPTER1	証券市場の基礎知識(一種・二種共通) ······················· 3
CHAPTER2	経済・金融・財政の常識(一種・二種共通) ··················· 13
CHAPTER3	株式業務(一種・二種共通) ···························· 29
CHAPTER4	債券業務(一種・二種共通) ···························· 59
CHAPTER5	投資信託及び投資法人に関する業務(一種・二種共通) ·········· 87
CHAPTER6	証券税制(一種・二種共通) ···························· 113
CHAPTER7	株式会社法概論(一種・二種共通) ······················· 131
CHAPTER8	付随業務(一種・二種共通) ···························· 149
CHAPTER9	財務諸表と企業分析(一種・二種共通) ···················· 159
CHAPTER10	金融商品取引法(一種・二種共通) ······················· 183
CHAPTER11	金融商品の勧誘・販売に関係する法律(一種・二種共通) ······· 211
CHAPTER12	協会定款・諸規則(一種・二種共通) ····················· 221
CHAPTER13	取引所定款・諸規則(一種・二種共通) ···················· 241
CHAPTER14	セールス業務(一種・二種共通) ························ 255
CHAPTER15	信用取引(一種固有論点) ····························· 269
CHAPTER16	先物取引(一種固有論点) ····························· 283
CHAPTER17	オプション取引(一種固有論点) ························ 309
CHAPTER18	特定店頭デリバティブ取引(一種固有論点) ················ 329

模擬試験 解答・解説編 ···································· 351

模擬試験 問題編＜別冊＞
第1回／第2回／第3回

xvii

分野別問題編

CHAPTER

1

証券市場の基礎知識

CONTENTS

- 証券市場（金融商品市場）
- 発行市場と流通市場
- 証券市場の関係者

※本CHAPTERの掲載内容は、本書のシリーズ書籍
『証券外務員二種』CHAPTER1と共通です。

学習のポイント❗

証券市場（金融商品市場）のしくみとその担い手である
金融商品取引業者（証券会社）の役割などを中心に学習
します。特に、金融商品取引業界の参加者である自主
規制機関等についてはよく出題されています。

○×問題

次の文章のうち、正しいものには○を、正しくないものには×をつけなさい。

直接金融と間接金融

☐☐☐ **1** 企業の資金調達方法のうち、株式の発行及び債券の発行によるも
重要度A のは、直接金融に区分される。

☐☐☐ **2** 証券市場（金融商品市場）のうち、株式市場における資金調達は「直
重要度A 接金融」に分類され、債券市場における資金調達は「間接金融」に
分類される。

発行市場と流通市場

☐☐☐ **3** 発行市場とは、資金調達の目的で新規に発行される証券が、発行
重要度C 者から直接にあるいは仲介者を介して投資者に第1次取得される
市場（Primary market）のことをいう。

☐☐☐ **4** 発行市場とは、取得されて既発行となった証券が、第1次投資者
重要度C から、第2次、第3次の投資者に転々流通（売買）する市場である。

☐☐☐ **5** 有価証券が発行者から直接に、あるいは金融商品取引業者等の仲
重要度C 介者を介して、投資者に第1次取得される市場を「流通市場」とい
う。

☐☐☐ **6** 有価証券が発行者から直接にあるいは金融商品取引業者等の仲介
重要度C 者を介して投資者に第1次取得される市場を「発行市場」という。

二つの市場の相互関係

☐☐☐ **7** 発行市場と流通市場は、互いに独立した別々の市場であり、両市
重要度C 場は有機的に結びついてはいない。

解答・解説

CH 1
証券市場の基礎知識

---

1 ○ 証券市場において資金調達することを直接金融といい、企業が株式や債券を発行して資金調達する方法は「直接金融」に区分される。

2 × 株式市場及び債券市場における資金調達は「直接金融」に分類される。これに対し、銀行等の金融機関を通じた資金調達は「間接金融」に分類される。

---

3 ○ 発行市場は、資金調達の目的で新規に発行される証券（株券、債券など）が、発行者から直接にあるいは金融商品取引業者等の仲介者を介して投資者に第1次取得される市場である。

4 × 記述は、「流通市場」の説明である。発行市場とは資金調達の目的で新規に発行される証券が発行者から直接にあるいは仲介者を介して投資者に第1次取得される市場のことである。

5 × 発行者から直接に、あるいは金融商品取引業者等の仲介者を介して、投資者に第1次取得される市場は「発行市場」である。

6 ○ 上記4 5を参照のこと。

---

7 × 発行市場と流通市場は、無関係ではなく、お互いに密接に関連し合っている（有機的に結びついている）。

5

取引所市場と店頭市場

□□□ **8**
重要度C
流通市場は、金融商品取引業者や投資者相互間で既発行証券が売買（流通）されている場の総称であり、金融商品取引所の開設する取引所市場とそれ以外の市場、いわゆる店頭市場等に分けられる。

金融商品取引業

□□□ **9**
重要度C
金融商品取引業とは、「証券という金融手段を媒体として、証券市場における売買取引を通じて金融仲介機能を果たす専門機関が行う業務」ということができる。

□□□ **10**
重要度A
内閣総理大臣の登録を受けた者でなければ、金融商品取引業を営むことはできない。

□□□ **11**
重要度A
金融商品取引業者とは、内閣総理大臣の認可を受け、金融商品取引業を営む者をいう。

投資者保護

□□□ **12**
重要度A
金融商品取引法上の投資者保護とは、すべての証券価格を保証することをいう。

□□□ **13**
重要度A
投資者保護とは、証券投資に関する情報を、正確かつ迅速に投資者が入手でき、また、不公正な取引の発生から投資者を回避させることが基本である。

□□□ **14**
重要度C
いわゆる「自己責任原則」とは、投資者は、自己の判断と責任で投資行動を行い、その結果としての損益はすべて投資者に帰属することをいう。

CH 1

証券市場の基礎知識

⑧ ○ 取引所市場以外の売買の形態には、PTS（私設取引システム）などがある。

⑨ ○ 金融仲介機能を果たしている。

⑩ ○ 金融商品取引業を営むためには、内閣総理大臣（金融庁長官）の登録を受けなければならない。

⑪ × 金融商品取引業者とは、内閣総理大臣（金融庁長官）の登録を受け、金融商品取引業を営む者をいう。

⑫ × 金融商品取引法上の投資者保護とは、投資証券の価格を保証するものではない。なお、投資者保護とは「金融商品投資に関する情報を、正確かつ迅速に投資者が入手でき、また、不公正な取引の発生から投資者を回避させること」が基本である。

⑬ ○ 預金者保護とは異なり、投資元本の保全を保証するものではない。

⑭ ○

7

□□□ 15 投資者は、自己の判断と責任の下に投資行動を行う必要があるが、
重要度A その結果として生じた損失が少額である場合に、金融商品取引業
者がその損失を補塡することをあらかじめ約しておくことは、投
資者保護の観点から、必ずしも不適切な行為とはいえない。

自主規制機関

□□□ 16 日本証券業協会は、金融商品取引業界における自主規制機関の1
重要度A つである。

□□□ 17 わが国で現在、自主規制機関と呼ばれる金融商品取引業界の主要
重要度C な団体には、「各証券取引所」、「日本証券業協会」、「投資信託協会」
の3団体がある。

証券取引等監視委員会

□□□ 18 証券取引等監視委員会は、金融商品取引業界における自主規制機
重要度A 関の1つである。

□□□ 19 証券取引等監視委員会には、インサイダー取引や相場操縦等の公
重要度A 正を損なう行為についての強制調査権が付与されている。

投資者保護基金

□□□ 20 投資者保護基金の補償対象顧客に、適格機関投資家は含まれない。
重要度C

□□□ 21 投資者保護基金の補償対象になる預り資産に、信用取引に係る保
重要度B 証金及び代用有価証券は含まれない。

15　×　損失が少額であっても、金融商品取引業者がその損失を補填すること
をあらかじめ約しておくことは、投資者保護の観点から、不適切な行
為である。

16　○　金融商品取引業規制方式には、監督官庁（金融庁）による公的規制だけ
でなく、自主規制機関による自主規制があり、法律によって、広範な
自主規制の権限を与えられた団体のことを「自主規制機関」という。自
主規制機関には日本証券業協会も含まれる。

17　○　主要な自主規制機関は３団体である。

18　×　証券取引等監視委員会は、公的規制機関の１つである。

19　○　公的規制機関である証券取引等監視委員会には、一定の強制調査権が
与えられており、違反者を捜査当局に告発することもできる。

20　○　投資者保護基金の補償対象顧客には、銀行、金融商品取引業者、保険
会社、信用金庫、信用組合、投資事業有限責任組合、厚生年金基金、
外国政府及び外国の金融機関などの適格機関投資家は含まれない。

21　×　投資者保護基金の補償対象となる預り資産には、信用取引に係る保証
金及び代用有価証券も含まれる。

□□□ **22** 投資者保護基金の補償対象になる預り資産に、付随業務等により
重要度B 寄託を受けている金銭は含まれない。

□□□ **23** 投資者保護基金の補償限度額は、顧客1人当たり3,000万円とさ
重要度A れている。

□□□ **24** 投資者保護基金の補償対象は、適格機関投資家などを除く顧客の
重要度A 預かり資産であり、補償限度額は、顧客1人当たり3,000万円ま
でである。

証券金融会社

□□□ **25** 証券金融会社は、金融商品取引法に基づく資本金1億円以上で内
重要度C 閣総理大臣の免許を受けた証券金融専門の株式会社である。

□□□ **26** 証券金融会社の主要業務に、金融商品取引業者に対して、信用取
重要度C 引の決済に必要な金銭又は有価証券を貸し付ける業務がある。

□□□ **27** 証券金融会社は、金融商品取引法に基づき内閣総理大臣から免許
重要度C を受け、信用取引の決済に必要な金銭又は有価証券を金融商品取
引業者に貸し付ける業務を行っている。

22 × 投資者保護基金の補償対象になる預り資産には、付随業務等により寄託を受けている金銭も含まれる。

23 × 投資者保護基金の補償限度額は、顧客1人当たり1,000万円である。

24 × 投資者保護基金の補償対象は、適格機関投資家などを除く顧客の預かり資産であるが、補償限度額は、顧客1人当たり1,000万円までである。

25 ○ なお、合併等を経て、2023年4月1日現在、証券金融会社は日本証券金融株式会社（日証金）1社のみとなっている。

26 ○ 証券金融会社とは、金融商品取引法に基づき、内閣総理大臣の免許を受けた、資本金1億円以上の証券金融専門の株式会社であり、主要業務には、信用取引の決済に必要な金銭や有価証券を金融商品取引業者に貸し付ける業務がある。

27 ○ なお、証券金融会社は、金融商品取引業者またはその顧客に対し、有価証券または金銭を担保として、金銭または有価証券を貸し付ける（一般貸付）業務も行っている。

CHAPTER

2

経済・金融・財政の常識

CONTENTS

- GDP（国内総生産）
- 景気関連統計
- 雇用関連統計
- 物価関連統計
- 消費関連統計
- マネーストック
- 国際収支
- 短期金融市場
- 金融政策
- 財政

※本CHAPTERの掲載内容は、本書のシリーズ書籍
『証券外務員二種』CHAPTER2と共通です。

学習のポイント❗

株式・債券・投資信託等の価格に影響を与える各種経済指標、金融市場や金融政策、財政について学習します。特に、GDP（国内総生産）、雇用関連統計、消費関連統計、金融政策及び財政に関する問題は、出題頻度が非常に高いので、しっかりとマスターしましょう。

○×問題　　次の文章のうち、正しいものには○を、正しくないものには×をつけなさい。

分配面からみた国内総生産

☐☐☐ **1** 国民経済計算では、「国内総生産＝雇用者報酬＋固定資本減耗＋

重要度C　（間接税－補助金）」という式が成立する。

景気関連統計の見方

☐☐☐ **2** 内閣府は「景気動向指数」と呼ばれる指数を作成し、3カ月に一度

重要度C　公表している。

☐☐☐ **3** 景気動向指数には、先行系列、一致系列、遅行系列の3本の指数

重要度A　があり、東証株価指数は一致系列である。

☐☐☐ **4** 「全国企業短期経済観測調査（いわゆる日銀短観）」は、日本銀行が

重要度C　2カ月に一度公表している。

消費の決定要因

☐☐☐ **5** 家計貯蓄とは、所得から可処分所得を差し引いて求められる。

重要度C

☐☐☐ **6** 消費関連指標のうち、「家計貯蓄率」は、家計貯蓄を財産所得で除

重要度A　して求められる。

☐☐☐ **7** 可処分所得のうち実際に消費として支出される割合を平均消費性

重要度A　向という。

> 解答・解説

CH
2

経済・金融・財政の常識

1　×　国民経済計算では、「国内総生産＝雇用者報酬＋営業余剰＋固定資本減耗＋（間接税－補助金）」の式が成立する。

2　×　3カ月に一度ではなく、「毎月」公表している。

3　×　東証株価指数は、一致系列ではなく、「先行系列」である。

4　×　2カ月に一度ではなく、「3カ月に一度」公表している。

5　×　家計貯蓄は、可処分所得から消費支出を差し引いて求められる。

6　×　消費関連指標のうち、「家計貯蓄率」は、家計貯蓄を可処分所得で除して求められる。

7　○　平均消費性向とは、可処分所得に対する消費支出の割合のことである。

15

住宅関連統計の見方

□□□ 8 住宅関連統計のうち、「住宅着工統計」は、工事着工ベースである
重要度B ため、新設住宅着工戸数は景気の変動に先行して動く傾向があり、
景気先行指標として利用される。

雇用関連指標の種類と特徴

□□□ 9 労働力人口の定義とは、15歳以上の就業者数と15歳以上の完全
重要度C 失業者数を合計したものであり、15歳以上の人のうち、働く意
思を持っている者の人口のことである。

□□□ 10 有効求人倍率は、一般に好況期に上昇し、不況期に低下する。
重要度A

□□□ 11 有効求人倍率が1を上回るということは、仕事が見つからない人
重要度A が多く、逆に1を下回るということは、求人が見つからない企業
が多いということを意味する。

□□□ 12 雇用関連指標のうち「完全失業率」は、完全失業者数を労働力人口
重要度B で除して求められる。

□□□ 13 雇用関連指標のうち「労働力人口比率」とは、労働力人口を15歳
重要度C 以上の人口で除して求められる。

□□□ 14 雇用関連指標のうち「有効求人倍率」は、有効求人数を有効求職者
重要度A 数で除して求められる。

8 ○

9 ○

$$労働力人口 = 15歳以上の就業者数 + 15歳以上の完全失業者数$$

10 ○

$$有効求人倍率(倍) = \frac{有効求人数}{有効求職者数}$$

11 × 有効求人倍率が1を上回るということは、求人が見つからない企業が多く、逆に1を下回るということは、仕事が見つからない人が多いことを意味する。

12 ○

$$完全失業率(\%) = \frac{完全失業者数}{労働力人口} \times 100$$

13 ○

$$労働力人口比率(\%) = \frac{労働力人口}{15歳以上人口} \times 100$$

14 ○

$$有効求人倍率(倍) = \frac{有効求人数}{有効求職者数}$$

□□□ 15 100人の求職者数に対して、60人の求人数がある場合の有効求人
重要度C 倍率は、1.2倍（小数第2位以下切捨て）である。

物価関連統計及び消費関連統計

□□□ 16 物価に関する指標である「企業物価指数」は、企業間で取引される
重要度B 中間財の価格であり、国内企業物価指数、輸出物価指数、輸入物
価指数と、これら3つを組み替えたり、調整を加えたりした参考
指数がある。

□□□ 17 消費者物価指数（CPI）の算出に当たっては、直接税や社会保険料
重要度B 等の非消費支出、土地や住宅等のストック価格は含まれない。

□□□ 18 物価関連指標のうち「GDPデフレーター」は、実質GDPを名目
重要度A GDPで除して求めることができる。

マネーストック

□□□ 19 マネーストックとは、国や金融機関が保有する預金等のことをい
重要度A う。

□□□ 20 マネーストック統計において、要求払預金はM1に計上される。
重要度A

国際収支

□□□ 21 経常収支は、貿易・サービス収支、第一次所得収支、第二次所得
重要度C 収支の3つの合計として求めることができる。

15 ×　60人 ÷ 100人 = **0.6倍**である。

16 ○

17 ○　なお、消費者物価指数は、家計が購入する消費財やサービスの小売価格を対象とした指数で、**総務省**が調査・発表する。

18 ×　「GDPデフレーター」は、**名目GDPを実質GDPで除して**求められる。

19 ×　マネーストックとは、金融機関を除く一般の法人、個人および地方公共団体が保有する通貨の量のことであり、国や金融機関が保有する預金等は**含まれない**。

20 ○　M1に含まれるものは、**現金通貨**、**預金通貨**(当座預金や普通預金などの要求払預金)である。

21 ○

経常収支 = 貿易・サービス収支 + 第一次所得収支 + 第二次所得収支

通貨

☐☐☐ **22** 通貨の機能の1つに、商品の価値の計算単位の機能がある。
重要度A

☐☐☐ **23** 一般にインフレーションが進行すると、貨幣価値は実物資産の価
重要度A 値に比べて、相対的に上昇する。

日本銀行

☐☐☐ **24** 日本銀行は、銀行券の独占的発行権を有する「発券銀行」としての
重要度A 機能のほかに政府の出納業務を行う「政府の銀行」としての機能も
有している。

短資会社

☐☐☐ **25** 短資会社は、短期金融市場における金融機関相互の資金取引の仲
重要度C 介業務を行っている。

金融市場

☐☐☐ **26** オープン市場は、金融機関相互の資金運用・調達の場として利用
重要度A されており、非金融機関は参加できない市場である。

22 ○ 通貨の基本的機能には次の3つがある。

価値尺度としての機能	通貨が存在することで、物やサービスの価格を通貨で示すことが可能であり、商品の価値の計算単位としての機能をいう。
交換手段としての機能	支払手段、決済手段としての機能をいう。
価値の貯蔵手段としての機能	通貨を保有することは、通貨によって示される価値を保有することであり、将来の交換に備えた価値の貯蔵が可能となる機能をいう。

23 × 上昇するのではなく、「下落」する。

24 ○ 日本銀行には、銀行券の独占的発行権を有する「発券銀行」としての機能、市中金融機関を対象に取引を行う「銀行の銀行」としての機能、政府の出納業務を行う「政府の銀行」としての機能の3つの基本的機能がある。

25 ○ 短資会社は、短期金融市場において金融機関同士の仲介業務を行う会社であり、現在、東京短資、上田八木短資、セントラル短資の3社がある。

26 × 記述は、「インターバンク市場」の説明である。オープン市場は、一般事業法人などの非金融機関も参加できる市場である。

インターバンク市場

□□□ **27** インターバンク市場は、コール市場と手形市場からなり、日本銀
重要度B 　行の資金調節や金利水準誘導の場としての機能を果たしている。

□□□ **28** コール市場における資金の最大の出し手は地方銀行である。
重要度B

CD市場

□□□ **29** CD（譲渡性預金証書）の発行者は、金融機関のうち金融債を発行
重要度C 　する銀行に限られている。

CP市場

□□□ **30** CPとは、コマーシャル・ペーパーの略で、その法的性格は約束
重要度C 　手形であり、流通形態としては、短期の現先取引が最大の割合を
　占めている。

金融政策の手段

□□□ **31** 日本銀行の金融政策手段としては、①公開市場操作及び②預金準
重要度C 　備率操作の２つが代表的である。

□□□ **32** 日本銀行が行う公開市場操作では、国庫短期証券はその対象とな
重要度A 　るが、個別の株式はその対象とならない。

予算の編成

□□□ **33** 予算の作成、国会への提出は内閣が行うが、実際に予算案の編成
重要度C 　を行うのは財務大臣である。

□□□ **34** 参議院が衆議院の可決した予算案を受け取ってから60日以内に
重要度C 　議決しない場合は、予算は自然成立する。

27　○

28　✕　コール市場における資金の最大の出し手は信託銀行である。

29　✕　CDの発行者は、預金を受け入れる金融機関に限られ、発行残高シェアの過半は都市銀行が占めている。

30　○　なお、ＣＰは割引方式で発行され、その多くは期間３ヵ月程度となっている。

31　○

32　○　なお、公開市場操作とは、日本銀行が市場で債券や手形の売買を行って民間金融機関の保有する資金量(当座預金残高)を増減させ、金利やマネーストックに影響を与える政策である。

33　○

34　✕　参議院が衆議院の可決した予算案を受け取ってから30日以内に議決しない場合、予算は自然成立する。

□□□ 35 衆議院が参議院の可決した予算案を否決した場合には、両院協議
重要度A 会を開くことになっており、両院協議会で意見が一致しない場合
には、参議院の議決が国会の議決となり、予算が成立する。

一般会計予算

□□□ 36 国の予算は、一般会計予算と特別会計予算から構成されている。
重要度C

□□□ 37 「暫定予算」とは、予算成立までの期間の必要経費だけを計上した
重要度C 予算のことである。

基礎的財政収支対象経費

□□□ 38 国の一般会計歳出予算の基礎的財政収支対象経費のうち、最大の
重要度A 割合を占めるのは、公共事業関係費である。

□□□ 39 国の一般会計歳出予算の基礎的財政収支対象経費の中で最も金額
重要度A の大きな経費は、文教及び科学振興費である。

公共財

□□□ 40 公共財とは、防衛、警察、司法など社会的な必要性が認められる
重要度A ものの、市場で供給されることのない財・サービスをいう。

財政の範囲・大きさ

□□□ 41 国民負担率は、国民所得に対する租税負担の比率である。
重要度A

租税

□□□ 42 地方税とは、納税者が地方公共団体を通じて国に納める税金のこ
重要度C とをいう。

35 × 衆議院と参議院の記述が逆である。

36 ○ 予算は、一般会計予算と特別会計予算から構成されており、一般会計予算は、本予算、暫定予算、補正予算に区分される。

37 ○

38 × 最大の割合を占めるのは、社会保障関係費である。

39 × 上記38を参照のこと。

40 ○

41 × 国民負担率とは、国民所得に対する租税・社会保障負担の合計の比率である。

42 × 地方税とは、納税者が地方公共団体に納める租税である。

財政赤字

□□□ **43** プライマリーバランスとは、公債金収入を含む収入と利払費及び
重要度A 債務償還費を含んだ支出との収支のことをいう。

5肢選択問題　次の文章のうち、正しいものの番号を1つ選びなさい。

金融政策の手段

□□□ **44** 日本銀行の金融政策のうち、市中金利の上昇原因となるものの組
重要度C 合せはどれか。

(1) 預金準備率上げ、買いオペ

(2) 預金準備率上げ、売りオペ

(3) 預金準備率下げ、買いオペ

(4) 預金準備率下げ、売りオペ

(5) 該当なし

43 ✕ プライマリーバランスとは、公債金収入以外の収入と利払費及び債務償還費を除いた支出との収支のことである。

解答・解説

44 (2)

金融政策	市中金利の上昇要因	市中金利の低下要因
預金準備率操作	上げ	下げ
公開市場操作	売りオペ	買いオペ

CHAPTER

3

株式業務

CONTENTS

- 取引の種類
- 金融商品取引所における株式の売買
- 上場株券等の取引所金融商品市場外での売買
- 株式の上場
- 外国株式の取引
- 注文の執行と決済(受渡し)
- 株式ミニ投資(ミニ株)
- 株式投資尺度
- 権利付相場・権利落相場の計算
- 株式の受渡金額計算

※本CHAPTERの掲載内容は、本書のシリーズ書籍
『証券外務員二種』CHAPTER 3と共通です。

学習のポイント❗

証券外務員の実際の業務に直接関係する知識であるため、毎回多くの問題が出題されています。特に、「株式投資尺度」におけるPERやPBRなどの計算、「権利付相場・権利落相場の計算」については、公式や計算手順をしっかりと押さえておく必要があります。また、株式業務は、他の分野(『証券税制』、『株式会社法』、『財務諸表』、『金商法』、『協会定款』、『取引所定款』)との関連性が強いため、用語などを関連付けて学習することが効率的です。

| ○×問題 | 次の文章のうち、正しいものには○を、正しくないものには×をつけなさい。 |

取引所（市場）外売買

□□□ **1** 上場株式については、いわゆる取引所集中義務が課せられており、
重要度C　　取引所外における取引を一切行ってはならない。

内部者（インサイダー）取引の受託の禁止

□□□ **2** 金融商品取引業者は、顧客の有価証券の売買等が内部者取引に該
重要度C　　当するおそれのあることを知った場合は、当該注文を受けること
　　　　　　はできない。

VWAP（売買高加重平均価格）

□□□ **3** 当日1,650円で1,500株、1,630円で2,500株、1,600円で3,500株約
重要度C　　定した銘柄のVWAP（売買高加重平均価格）は1,610円である。
　　　　　　注）答は円未満を切り捨ててある。

安定操作期間中の受託

□□□ **4** 一般に、ファイナンス期間とは、有価証券の募集又は売出しに関
重要度C　　する取締役会決議の行われた日からその申込最終日までをいい、
　　　　　　その間、受注・執行の管理に注意を払う必要がある。

顧客が指示すべき事項

□□□ **5** 顧客が、金融商品取引所の売買立会による売買に係る上場株式の
重要度C　　委託注文を行う際に金融商品取引業者に指示すべき事項に「委託
　　　　　　注文の有効期間」がある。

解答・解説

1 × 上場株式については、いわゆる取引所集中義務が撤廃され、取引所外における売買も行われている。

2 ○ 金融商品取引業者等は顧客の有価証券の売買が内部者取引に該当すること（又は該当するおそれのあること）を知りながら、注文を受けてはならない。

3 ×

$$\text{VWAP} = \frac{1,650\,円 \times 1,500\,株 + 1,630\,円 \times 2,500\,株 + 1,600\,円 \times 3,500\,株}{1,500\,株 + 2,500\,株 + 3,500\,株}$$

$$= 1,620\,円$$

4 × 一般に、ファイナンス期間とは、有価証券の募集・売出し等の発表日の翌日から払込日までの期間をいい、ファイナンス期間中は作為的相場形成が行われるおそれのある注文でないか等、受注・執行の管理に注意を払う必要がある。

5 ○ 顧客が金融商品取引業者に有価証券の売買を委託するつど、指示すべき事項には、①売買の種類、②銘柄、③売付け又は買付けの区別、④数量（売買単位）、⑤値段の限度、⑥売付け又は買付けを行う売買立会時、⑦委託注文の有効期間、⑧現物取引又は信用取引の別がある。

□□□ ⑥ 顧客が、金融商品取引所の売買立会による売買に係る上場株式の
重要度C 委託注文を行うときには、売り注文又は買い注文のいずれの場合
においても、金融商品取引業者に当該注文の有効期間を指示する
こととされている。

注文伝票の記載事項

□□□ ⑦ 注文伝票に記載すべき事項には、自己又は委託の別、顧客からの
重要度C 注文の場合には当該顧客の氏名又は名称、取引の種類、銘柄、売
り付又は買い付の別、受注数量、約定数量、指値又は成行の別、
受注日時、約定日時、約定価格がある。

□□□ ⑧ 「自己又は委託の別」は、注文伝票に記載すべき事項である。
重要度A

□□□ ⑨ 手数料の金額は、「注文伝票」に記載すべき事項である。
重要度A

契約締結時交付書面の作成

□□□ ⑩ 金融商品取引業者は、顧客から株式の売買注文を受託した場合、
重要度A 当該注文に係る売買が成立したかどうかにかかわらず、契約締結
時交付書面を当該顧客に交付しなければならない。

株式の売買に係る手数料

□□□ ⑪ 金融商品取引業者が委託取引により顧客から受け入れる委託手数
重要度C 料の額は、取引所の定める受託契約準則により売買代金に応じて
規定されている。

決済日

□□□ ⑫ 金融商品取引所の売買立会による内国株式の売買の種類は、決済
重要度C 日の違いにより当日決済取引、普通取引、信用取引及び発行日決
済取引の4種類に分類される。

⑥ ○ 上記⑤を参照のこと。

⑦ ○ 注文伝票の記載事項は、以下のとおりである。

> ・自己又は委託の別　・指値又は成行の別　・銘柄　・約定日時
> ・顧客からの注文の場合には当該顧客の氏名又は名称　・受注数量
> ・取引の種類　・受注日時　・売付け又は買付けの別　・約定価格
> ・約定数量

⑧ ○

⑨ × 手数料の金額は、契約締結時交付書面に記載すべき事項である。

⑩ × 金融商品取引業者は、当該注文に係る売買が成立しなければ、契約締結時交付書面を当該顧客に交付しない。

⑪ × 金融商品取引業者が委託取引により顧客から受け入れる委託手数料の額は、各金融商品取引業者と顧客との合意により定められている。

⑫ × 信用取引は、普通取引のうち現物取引以外の取引のことであり、決済日の違いによる場合は、普通取引、当日決済取引、発行日決済取引の3種類に分類される。

□□□ 13 普通取引では、売買契約締結日から起算して4営業日目に決済を
重要度B 行う。

□□□ 14 資金と証券の同時又は同日中の引渡しを行う決済のことをDVP
重要度A 決済といい、この決済では、取引相手の決済不履行から生じる元
本リスク(資金又は証券を交付した後にその対価を受け取れない
リスク)を排除することができる。

発行日決済取引の約諾書及び同意書

□□□ 15 顧客が発行日決済取引による売買を金融商品取引業者に委託注文
重要度C する場合は、所定の様式による「発行日決済取引の委託について
の約諾書」に所定事項を顧客本人が記入し、署名又は記名押印の
上、当該金融商品取引業者に差し入れねばならない。

立会外取引

□□□ 16 立会外取引はその取引の手法によって①単一銘柄取引、②バスケ
重要度C ット取引、③終値取引、④自己株式立会外買付取引に区分するこ
とができる。

□□□ 17 株式の立会外バスケット取引を利用できるのは、15銘柄以上で
重要度A 構成され、かつ、総額10億円以上のポートフォリオについてで
ある。

取引所外売買の対象となる有価証券

□□□ 18 上場株式の売買取引は、立会時間外に限り取引所市場外において
重要度A も行うことができる。

□□□ 19 金融商品取引所に上場されている転換社債型新株予約権付社債券
重要度C 及び投資信託受益証券について、いずれも取引所外で取引を行う
ことではできない。

13 × 4営業日目ではなく、「3営業日目」である。2019年7月16日以後の普通取引の受渡日は、売買成立の日から起算して3営業日目の日に変更されている。

14 ○ なお、DVP決済は、金融商品取引業者間の決済に認められている。

15 ○ なお、発行日決済取引とは、金融商品取引業者が顧客のために行う未発行の有価証券の売買その他の取引で、当該有価証券の発行日から一定の日を経過した日までに当該有価証券又は当該証書をもって受渡しするものをいう。

16 ○ なお、立会外取引は、ほとんどがクロス取引(大口注文同士を一度に成立させる方法)で約定を成立させる取引であり、一般投資家に影響を及ぼすことなく売買を成立させることができる点がメリットである。

17 × 総額10億円以上ではなく「総額1億円以上」のポートフォリオである。

18 × 取引所外売買は、立会時間外だけでなく立会時間内でも可能である。

19 × 転換社債型新株予約権付社債券及び投資信託受益証券について、いずれも取引所外で取引を行うことができる。

私設取引システム（PTS）

□□□ 20　私設取引システム（PTS）を開設できるのは、金融商品取引法の定
重要度C　めるところにより内閣総理大臣の認可を受けた金融商品取引業者
　　　　　　である。

□□□ 21　私設取引システム（PTS）では、顧客間の交渉に基づく価格を用い
重要度A　る方法で価格を決定することはできない。

□□□ 22　私設取引システム（PTS）において、顧客の提示した指値が取引の
重要度A　相手方となる顧客の提示した指値と一致する場合、当該顧客の提
　　　　　　示した指値を用いることができる。

株式ミニ投資

□□□ 23　株式ミニ投資とは、金融商品取引業者と顧客との間で行う金融商
重要度B　品取引所の定める1売買単位に満たない株式（単元未満株）を、株
　　　　　　式等振替制度を利用して、単元未満株のまま売買できる制度のこ
　　　　　　とである。

□□□ 24　金融商品取引業者は、他の金融商品取引業者から株式ミニ投資の
重要度C　注文を受ける場合には、当該他の金融商品取引業者と、株式ミニ
　　　　　　投資に関する契約を締結しなくてもよい。

□□□ 25　金融商品取引業者は、顧客と株式ミニ投資に関する契約を締結す
重要度C　る場合、あらかじめ、当該顧客に対し株式ミニ投資約款を交付し
　　　　　　なければならない。

□□□ 26　株式ミニ投資については、金融商品取引所の定める1売買単位の
重要度C　10分の1単位の株式の持分を取引単位とする。

20 ○ PTS（私設取引システム）とは、取引所外売買の形態の1つで、金融商品取引法の定めにより内閣総理大臣の認可を受けた金融商品取引業者が開設・運営する電子取引の場である。

21 × PTS取引では、オークション方式のほか、顧客間交渉方式も可能である。

22 ○ このように双方の指値が一致する場合は当該顧客の提示した指値を用いることができる。

23 ○ 株式ミニ投資では、単元未満株のまま売買できる。

24 × 他の金融商品取引業者から注文を受ける場合であっても、株式ミニ投資に関する契約を締結しなければならない。

25 ○

26 ○ 株式ミニ投資での取引単位は1売買単位の10分の1単位の株式である。

CH
3

株式業務

37

□□□ **27** 株式ミニ投資は、同一営業日において同一銘柄につき、1取引単
重要度C 位に15を乗じて算出した単位までの株数を受注することができ
る。

□□□ **28** 金融商品取引業者は、顧客から株式ミニ投資に係る売買注文を受
重要度C ける場合には、当該顧客から成行又は指値の別について指示を受
ける必要がある。

□□□ **29** 株式ミニ投資に係る取引において、約定日は金融商品取引業者が
重要度A 顧客から注文を受託した日の翌営業日である。

□□□ **30** 株式ミニ投資とは、毎月一定額を積み立てて、一定の期日にあら
重要度A かじめ選択した一定の銘柄を買い付ける制度のことである。

株式の上場と公開価格の決定

□□□ **31** 株式の新規上場に際して、公開価格の決定方法には、競争入札方
重要度A 式とブックビルディング方式の2種類がある。

競争入札による公開価格の決定

□□□ **32** ブックビルディング方式とは、株式の上場に際し、まず入札が行
重要度A われた後、その落札価格等を勘案して公開価格が決定される方式
のことをいう。

外国証券取引

□□□ **33** 金融商品取引業者は、顧客から新たに外国株券の売買を受託する
重要度A ときは、あらかじめ外国証券取引口座約款を交付し、外国証券取
引口座設定に関する申込書を徴求しなければならない。

□□□ **34** 一般投資者が行う外国株式の取引は、その取引形態により「国内
重要度C 委託取引」、「外国取引」及び「国内店頭取引」に区分される。

27　✕　１取引単位に**9**を乗じて算出した単位までである。

28　✕　金融商品取引業者は、顧客から株式ミニ投資に係る売買注文を受ける場合には、当該顧客から成行又は指値の別について**指示を受けることはできない**。顧客からの指示は、①銘柄、②買付け又は売付けの区分、③数量のみである。

29　◯　なお、株式ミニ投資に係る取引の受渡日は、約定日から起算して**3営業日目**の日である。

30　✕　記述は、「株式累積投資」の説明である。

31　◯

32　✕　記述は、「**競争入札方式**」の説明である。ブックビルディング方式とは、投資家の需要状況や上場日までの株式相場の変動リスクなどを総合的に勘案して公開価格が決められる方式のことをいう。

33　◯

34　◯

□□□ **35** 個人が売買を行うことができる外国株券は、国内の金融商品取引
重要度B 所に上場されている銘柄に限られる。

国内店頭取引

□□□ **36** 金融商品取引業者が顧客に対し国内店頭取引の勧誘を行うことが
重要度C できるのは、外国取引を行うことができる外国証券に限られる。

株価純資産倍率（PBR）

□□□ **37** 株価純資産倍率（PBR）は、株価を1株当たり純資産で除して求め
重要度A ることができる。

5肢選択問題　次の文章のうち、正しいものの番号を1つ選びなさい。

権利付相場・権利落相場

□□□ **38** 時価1,800円の株式について、1：1.2の株式分割を行うこととな
重要度A った。予想権利落相場はいくらか。
注）答は、円単位未満を切り捨ててある。

(1) 681円
(2) 750円
(3) 1,000円
(4) 1,500円
(5) 2,160円

35 ✕ 個人が売買を行うことができる外国株券取引には、国内の金融商品取引所に上場されている銘柄を対象とする「国内委託取引」のほか、「外国取引」と「国内店頭取引」がある。

36 ○ なお、国内店頭取引とは、金融商品取引業者が投資家の相手方となって外国証券を仕切り売買する取引である。

37 ○

$$株価純資産倍率（PBR）= \frac{株価}{1株当たり純資産額}$$

解答・解説

38 （4）

$$権利落相場 = \frac{権利付相場}{分割比率}$$

$$権利落相場 = \frac{1,800円}{1.2}$$

$$= 1,500円$$

□□□ **39** 時価780円の株式について、1：1.2の株式分割を行うこととな
重要度C った。予想権利落相場はいくらか。
注）答は、円単位未満を切り捨ててある。

(1) 600円
(2) 650円
(3) 700円
(4) 725円
(5) 936円

□□□ **40** 1：1.5の株式分割を行う上場銘柄A社株式の権利付相場は1,450
重要度A 円であったが、権利落後の値段が、1,100円になったとすると、
権利付相場の1,450円に対していくら値上がりしたことになるか。
注）答は、円単位未満を切り捨ててある。

(1) 133円
(2) 200円
(3) 350円
(4) 400円
(5) 550円

□□□ **41** 1：1.2の株式分割を行う上場銘柄A社株式の権利付相場は1,170
重要度A 円であったが、権利落後の値段が、1,080円になったとすると、
権利付相場の1,170円に対していくら値上がりしたことになるか。
注）答は、円単位未満を切り捨ててある。

(1) 126円
(2) 152円
(3) 252円
(4) 378円
(5) 504円

39 (2)

$$権利落相場 = \frac{権利付相場}{分割比率}$$

$$権利落相場 = \frac{780\,円}{1.2}$$

$$= 650\,円$$

40 (2)

$$資産価値 = 権利落相場 \times 分割比率$$

$$資産価値 = 1{,}100\,円 \times 1.5$$

$$= 1{,}650\,円$$

$$値上がり金額 = 1{,}650\,円 - 1{,}450\,円$$

$$= 200\,円$$

41 (1)

$$資産価値 = 権利落相場 \times 分割比率$$

$$資産価値 = 1{,}080\,円 \times 1.2$$

$$= 1{,}296\,円$$

$$値上がり金額 = 1{,}296\,円 - 1{,}170\,円$$

$$= 126\,円$$

株価収益率（PER）

□□□ **42** 以下の会社（年1回決算）の株価収益率（PER）はいくらか。

重要度A

> 総資産　24億8,000万円　　総負債　17億3,000万円
>
> 発行済株式総数　600万株　　当期純利益　3,000万円
>
> 株価　180円

注）答は、小数第2位以下を切り捨ててある。また、発行済株式総数
　　及び貸借対照表上の数値は、前期末と当期末において変化はないも
　　のとする。

(1) 36倍
(2) 38倍
(3) 40倍
(4) 45倍
(5) 50倍

42 (1)

$$1\text{株当たり当期純利益} = \frac{\text{当期純利益}}{\text{発行済株式総数}}$$

$$1\text{株当たり当期純利益} = \frac{3{,}000\text{万円}}{600\text{万株}}$$

$$= 5\text{円}$$

$$\text{PER} = \frac{\text{株価}}{1\text{株当たり当期純利益}}$$

$$\text{PER} = \frac{180\text{円}}{5\text{円}}$$

$$= 36\text{倍}$$

株価キャッシュ・フロー倍率（PCFR）

□□□ **43** 以下の会社（年1回決算）の株価キャッシュ・フロー倍率（PCFR）
重要度C はいくらか。

> 発行済株式総数　5億株　　当期純利益　140億円
>
> 減価償却費　40億円　　株価　1,512円

注）答は、小数第2位以下を切り捨ててある。また、発行済株式総数
　　及び貸借対照表上の数値は、前期末と当期末において変化はないも
　　のとする。

(1) 22倍

(2) 28倍

(3) 32倍

(4) 38倍

(5) 42倍

43 **(5)**

$$1株当たりキャッシュ・フロー = \frac{当期純利益＋減価償却費}{発行済株式総数}$$

$$1株当たりキャッシュ・フロー = \frac{140億円 + 40億円}{5億株}$$

$$= 36円$$

$$PCFR = \frac{株価}{1株当たりキャッシュ・フロー}$$

$$PCFR = \frac{1,512円}{36円}$$

$$= 42倍$$

株価純資産倍率（PBR）

□□□ **44** 以下の会社（年1回決算）の株価純資産倍率（PBR）はいくらか。

重要度A

> 総資産　4,892億円　　総負債　4,092億円　　当期純利益　15億円
>
> 発行済株式総数　32,000万株　　株価　300円

注）答は、小数第2位以下を切り捨ててある。また、発行済株式総数
　　及び貸借対照表上の数値は、前期末と当期末において変化はないも
　　のとする。

(1) 0.7倍
(2) 1.2倍
(3) 2.0倍
(4) 8.7倍
(5) 64.0倍

44 (2)

$$純資産 = 総資産 - 総負債$$

$$純資産 = 4{,}892億円 - 4{,}092億円$$
$$= 800億円$$

$$1株当たりの純資産 = \frac{純資産}{発行済株式総数}$$

$$1株当たり純資産 = \frac{800億円}{3.2億株}$$
$$= 250円$$

$$PBR = \frac{株価}{1株当たり純資産}$$

$$PBR = \frac{300円}{250円}$$
$$= 1.2倍$$

自己資本利益率（ROE）

□□□ **45** 以下の会社（年1回決算）の当期における自己資本利益率（ROE）

重要度C はいくらか。

（単位：百万円）

	総資産	自己資本	売上高	純利益
当　　期	70,300	52,300	81,600	8,000
前　　期	60,700	47,900	76,500	4,100

注)答は、小数第2位以下を切り捨ててある。

(1) 0.8％

(2) 8.1％

(3) 10.0％

(4) 15.6％

(5) 15.9％

EV／EBITDA倍率

□□□ **46** 資本金300億円、時価総額6,000億円、利益剰余金120億円、保有

重要度A 現預金（短期有価証券を含む）1,300億円、有利子負債3,600億円、

EBITDA815億円だった場合のEV／EBITDA倍率はいくらか。

注)答は、小数第2位以下を切り捨ててある。

(1) 1.6倍

(2) 4.5倍

(3) 10.1倍

(4) 13.3倍

(5) 14.1倍

45 （5）

$$\text{ROE （\%）} = \frac{\text{当期純利益}}{\text{自己資本（期首・期末平均）}} \times 100$$

$$\text{ROE （\%）} = \frac{8,000\text{百万円}}{(47,900\text{百万円} + 52,300\text{百万円}) \div 2} \times 100$$

$$\fallingdotseq 15.9\%$$

46 （3）

$$\text{EV／EBITDA倍率} = \frac{\text{時価総額＋有利子負債－現預金－短期有価証券}}{\text{EBITDA}}$$

$$\text{EV／EBITDA倍率} = \frac{6,000\text{億円} + 3,600\text{億円} - 1,300\text{億円}}{815\text{億円}}$$

$$\fallingdotseq 10.1\text{倍}$$

日経平均（日経225種）

□□□ **47** 権利付相場においてA社の株価が1,000円、B社の株価が750円、
重要度C C社の株価が1,250円で、3社の平均株価を算出する除数が3で
あった場合、A社が1：2の株式分割を行った後も3社の平均株
価に連続性を持たせるための除数はいくらか。
注）答は、小数第3位以下を切り捨ててある。

(1) 2.00
(2) 2.33
(3) 2.50
(4) 2.75
(5) 2.83

47 (3) $\dfrac{1{,}000\,円 + 750\,円 + 1{,}250\,円}{3} = 1{,}000\,円$

求める除数を X とすると、

$\dfrac{(1{,}000\,円 \div 2) + 750\,円 + 1{,}250\,円}{X} = 1{,}000\,円$

$X = 2.50$

株式売買の受渡金額

□□□ **48** A社株式を成行注文で10,000株の買い注文を出したところ、同一
重要度C 日に2,010円で3,000株、2,030円で7,000株が成立した。この場合
の受渡金額はいくらか。

注1）株式委託手数料は、下表に基づき計算すること。なお、株
式の譲渡に係る所得税等については、考慮しないものとする。

注2）税込手数料については、円未満を切り捨てること。

株式委託手数料額算出表

約定代金	委託手数料額
100万円超1,000万円以下の場合 1,000万円超3,000万円以下の場合	約定代金総額×0.7％＋12,500円 約定代金総額×0.575％＋25,000円
・上式による算出額に消費税10％相当額が加算される。	

(1) 20,140,000円

(2) 20,181,783円

(3) 20,384,208円

(4) 20,395,518円

(5) 20,455,166円

48 (4) ・A社株式の約定代金(株価×購入株数)

(2,010円×3,000株) + (2,030円×7,000株)

= 20,240,000円・・・①

・委託手数料(消費税相当額を含む)

(20,240,000円×0.575% + 25,000円)× 1.10

= 155,518円・・・②

・受渡金額

① + ② = 20,395,518円

□□□ **49** A社株式を成行注文で5,000株の売り委託をしたところ、同一日
重要度C に2,000株を1株1,250円で、また、3,000株を1株1,280円でそれ
ぞれ約定が成立した。この場合の受渡金額はいくらか。
注1）株式委託手数料は、下表に基づき計算すること。なお、株
式の譲渡に係る所得税等については、考慮しないものとする。
注2）税込手数料については、円未満を切り捨てること。

株式委託手数料額算出表

約定代金	委託手数料額
100万円超500万円以下の場合	約定代金総額×0.9％＋2,500円
500万円超1,000万円以下の場合	約定代金総額×0.7％＋12,500円
・上式による算出額に消費税10％相当額が加算される。	

(1) 6,234,077円

(2) 6,237,162円

(3) 6,277,432円

(4) 6,395,742円

(5) 6,400,292円

49 **(3)** ・A社株式の約定代金（株価×売却株数）

(1,250円×2,000株)＋(1,280円×3,000株)

＝6,340,000円・・・①

・委託手数料（消費税相当額を含む）

(6,340,000円×0.7％＋12,500円)× **1.10**

＝62,568円・・・②

・受渡金額

①－②＝6,277,432円

CH
3

株式業務

CHAPTER

4

債券業務

CONTENTS

- 債券の発行条件
- 債券の投資計算
- 債券の種類と特徴
- 債券の発行市場
- 債券の流通市場
- 債券の受渡代金計算
- 債券市況とその変動要因
- 債券の売買手法
- 転換社債型新株予約権付社債

※本CHAPTERの掲載内容は、本書のシリーズ書籍
『証券外務員二種』CHAPTER 4と共通です。

学習のポイント❗

債券業務は、株式業務と同様に、証券外務員の実際の業
務に直接関連することからも、出題頻度及び出題の
ウェイトは高くなっています。特に、計算問題は出題
頻度が高いため、計算方法をしっかりとマスターしま
しょう。また、転換社債型新株予約権付社債に関する
計算問題や価格変動要因に関する問題は頻出です。

| ○×問題 | 次の文章のうち、正しいものには○を、正しくないものには×をつけなさい。 |

国債

☐☐☐ **1**　期間5年の国債は中期国債に分類され、期間2年の国債は国庫短
重要度A　期証券に分類される。

☐☐☐ **2**　国庫短期証券は、法人保有のみに限定されている。
重要度C

☐☐☐ **3**　個人向け国債(変動10年)は、購入単位は1万円、利率は半年ご
重要度C　とに見直され、その下限金利は0.05%であり、1年経過後に中途
換金した場合の換金金額は「額面金額＋経過利子相当額－直前2
回分の各利子相当額×0.79685」である。

☐☐☐ **4**　国の経常経費の歳入不足を補うために発行される特例国債は、赤
重要度A　字国債とも呼ばれ、各年度における特例公債法に基づいて発行さ
れる。

地方債

☐☐☐ **5**　地方債のうち、特定の市中金融機関など少数の者に直接引き受け
重要度C　てもらうものを「銀行等引受地方債」という。

☐☐☐ **6**　「全国型市場公募地方債」を発行できる団体は、すべての都道府県
重要度C　と一部の政令指定都市である。

☐☐☐ **7**　「銀行等引受地方債」を発行できる団体は、すべての政令指定都市
重要度C　と一部の都道府県である。

解答・解説

1　×　**期間2年**と5年の国債は中期国債に分類される。

2　×　法人だけでなく、**個人も保有できる**。

3　○　「**× 0.79685**」は、所得税15％（0.15）、復興特別所得税0.315％（0.15 × 0.021 = 0.00315）及び住民税5％（0.05）の源泉徴収を考慮したものである（1 − 0.15 − 0.00315 − 0.05 = 0.79685）。

4　○　国債を発行根拠法により分類すると、財政法に基づく建設国債、特例公債法に基づく**特例国債**（赤字国債）及び特別会計に関する法律に基づく借換国債となる。

5　○　主な地方債には、**全国型市場公募地方債**と**銀行等引受地方債**がある。

6　×　発行できるのは、**一部の都道府県とすべての政令指定都市**である。

7　×　**市・区**でも発行できる。

政府関係機関債（特別債）

□□□ **8**
重要度A
独立行政法人や政府関係の特殊会社などが、特別の法律に基づいて発行する債券に政府保証債が含まれる。

□□□ **9**
重要度A
政府関係機関債（特別債）のうち、元利払いについて政府の保証付で発行されるものを一般に「国庫短期証券」という。

金融債

□□□ **10**
重要度C
金融債とは、一定の金融機関がそれぞれ特別の法律に基づいて発行する債券である。

□□□ **11**
重要度C
金融債の発行方式には、募集発行と売出発行の2通りがある。

外国債

□□□ **12**
重要度B
外国の政府や法人が日本国内において円貨建で発行する債券のことを、一般に円建外債（サムライ債）という。

□□□ **13**
重要度A
日本国外（ユーロ市場）において発行される円建債を、ユーロ円債という。

□□□ **14**
重要度A
サムライ債は、日本国外（ユーロ市場）において発行される円建の債券である。

□□□ **15**
重要度C
外貨建債への投資は、為替変動によるリスクを伴うが、国際的な金利差の追求や国際的な分散投資ができることなどのメリットがある。

⑧ ○ 独立行政法人、政府関係の特殊会社が特別の法律に基づいて発行する債券を政府関係機関債(特別債)といい、政府保証債と財投機関債に分類される。

⑨ × 元利払いについて政府の保証付で発行されるものを一般に「政府保証債」という。「国庫短期証券」とは、国の一般会計や種々の特別会計の一時的な資金不足を補うために発行される割引債券のことである。

⑩ ○ 民間債は事業債(社債)と金融債に分類され、金融債は農林中央金庫、商工組合中央金庫及び信金中央金庫が特別の法律に基づいて発行するものである。

⑪ ○ なお、募集発行は法人向け、売出発行は個人向けである。

⑫ ○ 一般に、発行体、発行市場、通貨のいずれかが外国のものであるものを外国債券(外債)というため、円建の外債もある。

⑬ ○ なお、ユーロ市場とは、自国以外の金融市場で取引される通貨の金融市場のことで、欧州統一通貨の「ユーロ」とは関係がない。

⑭ × 記述は、「ユーロ円債」の説明である。サムライ債は外国政府や法人が日本国内において発行する円建の債券である。

⑮ ○

コマーシャルペーパー（CP）

□□□ 16 国内で発行されるコマーシャルペーパー（国内CP）とは、優良企
重要度C　業が無担保で短期の資金調達を行うため発行される預金証書のこ
とをいう。

単価

□□□ 17 アンダーパーで購入した債券を償還まで保有した場合は償還差益
重要度C　が生じ、オーバーパーで購入した債券を償還まで保有した場合は
償還差損が発生する。

利率

□□□ 18 購入金額に対する1年当たりの利子の割合を利率という。
重要度C

□□□ 19 既発行の利付債券を売買する場合、直前利払日の翌日から受渡日
重要度B　までの期間に応じて、売方から買方に経過利子が支払われる。

償還

□□□ 20 期中償還には、発行時に期中償還の時期と額面金額が決められて
重要度A　る定時償還と、発行者の都合で行うことができる任意償還とがあ
る。

利回り

□□□ 21 利回りと期間が同じ数銘柄の利付債券があれば、一般に利率の高
重要度C　い銘柄ほど単価も高く、利率の低い銘柄ほど単価も安い。

□□□ 22 所有期間利回りとは、購入価格に対して、1年当たりに換算して、
重要度A　どれだけの利子収入及び償還差損益が得られたかを示す。

16 × CPは預金証書ではなく、約束手形の性格を有している。

17 ○

18 × 利率とは、購入金額に対してではなく、額面に対しての1年当たりの利子の割合である。

19 × 既発行の利付債券を売買する場合、直前利払日の翌日から受渡日までの期間に応じて、買方から売方に経過利子が支払われる。

20 ○ 債券の償還には、最終償還と期中償還の2つがあり、期中償還は、発行時に期中償還の時期と額面が決められた定時償還と、発行者の都合で行うことができる任意償還に分類される。

21 ○

22 × 記述は、「最終利回り」の説明である。所有期間利回りとは、債券を途中で売却した場合の利回りであり、1年当たりに換算してどれだけの利子収入及び売却損益が得られたかを示す。

CH
4

債券業務

65

債券発行市場とは

□□□ **23** 日本の債券発行市場は、発行者、投資者、引受会社及び社債管理
重要度C 者の4者によって担われている。

引受会社

□□□ **24** 事業債等の引受シンジケート団は、金融商品取引業者及び銀行に
重要度A よって組織される。

社債管理者

□□□ **25** 社債管理者とは、社債権者のために弁済を受ける等の業務を行う
重要度A のに必要な一切の権限を有する会社であり、銀行や金融商品取引
業者が社債管理者となり得る。

□□□ **26** 社債発行会社は、原則として、社債管理者を設置することが義務
重要度A 付けられているが、各社債券面の金額が1億円以上である場合に
は、社債管理者を置く必要はない。

起債方式の自由化

□□□ **27** わが国の社債発行には、様々な規制が存在し、発行条件は一定の
重要度B 方式に従って画一的に決められ、また発行量の調整も行われてい
る。

□□□ **28** スプレッド・プライシング方式とは、投資家の需要調査を行う際
重要度A に、利率の絶対値で条件を提示するのではなく、国債等の金利に
対する上乗せ分(スプレッド)を提示する方法である。

受渡日

□□□ **29** 一般債取引の受渡日は、原則として、売買成立の日から起算して
重要度B 3営業日目の日とされている。

23 ○ なお、社債管理者とは、社債権者(社債の所有者)のために、弁済を受けるなどの業務を行うのに必要な一切の権限を有する会社をいう。

24 × 事業債の引受シンジケート団は、金融商品取引業者のみによって組織される。

25 × 社債管理者となることができる者は、銀行、信託銀行又は担保付社債信託法による免許を受けた会社に限られ、金融商品取引業者はなり得ない。

26 ○ この場合には、一般的に財務代理人が置かれることになる。

27 × このような硬直的な起債方式は、その後の規制緩和の流れのなかで、市場実勢に従って発行条件を決定する方式へと見直された。

28 ○ スプレッド・プライシング方式とは、格付けが高い社債を中心として採用される起債方式である。

29 ○ 国債リテール取引(個人向け国債の中途換金及び国債(新窓販国債を含む)の譲渡)及び一般債取引については、約定日から起算して3営業日目の日が受渡日になる。

□□□ **30** 長期国債を店頭売買で取引した場合の受渡日は、原則として、約
重要度A 定日から起算して4営業日目の日となる。

一般景気動向

□□□ **31** コール市場、手形市場、CD（譲渡性預金証書）市場などの短期金
重要度B 利が低下した場合、一般に債券の利回りは上昇し、債券価格は下
落する。

金融政策

□□□ **32** 一般に、日本銀行による金融緩和政策は、債券市況にとってプラ
重要度C ス要因である。

入替売買とは

□□□ **33** 債券の入替売買とは、売買に際し同種、同量の債券等を、一定期
重要度A 間後に、一定価格で反対売買することをあらかじめ取り決めて行
う取引のことである。

□□□ **34** 一般に将来、金利が低下するという市況観をもっているならば、
重要度C 短期債から価格変動の大きい長期債への入替えが有利とされてい
る。

□□□ **35** ダンベル（バーベル）型のポートフォリオは、短期から長期までの
重要度A 債権を各年度ごとに均等に保有し、毎期、同じ満期構成を維持す
るポートフォリオである。

現先取引

□□□ **36** 債券の現先取引は、債券の現物取引と先物取引との間で行う裁定
重要度B 取引のことをいう。

30 × 店頭売買の受渡日は、原則自由である。

31 × コール市場、手形市場、CD（譲渡性預金証書）市場などの短期金利が低下すると、一般に債券の利回りは低下し、債券価格は上昇する。

32 ○ 日本銀行が金融引締政策（売りオペなど）を行うと金利は上昇し、債券価格（市況）にとってはマイナスに、金融緩和政策（買いオペなど）を行うと、金利は低下し、債券価格（市況）にとってはプラスになる。

33 × 記述は、「現先取引」の説明である。債券の入替売買とは、同一の投資者がある銘柄を売るとともに別の銘柄を買うというように、同時に売り買いを約定する売買手法である。

34 ○ 金利低下局面において債券価格は上昇するため、価格変動の大きい長期債が有利である。

35 × 記述は、「ラダー型」の説明である。ダンベル（バーベル）型のポートフォリオとは、流動性確保のための短期債と収益性追求のための長期債のみを保有するポートフォリオのことである。

36 × 記述は、「ベーシス取引」の説明である。現先取引は「債券等の条件付売買取引」ともいい、売買に際し同種、同量の債券等を、所定期日に、所定の価格で反対売買することをあらかじめ取り決めて行う債券等の売買のことである。

□□□ 37 現先取引は、資金を調達したい売方と、資金を運用したい買方との間で、金融商品取引業者がその仲介の役割をする委託現先に限られており、金融商品取引業者自身が売方もしくは買方となる自己現先は行うことができない。
重要度C

□□□ 38 現先取引を行う顧客とは約定の都度、契約書を交わし、整理、保管する。
重要度C

□□□ 39 現先取引の対象顧客は、一定の金融機関に限られている。
重要度A

□□□ 40 外貨建債券は、現先取引の売買対象債券の範囲に含まれない。
重要度C

□□□ 41 現先取引の対象債券の範囲には、新株予約権付社債は含まれない。
重要度A

着地取引

□□□ 42 着地取引とは、将来の一定の時期に一定の条件で債券を受渡しすることをあらかじめ取り決めて行う売買取引で、約定日から1カ月以上先(翌月の応当日以降)に受渡しする場合をいう。
重要度B

ベーシス取引

□□□ 43 ベーシス取引とは、債券の現物価格と先物価格との開きに注目して利ザヤを得る取引のことをいう。
重要度C

社債としての属性

□□□ 44 転換社債型新株予約権付社債は、新株予約権が付いている代わりに、一般的に同じ時期に発行される普通社債よりも利率が低く設定されている。
重要度C

37 ×　自己現先も行うことが**できる**。

38 ×　現先取引を開始する際には、予め顧客と契約を交わし、当該契約書を整理、保管し、顧客に**約定の都度、明細書を交付**する。

39 ×　現先取引の対象顧客は、**上場会社又はこれに準ずる法人**であって、経済的、社会的に信用のあるものに限られている。

40 ×　外貨建債券は、現先取引の売買対象債券の範囲に**含まれる**。

41 ○　現先取引ができる債券には、国庫短期証券や外貨建債券は含まれるが、新株予約権付社債は**含まれない**。

42 ○　ただし、約定日から受渡日までの期間は**6カ月**を超えてはならないとされている。

43 ○　債券の現物価格と先物価格との開き（ベーシス）に注目して利ザヤを得る取引（現物取引と先物取引との間で行う裁定取引）をベーシス取引という。

44 ○　新株予約権が付与されている分、普通社債に比べて利率が低く設定されることが多い。

CH 4

債券業務

71

□□□ 45 転換社債型新株予約権付社債は、1銘柄について2種類の券種を
重要度C　発行することができる。

□□□ 46 上場転換社債型新株予約権付社債の券種については、一律100万
重要度C　円券と規定される。

□□□ 47 転換社債型新株予約権付社債は、ほとんどの銘柄が満期一括償還
重要度C　制をとっているが、発行会社が、自社の転換社債型新株予約権を
市場から買入れ消却する場合もある。

パリティ価格

□□□ 48 パリティ価格とは、転換社債の債券として価値を表す価格のこと
重要度C　である。

株式転換

□□□ 49 転換社債型新株予約権付社債の売却時に経過利子が発生している
重要度C　場合、当該経過利子を受取ることができる。

ボラティリティの変動

□□□ 50 ボラティリティとは、株価の日々の変動率を年率換算した数値の
重要度C　ことである。

店頭取引と取引所取引

□□□ 51 ある個人(居住者)が利付国債を取引所取引により購入した場合の
重要度C　受渡代金を求める算式は、「受渡代金＝約定代金＋経過利子＋委
託手数料＋消費税相当額」である。

45　×　1銘柄につき**1種類のみ**である。

46　×　ほとんどの銘柄が100万円券となっているが、一律100万円券という**規定はない**。

47　○

48　×　パリティ価格とは、**株価と転換価額により計算**される転換社債の理論価格のことである。

49　○

50　○　なお、ボラティリティが**上昇**すると、転換社債型新株予約権付社債の価格も**上昇**し、ボラティリティが**下落**すると、転換社債型新株予約権付社債の価格も**下落**する。

51　○　なお、消費税相当額は委託手数料の10%相当である。

5肢選択問題　次の文章のうち、正しいものの番号を1つ選びなさい。

国債の発行根拠法

□□□ 52　国債は、その発行根拠法により以下のとおりに分類される。
重要度C　　（　　　　）に入る語句の組合せはどれか。

・財政法に基づき、国の行う公共事業費と出資金、貸付金の財源に充
てるために発行される（　イ　）。
・各年度における特例法に基づき、国の一般会計予算のうち、経常経
費の歳入不足を補塡するために発行される（　ロ　）。
・特別会計に関する法律に基づき、国債の償還財源を調達するために
発行される（　ハ　）。

(1) イは借換国債、ロは建設国債、ハは特例国債
(2) イは借換国債、ロは特例国債、ハは建設国債
(3) イは特例国債、ロは建設国債、ハは借換国債
(4) イは建設国債、ロは借換国債、ハは特例国債
(5) イは建設国債、ロは特例国債、ハは借換国債

解答・解説

52 (5) ・財政法に基づき、国の行う公共事業費と出資金、貸付金の財源に充てるために発行される(イ. 建設国債)。

・各年度における特例法に基づき、国の一般会計予算のうち、経常経費の歳入不足を補塡するために発行される(ロ. 特例国債)。

・特別会計に関する法律に基づき、国債の償還財源を調達するために発行される(ハ. 借換国債)。

乖離率

□□□ **53** 次の条件の転換社債型新株予約権付社債の乖離率はいくらか。

重要度A

> 転換価額　600円
>
> 転換社債型新株予約権付社債の時価　99円
>
> 転換の対象となる株式の時価　525円

注)答は、小数第3位以下を切り捨ててある。

(1) ▲11.61%

(2) ▲13.14%

(3) 　11.61%

(4) 　13.14%

(5) 　15.43%

53 (4)

$$\text{パリティ価格} = \frac{\text{株価}}{\text{転換価額}} \times 100$$

$$\text{パリティ価格} = \frac{525\text{円}}{600\text{円}} \times 100$$

$$= 87.5\text{円}$$

$$\text{乖離率} = \frac{\text{転換社債の時価} - \text{パリティ価格}}{\text{パリティ価格}} \times 100$$

$$\text{乖離率} = \frac{99\text{円} - 87.5\text{円}}{87.5\text{円}} \times 100$$

$$\fallingdotseq 13.14\%$$

□□□ 54 次の条件の転換社債型新株予約権付社債の乖離率及び転換により
重要度B 得られる株数の組み合せはどれか。

額面金額　100万円
転換価額　625円
転換社債型新株予約権付社債の時価　115円
転換の対象となる株式の時価　700円

注)答は、小数第3位以下を切り捨ててある。

	(乖離率)	(転換により得られる株数)
(1)	▲2.67%	1,428株
(2)	▲2.67%	1,600株
(3)	2.60%	1,600株
(4)	2.60%	1,428株
(5)	2.67%	1,600株

社債の価格変動要因

□□□ 55 転換社債型新株予約権付社債の価格変動要因に関する組み合せは
重要度A どれか。

		(金利)	(クレジットスプレッド)	(株価)	(ボラティリティ)
(1)	価格上昇	低下	縮小	上昇	下落
(2)	価格上昇	上昇	拡大	下落	上昇
(3)	価格下落	上昇	拡大	下落	下落
(4)	価格下落	上昇	縮小	上昇	上昇
(5)	価格下落	低下	拡大	下落	上昇

54 (5)

$$\text{パリティ価格} = \frac{\text{株価}}{\text{転換価額}} \times 100$$

$$\text{パリティ価格} = \frac{700\,\text{円}}{625\,\text{円}} \times 100$$

$$= 112\,\text{円}$$

$$\text{乖離率} = \frac{\text{転換社債の時価} - \text{パリティ価格}}{\text{パリティ価格}} \times 100$$

$$\text{乖離率} = \frac{115\,\text{円} - 112\,\text{円}}{112\,\text{円}} \times 100$$

$$\fallingdotseq 2.67\%$$

$$\text{転換株数} = \frac{\text{額面金額}}{\text{転換価額}}$$

$$\text{転換株数} = \frac{1,000,000\,\text{円}}{625\,\text{円}}$$

$$= 1,600\,\text{株}$$

55 (3) 転換社債の変動要因別のマトリクスは以下のとおりである。

	金利	クレジットスプレッド	株価	ボラティリティ
価格上昇	低下	縮小	上昇	上昇
価格下落	上昇	拡大	下落	下落

最終利回り

□□□ **56** 利年率1.7％、残存期間4年、購入価額103円の利付債券の最終

重要度A 利回りはどれか。

注）答は、小数第4位以下を切り捨ててある。

(1) 0.922％

(2) 0.950％

(3) 1.650％

(4) 2.857％

(5) 3.689％

応募者利回り

□□□ **57** 債券の応募者利回りの算式の（　）に当てはまる語句の組合せはど

重要度C れか。

$$応募者利回り（％）＝\frac{利率＋\dfrac{（イ）－（ロ）}{（ハ）}}{（ニ）}×100$$

(1) イは償還価格、ロは発行価格、ハは残存期間、ニは購入価格

(2) イは償還価格、ロは購入価格、ハは残存期間、ニは購入価格

(3) イは償還価格、ロは発行価格、ハは償還期限、ニは発行価格

(4) イは償還価格、ロは発行価格、ハは償還期限、ニは購入価格

(5) イは売却価格、ロは購入価格、ハは所有期間、ニは購入価格

56 (1)

$$最終利回り（\%）= \frac{利率 + \dfrac{償還価格 - 購入価格}{残存年数}}{購入価格} \times 100$$

$$最終利回り（\%）= \frac{1.7 + \dfrac{100 - 103}{4}}{103} \times 100$$

$$≒ 0.922\%$$

57 (3)

$$応募者利回り（\%）= \frac{利率 + \dfrac{（イ．償還価格）-（ロ．発行価格）}{（ハ．償還期限）}}{（ニ．発行価格）} \times 100$$

直接利回り

□□□ **58** 利年率1.6％、残存期間4年、購入価額103円の利付債券の直接
重要度A 利回りはどれか。

注)答は、小数第4位以下を切り捨ててある。

(1) 0.480％

(2) 0.825％

(3) 1.553％

(4) 1.600％

(5) 5.769％

所有期間利回り

□□□ **59** 利年率2.5％の10年満期の利付国債を99.50円で買い付けたところ、
重要度A 3年後102.50円に値上がりしたので売却した。所有期間利回りは
いくらか。

注)答は、小数第4位以下を切り捨ててある。

(1) 2.562％

(2) 2.680％

(3) 2.814％

(4) 3.500％

(5) 3.517％

58 （3）

$$\text{直接利回り（\%）} = \frac{\text{利率}}{\text{購入価格}} \times 100$$

$$\text{直接利回り（\%）} = \frac{1.6}{103} \times 100$$

$$≒ 1.553\%$$

59 （5）

$$\text{所有期間利回り（\%）} = \frac{\text{利率} + \dfrac{\text{売却価格} - \text{購入価格}}{\text{所有年数}}}{\text{購入価格}} \times 100$$

$$\text{所有期間利回り（\%）} = \frac{2.5 + \dfrac{102.50 - 99.50}{3}}{99.50} \times 100$$

$$≒ 3.517\%$$

店頭取引と取引所取引

□□□ **60** ある個人（居住者）が、額面100万円の長期利付国債を取引所取引
重要度A　　により単価102円で購入したときの受渡代金はいくらか。
　　　　　注）経過利子は、1,200円、委託手数料は額面100円につき50銭（消
　　　　　　　費税10％相当額を考慮すること）で計算すること。

　(1) 1,006,550円

　(2) 1,021,300円

　(3) 1,026,300円

　(4) 1,026,550円

　(5) 1,026,700円

⑥ (5)

$$約定代金 = 額面 \times \frac{購入単価}{100 円}$$

$$約定代金 = 1,000,000 円 \times \frac{102 円}{100 円}$$

$$= 1,020,000 円$$

$$委託手数料 = 額面 \times \frac{手数料}{100 円} \times (1 + 消費税率)$$

$$委託手数料(消費税を含む) = 1,000,000 円 \times \frac{0.5 円}{100 円} \times 1.10$$

$$= 5,500 円$$

$$受渡代金 = 約定代金 + 経過利子 + 委託手数料$$

$$受渡代金 = 1,020,000 円 + 1,200 円 + 5,500 円$$

$$= 1,026,700 円$$

CHAPTER

5

投資信託及び
投資法人に関する業務

CONTENTS

◾ 投資信託の分類

◾ 追加型公社債投資信託

◾ 上場投資信託

◾ 証券投資信託の販売

◾ 証券投資信託の決算・収益分配・換金

※本CHAPTERの掲載内容は、本書のシリーズ書籍
『証券外務員二種』CHAPTER5と共通です。

学習のポイント❗

本CHAPTERでは、投資信託（契約型）・投資法人（会社型投資信託）の仕組みに関して学習します。その中でも特に「委託者指図型投資信託」の仕組みや構成する機関の役割が重要といえます。また、数ある投資信託の分類方法や代表的な投資信託の特徴を問う問題が多く出題されています。商品では、MMF（現在、募集は行われていません）やMRFなどの代表的な追加型公社債投資信託の特徴や「上場投資信託」、さらに複雑な投資信託に関する出題がみられます。

○✕問題

次の文章のうち、正しいものには○を、
正しくないものには✕をつけなさい。

委託者指図型投資信託

□□□ **1** 委託者指図型投資信託の受益証券を発行するためには、あらかじ
重要度C め委託者、受託者及び受益者の三者間で投資信託約款に基づく投
資信託契約が締結されていなければならない。

□□□ **2** 投信委託会社は、自ら発行する受益証券の募集を行うことができ
重要度B る。

□□□ **3** 証券投資信託における投信委託会社の業務の1つに、投資信託財
重要度C 産の運用指図を行うことがある。

□□□ **4** 投資信託の運用報告書は、販売会社が作成するものとされている。
重要度B

□□□ **5** 投資信託の受託者は、委託者の指図にしたがって投資信託財産の
重要度B 管理、保管を行う。

投資法人制度の概要

□□□ **6** 投資法人は、資産を主として特定資産に対する投資として運用す
重要度A ることを目的として設立された社団法人であり、資産運用以外の
行為を営業とすることはできない。

□□□ **7** 投資法人は、その商号中に投資法人という文字を用いなければな
重要度A らない。

解答・解説

[1] ✕　投資信託契約は、委託者と受託者の二者間で締結する。

[2] ○　なお、受益証券の募集を行う場合、第二種金融商品取引業者としての登録を受ける必要がある。

[3] ○

[4] ✕　運用報告書は、販売会社ではなく、投資信託委託会社が作成するものとされている。

[5] ○

[6] ○　なお、投資法人は、内閣総理大臣の登録を受けなければ資産運用を行うことができない。また、登録を受けた投資法人を「登録投資法人」という。

[7] ○　なお、投資法人は株式会社ではないが、その組織と仕組みは株式会社と類似している。

89

特定資産

□□□ **8** 投資信託の信託財産は、不動産の賃借権を運用対象とすることが
重要度A できない。

□□□ **9** 投資信託の信託財産は、デリバティブ取引に係る権利を運用対象
重要度A とすることができる。

受益者に対する義務と責任

□□□ **10** 「委託者指図型投資信託」に関して、投信委託会社は、委託者指図
重要度C 型投資信託の受益者に対し、善良な管理者の注意をもって投資信
託財産の運用の指図その他の業務を遂行しなければならない。

議決権等の指図行使

□□□ **11** 委託者指図型投資信託の信託財産に組み入れられている有価証券
重要度A の名義人は、受益者である。

□□□ **12** 投資信託財産に組み入れた有価証券に係る議決権については、投
重要度B 信委託会社の指図に基づき受託者が行使する。

□□□ **13** 信託財産として有する有価証券に係る議決権を行使するのは受託
重要度A 者であり、受託者に対し証券投資の指図をする権利を有するのは
受益者である。

□□□ **14** 投資信託の信託財産に組み入れた株式における株式の割当てを受
重要度C ける権利については、投信委託会社の指図に基づき受託者が行使
する。

8 × 不動産の賃借権も運用対象とすることができる。

9 ○ 特定資産には、有価証券、デリバティブ取引に係る権利、不動産、不動産の賃借権、地上権などが含まれる。

10 ○ 投信委託会社には、忠実義務(受益者のために忠実に投資運用業を行わなければならない)、善管注意義務(受益者に対し、善良なる管理者の注意をもって投資運用業を行わなければならない)、誠実・公正義務が課されている。

11 × 委託者指図型投資信託の信託財産に組み入れられている有価証券の名義人は、受託者である。

12 ○

13 × 信託財産として有する有価証券に係る議決権を行使するのは受託者であり、受託者に対し証券投資の指図をする権利を有するのは投信委託会社である。

14 ○

CH
5
投資信託及び
投資法人に関する業務

91

投資信託約款

□□□ 15　投資信託約款に記載すべき事項には、「委託者における公告の方
重要度A　法」が含まれる。

□□□ 16　投信委託会社は、投資信託約款について重大な変更を行おうとす
重要度C　る場合には、書面による決議を行わなければならないが、その書
面決議を行おうとする場合は、受益者に対して変更の内容等を記
載した書面をもって通知しなければならない。

委託者非指図型投資信託契約の締結

□□□ 17　委託者非指図型投資信託の受託者は、その委託者非指図型投資信
重要度C　託について、元本に損失を生じた場合にこれを補塡し、あらかじ
め一定額の利益を得られなかった場合にこれを補足することをし
てはならない。

□□□ 18　委託者非指図型投資信託を設定する場合には、証券投資信託とし
重要度B　なければならない。

外国投資信託

□□□ 19　外国投資信託とは、外国において外国の法令に基づいて設定され
重要度A　た信託で、投資信託に類するものをいう。

投資法人の設立

□□□ 20　投資法人制度において、規約に記載すべき事項の1つに「発行す
重要度A　ることができる投資口の総口数」がある。

□□□ 21　投資法人の設立時の出資総額は、設立の際に発行する投資口の発
重要度A　行価額の総額であり、その最低額が定められている。

15 ◯ 投資信託約款の記載事項には、委託者及び受託者の商号又は名称、受益者に関する事項、委託者及び受託者としての業務に関する事項などのほか委託者における公告の方法も含まれる。

16 ◯ なお、投信委託会社は、投資信託約款を変更するときは、あらかじめその旨及び内容を内閣総理大臣に届け出なければならない。

17 ◯ なお、委託者非指図型投資信託は、受託者である信託会社等が、委託者の指図に基づかず、自ら信託財産を運用するものである。

18 ✕ 委託者非指図型投資信託を設定する場合には、証券投資信託以外の投資信託としなければならない。

19 ◯

20 ◯ 設立企画人が作成する規約には、発行することができる投資口の総口数、設立に際して出資される金銭の額、投資法人が常時保有する最低限度の純資産額などが記載される。

21 ◯ 設立時の出資総額は、設立時に発行する投資口の発行価額の総額で、1億円以上と定められている。

執行役員

□□□ **22** 「投資法人」に関して、執行役員は投資主総会で選任されるが、そ
重要度A の数は3名以上とされている。

監督役員

□□□ **23** ある投資法人の監督役員となっている者は、当該投資法人の執行
重要度A 役員を兼任することができない。

投資口及び投資証券

□□□ **24** 投資法人は、額面金額の定めがある投資証券及び無額面の投資証
重要度C 券の両方を発行することができる。

□□□ **25** 「投資法人」に関して、投資口の譲渡は、他の投資主の3分の1以
重要度A 上の合意を得なければ、行うことができない。

金銭の分配

□□□ **26** 投資法人が、決算期ごとに投資主に対して行う金銭の分配は、当
重要度A 該投資法人の貸借対照表上の純資産額から出資総額等の合計金額
を控除した額(利益)以内の額としなければならない。

委託者非指図型投資信託契約の締結

□□□ **27** 委託者非指図型投資信託を設定する場合は、証券投資信託以外の
重要度B 投資信託としなければならない。

□□□ **28** 委託者非指図型投資信託を設定する場合、必ずしも証券投資信託
重要度C 以外の投資信託とする必要はない。

□□□ **29** 証券投資信託は、委託者指図型投資信託及び委託者非指図型投資
重要度C 信託のいずれの方法でも設定することが出来る。

22 × 執行役員の数に制限はなく、したがって1名でもよい。

23 ○ 監督役員は、執行役員の数に1を加えた数以上でなければならず、また、執行役員との兼任は認められていない。なお、任期は4年を超えることはできない。

24 × 投資法人は、無額面の投資証券のみ発行することができる。

25 × 投資口の譲渡は自由である。

26 × 投資法人が、決算期ごとに投資主に対して行う金銭の分配は、当該投資法人の貸借対照表上の純資産額から出資総額等の合計金額を控除した額（利益）を超えて行うことができる。

27 ○

28 × 委託者非指図型投資信託を設定する場合は、証券投資信託以外の投資信託としなければならない。

29 × 証券投資信託は、委託者非指図型投資信託では設定することができない。

法人格の有無

☐☐☐ 30 契約型投資信託も会社型投資信託も、ファンド自体に法人格はな
重要度B い。

証券投資信託（証券投資法人）

☐☐☐ 31 証券投資信託とは、投資信託財産の総額の3分の1を超える額を
重要度B 有価証券に対する投資として運用することを目的とした投資信託
をいう。

不動産投資信託（不動産投資法人）

☐☐☐ 32 不動産投資信託は、通常、投資法人の形態をとっている。
重要度C

☐☐☐ 33 不動産投資信託は、通常、オープン・エンド型であり、金融商品
重要度C 取引所に上場されて、投資家に売買の場が提供されている。

株式投資信託

☐☐☐ 34 株式の組入比率が30パーセントである証券投資信託は公社債投
重要度A 資信託と呼ばれる。

☐☐☐ 35 公社債投資信託は、株式を信託財産に組み入れることができない。
重要度C

公社債投資信託

☐☐☐ 36 公社債投資信託とは、国債、地方債、コマーシャル・ペーパー、
重要度C 外国法人が発行する譲渡性預金証書、国債先物取引などに投資対
象が限定されている証券投資信託のことをいう。

30 × 会社型投資信託にはファンド自体に法人格がある。

31 × 有価証券に対する投資割合は、3分の1を超える額ではなく、「2分の1」を超える額とされている。

32 ○

33 × 不動産投資信託は、通常、オープン・エンド型ではなく、「クローズド・エンド型」である。

34 × 公社債投資信託は、株式を組み入れることは一切できない。

35 ○ 公社債投資信託は、国債、地方債、社債、コマーシャル・ペーパー（CP）、外国法人が発行する譲渡性預金証書などに限って運用対象とする投資信託であり、株式を信託財産に組み入れることは一切できない。

36 ○ 上記35を参照のこと。

97

単位型と追加型

□□□ 37 単位型投資信託に、その時々の投資家のニーズや株式市場、債券
重要度B 市場などのマーケット状況に応じて、これに適合した仕組みの投
資信託をタイムリーに設定するいわゆるスポット投資信託がある。

登録制

□□□ 38 投資信託委託会社になろうとするときは、日本証券業協会の登録
重要度C を受ける必要がある。

投資信託委託会社の業務

□□□ 39 投資信託委託会社の主な業務に、投資信託約款の届出、受益権の
重要度C 募集と発行、投資信託財産の運用指図、投資信託財産の保管があ
る。

□□□ 40 目論見書、運用報告書の作成は、投資信託委託会社の業務である。
重要度A

□□□ 41 投資信託委託会社は、自ら発行する受益権の募集を行う場合には、
重要度B 第一種金融商品取引業者として内閣総理大臣（金融庁長官）の登録
を受ける必要がある。

投資法人の設立

□□□ 42 投資法人の設立企画人となることができる者の範囲には、投資運
重要度B 用業の登録を受けた金融商品取引業者が含まれる。

投資主総会

□□□ 43 投資法人の規約の変更は、投資主総会の普通決議が必要である。
重要度C

37 ○ このほかに、継続して定期的に同じ仕組みの投資信託を設定していくファミリーファンド・ユニット(定期定型投資信託)がある。

38 × 日本証券業協会ではなく内閣総理大臣(金融庁長官)の登録を受ける必要がある。

39 × 投資信託財産の保管は受託会社の業務である。

40 ○

41 × 第一種金融商品取引業者ではなく、第二種金融商品取引業者として登録を受けることが必要である。

42 ○ 設立企画人になることができる者は、投信委託会社、信託会社等、一定の適格機関投資家などに限られる。

43 × 規約の変更は、特別決議による。

役員・役員会

□□□ **44** 投資法人の執行役員は投資主総会で選出されるが、その数に限り
重要度A はなく、したがって1名でもよい。

□□□ **45** 投資法人の執行役員は6カ月に1回以上、業務の執行状況を役員
重要度C 会に報告しなければならない。

資産運用業務の委託

□□□ **46** 投資法人は、投資運用業の登録を受けた金融商品取引業者に資産
重要度A 運用業務を委託しなければならない。

投資主

□□□ **47** 投資法人制度における投資主の権利に、「投資主総会の議決権」は
重要度C 含まれない。

トップダウン・アプローチとボトムアップ・アプローチ

□□□ **48** 証券投資信託の運用手法であるアクティブ運用には、大別して、
重要度C マクロ経済に対する調査・分析結果でポートフォリオを組成して
いくトップダウン・アプローチと、個別企業に対する調査・分析
結果の積み重ねでポートフォリオを組成していくボトムアップ・
アプローチがある。

投信法に定める投資対象

□□□ **49** 証券投資信託の信託財産は、有価証券関連デリバティブ取引につ
重要度A いては、その運用対象とすることはできない。

[44] ○ 執行役員に人数制限はなく、1人でもよい。なお、任期は2年を超えることができない。

[45] × 6カ月に1回以上ではなく、「3カ月」に1回以上報告しなければならない。

[46] ○ 投資法人は、実際の資産運用業務、資産保管業務、その他の一般事務について自らが行うことはできず、すべて外部委託する必要がある。

[47] × 投資法人制度における投資主の権利に、「投資主総会の議決権」は含まれる。

[48] ○ なお、証券投資信託の運用手法は、次のようにインデックス運用(パッシブ運用)とアクティブ運用に大別できる。

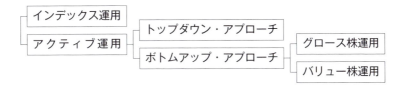

[49] × 有価証券関連デリバティブ取引も対象とすることができる。

□□□ 50 証券投資信託とは投資信託財産の総額の3分の1を超える額を有
重要度B 価証券に対する投資として運用することを目的としているが、この場合の有価証券には有価証券関連デリバティブ取引に係る権利は含まれない。

公社債に関する制限

□□□ 51 投資信託の信託財産は、転換社債型新株予約権付社債については、
重要度C その運用対象とすることはできない。

投資信託説明書（目論見書）及び契約締結前交付書面の交付

□□□ 52 金融商品取引業者は、投資家に、投資信託を販売した際は、販売
重要度B 後遅滞なく当該投資家に目論見書を交付しなければならない。

金融サービス提供法による説明義務

□□□ 53 投資信託の販売に際し、金融商品取引業者が顧客に対して当該投
重要度A 資信託が有するリスク等の重要事項についての説明義務を怠り、そのために当該顧客が損害を被った場合には、当該金融商品取引業者は損害賠償責任を負わない。

ETF

□□□ 54 上場投資信託（ETF）を一般投資家が取得、換金する場合は、通
重要度A 常の投資信託とは異なり、上場株式と同様の方法により行われる。

□□□ 55 上場投資信託（ETF）は、ほかの証券投資信託と同様に、基準価
重要度A 格に基づく価格で購入・換金することができる。

□□□ 56 上場投資信託（ETF）の売買注文については、指値注文、成行注
重要度A 文は可能であるが、信用取引は行うことができない。

50 ✕ 証券投資信託は投資信託の総額の**2分の1**を超える額を有価証券に対する投資として運用しなければならず、この場合の有価証券には有価証券関連デリバティブ取引に係る権利も**含まれる**。

51 ✕ 投資信託が対象とする有価証券の範囲に、転換社債型新株予約権付社債も**含まれる**。

52 ✕ 投資信託を販売する場合、目論見書は、**あらかじめ又は同時**に投資家に交付しなければならない。

53 ✕ 金融商品取引業者が説明義務を怠り、そのために当該顧客が損害を被った場合には、当該金融商品取引業者は**損害賠償責任を負う**。

54 ◯ 上場投資信託は、**上場株式と同様**に売買され、指値注文や成行注文も可能で、信用取引の対象としても売買でき、委託手数料も上場株式と同様に売買時に徴収される。

55 ✕ 上記54を参照のこと。

56 ✕ 信用取引も行うことが**できる**。

□□□ 57 上場投資信託(ETF)は、一定口数以上の受益証券とそれに相当
重要度C する投資信託財産中の現物株式のポートフォリオとを交換するこ
とができる。

複雑な投資信託

□□□ 58 個人顧客に対し、レバレッジ投資信託の販売の勧誘を行うに当た
重要度A っては、勧誘開始基準を定め、当該基準に適合した者でなければ、
当該販売の勧誘を行ってはならない。

外国投資信託の取扱い

□□□ 59 外国投資信託を日本で販売する場合には、金商法と投信法が適用
重要度B され、日本で設定された投資信託と同じルールの下で販売が行わ
れる。

公社債投資信託の収益分配金とファンドの仕組み

□□□ 60 追加型公社債投資信託の収益分配金は、元本の追加設定の際に発
重要度C 生する収益調整金を分配の原資とするものである。

解約と買取り

□□□ 61 追加型株式投資信託における受益者の換金方法は、解約と買取り
重要度A の2つの方法がある。

クローズド期間

□□□ 62 投資信託には、投資信託約款によりあらかじめ解約請求すること
重要度A ができない期間を定める場合があり、この期間を無分配期間とい
う。

償還

□□□ 63 単位型投資信託は、いかなる場合でも、信託期間の終了までの間
重要度A は、償還されることはない。

57 ○

58 ○ なお、レバレッジ投資信託とは、基準価額の変動率を特定の指標又は価格の変動率にあらかじめ定めた倍率（2倍以上またはマイナス2倍以下に限る）を乗じて得た数値に一致させるよう運用される投資信託であって、上場投資信託以外のものをいう。

59 ○

60 × 追加型公社債投資信託の収益分配金は、元本超過額の金額を分配する。

61 ○ 換金方法には解約と買取りの2つの方法がある。

62 × 記述は、「クローズド期間」の説明である。

63 × 残存元本額が一定の水準以下となれば、信託期間中でも償還することができるとされているファンドが多い。

5肢選択問題　次の文章のうち、正しいものの番号を1つ選びなさい。

クローズド・エンド型とオープン・エンド型

□□□ **64** 投資信託に関して、(　　　　)に当てはまる語句の組合せはどれか。

重要度A

・(イ)型の発行証券は、市場で売却することで換金できる。

・(ロ)型の発行証券の買戻しは純資産価格に基づいて、行われる。

・(ハ)型は(ニ)型に比べて、基金の資金量が安定している。

a．クローズド・エンド　　b．オープン・エンド

(1) イ－a、ロ－b、ハ－a、ニ－b

(2) イ－a、ロ－b、ハ－b、ニ－a

(3) イ－b、ロ－a、ハ－a、ニ－b

(4) イ－b、ロ－a、ハ－b、ニ－a

(5) イ－b、ロ－b、ハ－a、ニ－b

MMF・MRF

□□□ **65** 「MMF」の特徴はどれか。

重要度B

(1) 長期国債を主要投資対象とする。

(2) 販売単位は、1万口(1口1円)である。

(3) 換金代金の支払日は請求日から起算して3営業日目である。

(4) 換金代金の支払いとして、キャッシングの制度がある。

(5) 決算は毎月行われ、分配金は毎月末に再投資される。

106

解答・解説

64 (1) ・(イ：a．**クローズド・エンド**)型の発行証券は、市場で売却することで換金できる。
・(ロ：b．**オープン・エンド**)型の発行証券の買戻しは純資産価格に基づいて、行われる。
・(ハ：a．**クローズド・エンド**)型は(ニ：b．**オープン・エンド**)型に比べて、基金の資金量が安定している。

65 (4) 「MMF」の特徴：
運用対象…**中短期債・短期金融商品**
販売単位…**1口**(1口1円)
換金代金の支払い…**翌営業日**(キャッシング制度あり)
収益の分配…**毎日決算**を行い、分配金は毎月末に再投資
※現在、MMFは募集中止となっているが、本試験での出題可能性に鑑み、問題を掲載している。

□□□ **66** 「MRF」の特徴はどれか。

重要度B (1) 長期国債を主要投資対象とする。

(2) 販売単位は、1万口(1口1円)である。

(3) 換金代金の支払日は請求日から起算して4営業日目である。

(4) 換金代金の支払いとして、キャッシングの制度はない。

(5) 決算は毎日行われ、分配金は毎月末に再投資される。

個別元本・普通分配金・特別分配金

□□□ **67** 以下の条件に基づく文中の(　　　)の語句の組合せはどれか。

重要度C 注)源泉徴収税額は円未満切り捨て。

受益者A　個別元本	10,500円
【決算日の状況】	
基準価額	11,500円
収益分配金	1,500円
分配落ち後の基準価額	10,000円

受益者Aの普通分配金は(　イ　)円、元本払戻金(特別分配金)は(　ロ　)円で(　ハ　)円が源泉徴収され手取収益分配金は(　ニ　)円となる。

a. 1,500　　b. 1,297　　c. 1,197　　d. 1,000

e. 500　　f. 303　　g. 203

(1) イ－a、ロ－d、ハ－f、ニ－c

(2) イ－a、ロ－e、ハ－f、ニ－c

(3) イ－c、ロ－a、ハ－f、ニ－c

(4) イ－d、ロ－e、ハ－g、ニ－b

(5) イ－d、ロ－a、ハ－g、ニ－b

66 **(5)** 「MRF」の特徴：

運用対象…中短期債・短期金融商品

販売単位…1口（1口1円）

換金代金の支払い…正午以前は当日、それ以降は翌営業日（キャッシング制度あり）

収益の分配…毎日決算を行い、分配金は毎月末に再投資

---

67 **(4)**

> 普通分配金＝基準価額－個別元本

普通分配金＝11,500円－10,500円
　　　　　＝1,000円

> 元本払戻金＝収益分配金－普通分配金

元本払戻金＝1,500円－1,000円
　　　　　＝500円

> 源泉税＝普通分配金×税率

源泉税＝1,000円×20.315%
　　　≒203円

> 手取収益分配金＝収益分配金－税金

手取収益分配金＝1,500円－203円
　　　　　　　＝1,297円

投信法上の継続開示

□□□ 68 以下のうち「運用報告書」の主な記載事項として正しいものはどれ
重要度A　か。

イ．期中の運用の経過

ロ．運用状況の推移

ハ．株式につき、銘柄ごとに、前期末・当期末現在における株式数並
　　びに当期末現在における時価総額並びに期中の株式の売買総数及
　　び売買総額

ニ．公社債につき、種類及び銘柄ごとに、当期末現在における時価総
　　額及び期中の売買総額

(1) イ、ロ、ハ及びニ

(2) イ、ロ及びハ

(3) イ、ロ及びニ

(4) ロ、ハ及びニ

(5) ロ及びニ

68 （1） すべて、運用報告書の記載事項である。

CHAPTER

6

証券税制

CONTENTS

- 所得税の概要

- 利子所得・雑所得

- 配当所得

- 株式等の譲渡による所得

- 特定口座

- 相続

- 非課税口座内の少額上場株式等に係る配当所得及び
  譲渡所得等の非課税措置（いわゆるNISA）

※本CHAPTERの掲載内容は、本書のシリーズ書籍
『証券外務員二種』CHAPTER6と共通です。

学習のポイント❗

上場株式の配当金に対する課税のしくみ及び税率、上
場株式の譲渡益に対する課税のしくみ及び税率が高い
頻度で出題されています。計算問題では、上場株式の
譲渡益に対する所得税及び住民税の税額計算が頻出で
す。近年の税制改正により、税率や課税方法が変更さ
れている箇所も多く、現時点における課税方法と税率
をよく整理しておく必要があります。また、相続に関
する知識も必要です。

| ○×問題 | 次の文章のうち、正しいものには○を、正しくないものには×をつけなさい。 |

種類別の所得の概要

□□□ 1 投資信託(公社債投資信託を除く)の収益の分配は、配当所得とされる。
重要度A

□□□ 2 会社の都合により退職した場合に支給される退職一時金は、一時所得に分類される。
重要度C

□□□ 3 株式など有価証券の譲渡による所得は、譲渡所得とされ、事業所得又は雑所得として分類されることはない。
重要度C

□□□ 4 株式など有価証券の譲渡を事業的な規模で行う継続的取引から生ずる所得に関しては、譲渡所得に分類される。
重要度A

□□□ 5 居住者に対する課税に関して、預金利子、利付国債の利子、また、公社債投資信託の収益の分配金に係る所得は、利子所得に分類される。
重要度A

□□□ 6 オープン型(追加型)証券投資信託の元本払戻金(特別分配金)は、所得税法上、非課税とはならない。
重要度A

□□□ 7 財形住宅貯蓄における利子所得の非課税制度の非課税最高限度額は、財形年金貯蓄とは別枠で元本550万円とされている。
重要度A

解答・解説

1. ○ なお、公社債投資信託の収益分配金は、利子所得となる。

2. × 一時所得ではなく、「退職所得」である。

3. × 事業所得又は雑所得となる場合もある。

4. × 事業的な規模に該当する場合は事業所得に分類される。

5. ○ 公社債投資信託の収益分配金も利子所得となる。

6. × オープン型証券投資信託の元本払戻金(特別分配金)は非課税である。

7. × 財形住宅貯蓄と財形年金貯蓄の非課税限度額は合わせて1人元本550万円までである。

各種所得の金額の計算

☐☐☐ 8 所得税の確定申告をする場合の所得金額計算上の収入金額は、源
重要度A 泉徴収された所得税や復興特別所得税の額がある場合には、当該
所得税や復興特別所得税の額が差し引かれる前の金額(いわゆる
税引前の金額)に基づいて計算する。

☐☐☐ 9 借入金により利付国債を購入した場合には、その利子所得の金額
重要度C の計算上、借入金に係る負債利子が控除される。

損益通算

☐☐☐ 10 上場株式等を金融商品取引業者等を通じて譲渡したことにより生
重要度B じた損失は、一定の要件の下で、翌年以降3年間の各年分の株式
等に係る譲渡所得等の金額からの繰越控除が認められる。

利子所得等の原則的な課税方法

☐☐☐ 11 公社債投資信託の収益の分配に係る所得は、配当所得とされる。
重要度A

配当所得

☐☐☐ 12 証券投資信託の収益分配金(公社債投資信託を除く)は、配当所得
重要度A とされる。

☐☐☐ 13 大口株主を除く個人(居住者)が受け取る株式の配当金については、
重要度B 公社債の利子と同様、その支払いの際に所得税(15%)及び住民税
(5%)のみが源泉徴収される。

配当控除

☐☐☐ 14 居住者が上場株式の配当金について配当控除の適用を受けたい場
重要度B 合、その配当所得について確定申告を行う必要はない。

8 ○

9 × 利子所得の収入金額から控除される金額はなく、負債利子は控除されない。

10 ○ 上場株式等の譲渡により生じた損失の金額のうち、その年に控除しきれなかった部分については、確定申告を要件として、翌年以降3年間にわたり繰越控除することができる。

11 × 配当所得ではなく、「利子所得」である。

12 ○

13 × 公社債の利子と同様であるが、所得税及び復興特別所得税（15.315％）並びに住民税（5％）が源泉徴収される。
なお、ここでいう大口株主は個人株主で3％以上の株式等所有割合である者をいう。

14 × 居住者が上場株式の配当金について配当控除の適用を受けたい場合は、その配当所得について確定申告を行う必要がある。

117

□□□ 15 株式の配当所得に適用される所得税の配当控除額は、課税総所得
重要度C 金額等が1,000万円以下の場合には、その配当所得の金額(源泉所
得税控除前)の15%の額(控除対象所得税額を限度とする)である。

□□□ 16 上場株式等の配当等に係る配当所得等について申告分離課税とす
重要度A る特例の適用を受けた場合であっても、その上場株式等の配当に
係る配当所得について配当控除を適用することができる。

上場株式等の配当所得の源泉徴収税率の特例

□□□ 17 個人が受け取る株式投資信託の収益分配金については、所得税が
重要度C 20%の税率で源泉徴収される。

□□□ 18 居住者(発行済株式総数の3%以上を所有する株主を除く)が受け
重要度C 取る上場株式の配当金については、その配当所得に対して20.315
%(所得税及び復興特別所得税並びに住民税の合計)が源泉徴収
される。

株式等の譲渡に係る損失の損益通算

□□□ 19 居住者が購入した公募株式投資信託については、中途解約時に損
重要度A 失が発生した場合には、当該損失と上場株式の譲渡益との損益通
算を行うことができる。

□□□ 20 大口株主等が受け取る上場株式等の配当所得等は、当該上場株式
重要度A 等以外の上場株式等の譲渡損失と損益通算をすることはできない。

⑮ ✕ 課税総所得金額等が1,000万円以下の場合には、その配当所得の金額（源泉所得税控除前）の**10％の額**（控除対象所得税額を限度とする）である。

⑯ ✕ 申告分離課税を選択したものについては、配当控除の適用はできない。

⑰ ✕ 個人が受け取る株式投資信託の収益分配金については、**所得税及び復興特別所得税15.315％並びに住民税5％の税率で源泉徴収**される。

⑱ ○ 上記⑰を参照のこと。

⑲ ○ なお、一般株式等に係る譲渡所得等の金額と上場株式等に係る譲渡所得等の金額は損益通算することは**できない**。

⑳ ○ 上場株式等の配当所得等と上場株式等の譲渡損失を損益通算するためには、上場株式等の配当所得等について申告分離課税を選択しなければならないが、大口株主等（その者が株主となる同族会社とあわせて発行済株式の総数等の3％以上に相当する数または金額の株式等を有する個人）が受け取る上場株式等の配当等に申告分離課税の適用はないため、損益通算することは**できない**。

□□□ 21 「上場株式等に係る申告分離課税」における上場株式等の譲渡による所得と、「一般株式等に係る申告分離課税」における一般株式等の譲渡による所得は、損益通算することができる。

重要度A

適用対象となる株式等

□□□ 22 個人（居住者）の「株式等」の譲渡所得について確定申告による申告分離課税が適用されるとき、この申告分離課税の適用対象となる「株式等」に該当するものには「新株予約権付社債」が含まれる。

重要度C

□□□ 23 個人（居住者）の「株式等」の譲渡所得について確定申告による申告分離課税が適用される際、この申告分離課税の適用対象となる「株式等」に該当するものには「株価指数連動型上場投資信託（いわゆるETF）」は含まれない。

重要度C

株式等の譲渡所得等の申告分離課税

□□□ 24 2023年1月現在、居住者が金融商品取引業者を通じて行う上場株式の譲渡益（年間の譲渡損益を通算した後の利益）に対する所得税及び復興特別所得税並びに住民税の税率の合計は、20.315%とされている。

重要度A

□□□ 25 信用取引等の方法による株式の売買から生ずる所得は、当該信用取引等の決済の日の属する年分の所得として課税される。

重要度A

特例の概要

□□□ 26 特定口座内保管上場株式等の譲渡による所得の金額は、証券業者から交付を受けた「特定口座年間取引報告書」に記載された収入金額、取得費及び経費に基づき計算できる。

重要度B

□□□ 27 特定口座内の上場株式等の譲渡益は、口座を設定すれば、金融商品取引業者に届出を行わなくても、源泉徴収の適用を受けることができる。

重要度B

21 ✗ 一般株式等に係る譲渡所得等の金額と上場株式等に係る譲渡所得等の金額は損益通算することはできない。

22 ○

23 ✗ 株価指数連動型上場投資信託(いわゆるETF)も含まれる。

24 ○

25 ○ 信用取引又は発行日決済取引の方法による場合には、当該信用取引等の決済の日の属する年分の所得とされる。

26 ○ なお、特定口座の設定は、個人1人につき「1業者・1口座」とされており、金融商品取引業者が異なれば、それぞれの金融商品取引業者ごとに設定できる。

27 ✗ 源泉徴収の適用を受けるためには、金融商品取引業者に「特定口座源泉徴収選択届出書」を提出する必要がある。

特定口座

☐☐☐ 28
重要度A
特定口座は、個人1人につき1口座とされ、複数の金融商品取引業者に口座を設定することはできない。

☐☐☐ 29
重要度A
金融商品取引業者は、「特定口座年間取引報告書」を2通作成し、1通を特定口座開設者に交付し、もう1通を自社で保管しなければならない。

☐☐☐ 30
重要度B
特定口座年間取引報告書は、確定申告の際の株式等に係る譲渡所得等の金額の計算明細書に代わるものである。したがって、特定口座年間取引報告書を確定申告書に添付して提出しなければならない。

確定申告不要の特例

☐☐☐ 31
重要度C
源泉徴収が選択された特定口座に係る上場株式等の譲渡所得等の金額又は損失の金額は、確定申告の際に、所得計算に含めないで申告するか、所得計算に含めて申告するかを選択することはできない。

上場株式の評価

☐☐☐ 32
重要度A
相続で取得する上場株式の相続税の評価は、課税時期における金融商品取引所の公表する最終価額によらなければならない。

28 × 金融商品取引業者が異なれば、それぞれの金融商品取引業者ごとに設定できる。

29 × 1通を税務署に提出し、1通を特定口座開設者に交付する。

30 × 2019年4月1日以後に提出する確定申告書への特定口座年間取引報告書の添付は不要である。

31 × 確定申告の際に、所得計算に含めないで申告するか、所得計算に含めて申告するかを選択をすることができる。

32 × 課税時期における金融商品取引所の公表する最終価額によって評価する。ただし、その最終価額が課税時期の属する月以前3カ月間の毎日の最終価額の各月ごとの平均額のうち最も低い価額を超える場合には、その最も低い価額によって評価する。

5肢選択問題　次の文章のうち、正しいものの番号を1つ選びなさい。

配当控除

☐☐☐ **33** 居住者が国内において支払いを受ける法人からの株式の期末配当
重要度C　　金を総合課税として確定申告する場合の所得税の配当控除の額は、
　　　　　配当所得の金額に一定の率を乗じて求められるが、課税総所得金
　　　　　額等が1,050万円で、そのうち配当所得の金額が80万円（源泉所
　　　　　得控除前）の場合の所得税の配当控除の額はいくらか。

(1) 40,000円

(2) 50,000円

(3) 55,000円

(4) 65,000円

(5) 80,000円

解答・解説

33 **(3)** 課税総所得金額等が1,050万円で、そのうち配当所得が80万円（源泉所得税控除前）なので、配当控除率は1,000万円を超える **50万円に対して5%**（所得税）、残りの **30万円に対して10%**（所得税）となる。

50万円 × 5 % + 30万円 × 10% = 55,000円

譲渡株式等の譲渡原価（取得費）の計算

□□□ **34**
重要度C

ある個人（居住者）が、上場銘柄A社株式を金融商品取引業者に委託して、現金取引により、2023年8月から同年10月までの間に10,000株を下記のとおり新たに買付け、同年11月に10,000株売却を行った。この売却による所得に対する所得税及び復興特別所得税並びに住民税の合計金額として正しいものを1つ選びなさい。

注）2023年中には、他に有価証券の売買はない。また、売買に伴う手数料その他の諸費用等及び住民税による基礎控除は考慮しない。なお、計算の途中で端数が生じた場合、取得原価については円未満切り上げ、税額については、円未満を切り捨てること。

年　　月	売買の別	単　価	株　数
2023年8月	買い	4,700円	2,500株
2023年9月	買い	3,000円	4,700株
2023年10月	買い	5,600円	2,800株
2023年11月	売り	4,300円	10,000株

(1) 104,412円

(2) 149,160円

(3) 298,630円

(4) 387,818円

(5) 458,137円

34 **(3)**

$$1 \text{ 株当たり取得価額} = \frac{\text{買い単価} \times \text{購入株数}（＝\text{取得価額合計}）}{\text{購入株数合計}}$$

$$1 \text{ 株当たり取得価額} = \frac{4,700\text{円} \times 2,500\text{株} + 3,000\text{円} \times 4,700\text{株} + 5,600\text{円} \times 2,800\text{株}}{2,500\text{株} + 4,700\text{株} + 2,800\text{株}}$$

$$= 4,153\text{円}$$

$$\text{売却益} = （\text{売り単価} － \text{買い単価}） \times \text{売り株数}$$

売却益 = (4,300 円 − 4,153 円) × 10,000 株 = 1,470,000 円

$$\text{税額} = \text{売却益} \times \text{税率}$$

税額 = 1,470,000 円 × **20.315%** ≒ 298,630 円

上場株式の評価

□□□ 35　上場銘柄A社株式の1株当たりの9月30日の終値及び最近3カ
重要度A　　月の最終価額の月平均額が以下のとおりである場合、当該株式の
　　　　　　1株当たりの相続税の評価額はどれか。なお、当該株式の課税時
　　　　　　期は9月30日とする。

（1）9月30日の終値　　　　 3,600円
（2）9月中の終値平均株価　 3,660円
（3）8月中の終値平均株価　 3,650円
（4）7月中の終値平均株価　 3,700円
（5）6月中の終値平均株価　 3,570円

35 （1） 課税時期が9月30日で、以前**3カ月間**の毎日の最終価額の各月ごとの平均額のうち**最も低い価額**を超えていないので、評価額は9月30日の終値3,600円になる。

CHAPTER

7

株式会社法概論

CONTENTS

- 会社の形態
- 株式会社の設立
- 株主の権利
- 株式
- 株式会社の機関
- 会社の計算
- 新株発行・組織の再編

※本CHAPTERの掲載内容は、本書のシリーズ書籍
『証券外務員二種』CHAPTER7と共通です。

学習のポイント❗

会社の種類、株式会社の基本的事項について出題されます。株式会社の設立に際してのルール、株主の権利や株式の種類、株式会社の機関など、細かい知識が問われます。特に、株式会社の機関についてはよく整理する必要があります。計算問題の出題はなく、暗記分野といえるため、重要語句を中心に、確実に覚えておきましょう。

| ○×問題 | 次の文章のうち、正しいものには○を、正しくないものには×をつけなさい。 |

株式会社・合名会社・合資会社・合同会社・持分会社

□□□ **1** 会社法では、会社の形態として、株式会社、合名会社、合資会社
重要度A の3種類を規定している。

□□□ **2** 合名会社の社員は、会社の債務につき、債権者に対して直接・連
重要度A 帯・無限の責任を負う。

□□□ **3** 合資会社には、無限責任社員1名以上と有限責任社員1名以上が
重要度B 必要である。

□□□ **4** 合名会社、合資会社、合同会社をまとめて持分会社という。
重要度C

資本金

□□□ **5** 株式会社の最低資本金は、1,000万円とされている。
重要度A

大会社

□□□ **6** 会社法で定める大会社の範囲は、資本金5億円以上で、かつ、負
重要度A 債総額200億円以上の会社とされる。

解答・解説

[1] ✕ 会社法では、会社の形態として、株式会社、合名会社、合資会社、合同会社の**4種類**を規定している。

[2] ◯ 会社の形態による社員構成の違いは、以下のとおりである。

合名会社	無限責任社員1名以上
合資会社	無限責任社員1名以上と有限責任社員1名以上
合同会社	有限責任社員1名以上
株式会社	有限責任社員1名以上

[3] ◯ 上記[2]を参照のこと。

[4] ◯ 株式会社**以外**を持分会社という。

[5] ✕ 最低資本金制度は**廃止**されている。

[6] ✕ 資本金5億円以上**又は**負債総額200億円以上の会社とされる。

公開会社

☐☐☐ 7 会社法で定める公開会社は、その発行する全部の株式の内容とし
重要度A て、譲渡による当該株式の取得について株式会社の承認を要する
旨の定款の定めを設けていない株式会社をいう。

定款の作成

☐☐☐ 8 株式会社の発起人は、2人以上必要である。
重要度A

☐☐☐ 9 法人は、株式会社を設立するための発起人となることはできない。
重要度A

☐☐☐ 10 株式会社の設立に際し、あらかじめ株主間相互の同意を得た場合
重要度B は、定款の作成を省略することができる。

☐☐☐ 11 定款に記載すべき事項の1つに「会社の目的」がある。
重要度C

株式の発行・役員の選任

☐☐☐ 12 会社の設立に際し、発行する株式の全部を発起人だけで引き受け
重要度A て設立することを発起設立という。

☐☐☐ 13 設立に際して選任される取締役は、当該設立が適正に行われたか
重要度C どうかを調査する必要がある。

7 × 株式の全部又は一部について、株式の取得(譲渡)について会社の承認がいるという定款の定めがない会社とされる。

8 × 発起人は、1人でもよい。

9 × 法人も、株式会社を設立するための発起人となることができる。

10 × いかなる場合でも、定款の作成を省略することはできない。

11 ○ 定款には、会社の目的・商号・本店所在地、設立の際の出資額など、発起人の氏名又は名称及び住所等の法定の事項を記載しなければならない(絶対的記載事項)。

12 ○ 設立時に発行する株式数は、定款に定めた発行可能株式総数の4分の1以上を発行すればよいこととされているが、その株式の全部を発起人だけで引き受けるのが発起設立、発起人が一部を引き受け、残りについて株主を募集するのが募集設立である。

13 ○ 株式全部について出資全額の履行が完了すると、取締役を選任し、設立が適正に行われたかどうか調査する。

CH 7

株式会社法概論

設立

□□□ 14 株式会社の発起人は1人でもよく、また、株主数が1人だけの株
重要度A 式会社を設立することもできる。

□□□ 15 株式会社の設立手続きに重大な法令違反があった場合、当該設立
重要度C の無効を主張できる者は、株主に限られる。

□□□ 16 株式会社の設立の無効は、当該株式会社の取締役と株主が、その
重要度B 設立登記の日から1年以内に裁判所へ訴えることによってしか主
張できない。

単元株制度

□□□ 17 単元株制度において、単元株式数は最大限100株とされている。
重要度A

株式の種類

□□□ 18 2種類以上の株式が並存する会社を「種類株式発行会社」という。
重要度A

□□□ 19 株式会社は、定款をもって一部の株式について異なる権利内容を
重要度A 定めることができる。

□□□ 20 公開会社では、議決権制限株式は、発行済株式総数の3分の1ま
重要度C でしか発行することができない。

単独株主権と少数株主権

□□□ 21 少数株主権は、1株しか持たない株主でも行使できる権利のこと
重要度A をいう。

14 ○ 株式会社を設立するには、発起人（1人でも、法人でもよい）が定款を作成して、これに署名する。また、株主数は1人でもよい。

15 × 株主、取締役（会社によっては、監査役・執行役・清算人も）に限られる。

16 × 設立の無効を訴えることができる期間は、1年以内ではなく、「2年以内」である。

17 × 1単元は最大限1,000株とされている。

18 ○ 定款で定めれば、一部の株式について異なる権利内容を定めることもでき、2種類以上の株式が並存する会社を「種類株式発行会社」という。

19 ○ 上記18を参照のこと。

20 × 議決権制限株式は、2分の1までしか発行できない。

21 × 記述は、「単独株主権」の説明である。少数株主権とは、一定割合以上の議決権を持った株主だけが行使できる権利のことである。

□□□ 22 株主が有する権利のうち、株主の帳簿閲覧権は、単独株主権に含
重要度C まれる。

自己株式の規制

□□□ 23 自己株式の取得は、出資の払い戻しと同じであるため、いかなる
重要度A 場合も認められていない。

子会社による親会社株式の取得

□□□ 24 子会社が親会社の株式を取得することは、原則として、禁止され
重要度C ている。

株券の記載と効力

□□□ 25 株券には、代表取締役が署名又は記名押印する。
重要度C

招集と株主提案権

□□□ 26 株主総会には定時総会と臨時総会があり、このうち定時総会とは、
重要度C 毎決算期に1回、その年度の会社の成果を検討するために開催さ
れるものをいう。

□□□ 27 公開会社の議決権総数の1％以上の株式を引き続き6カ月以上保
重要度C 有している株主は、取締役に株主総会の招集を請求することがで
きる。

議決権

□□□ 28 株主総会では、各株主の投下した資本の額に比例して議決権が与
重要度C えられるが、それは一般に株主有限責任の原則といわれている。

□□□ 29 A社がB社の総株主の議決権の4分の1以上の株式を持つときは、
重要度A B社がA社株を持っていてもそれには議決権がない。

22 × 帳簿閲覧権は、少数株主権に含まれる。

23 × 現在は、自己株式の取得を原則禁止とする規制が廃止され、取得後処分せずに保有することも認められている。

24 ○ 資本の空洞化を防ぐ観点から禁止されている。

25 ○ 株券には、会社の商号や株式数などを記載し、代表取締役が署名又は記名押印をする。

26 ○

27 × 議決権総数の1％以上ではなく、「3％以上」を保有する株主が請求できる。

28 × これは、一般に1株1議決権の原則（単元株制度をとる場合は1単元1議決権の原則）といわれている。

29 ○

□□□ 30 株主総会には、株主本人が出席し議決権を行使する必要があり、
重要度C　代理人による議決権の行使は認められていない。

議事と決議

□□□ 31 取締役会を設置する会社の株主総会では、その招集通知に議題と
重要度C　して掲げられていない事項について決議することは認められてい
　　　　　ない。

□□□ 32 取締役の選任は株主総会の決議事項とされて、取締役の解任は監
重要度B　査役会の決議事項とされている。

□□□ 33 株主総会の特別決議においては、発行済株式総数の3分の2以上
重要度C　に当たる株式を持つ株主が出席し、その議決権の過半数の賛成を
　　　　　得ることが求められる。

□□□ 34 株式会社の解散原因に、株主総会の特別決議がある。
重要度A

□□□ 35 株主総会の議事録は、本店及び支店に10年間備え置かれる。
重要度A

違法な決議

□□□ 36 株主総会の決議が定款に違反している場合には、株主は決議の日
重要度B　から6カ月以内に訴訟を起こすことにより、その取消しを求める
　　　　　ことができる。

取締役

□□□ 37 取締役会を設置する会社には、取締役は3名以上必要である。
重要度B

30 × 株主総会には、株主本人が出席する必要はなく、代理人に議決権を行使させてもよい。

31 ○ なお、招集通知は、代表取締役が株主宛てに原則として株主総会の2週間前までに発しなければならない。

32 × 取締役の選任及び解任は株主総会の決議事項とされている。

33 × 株主総会の特別決議においては、議決権総数の過半数（定款で3分の1まで下げてよい）に当たる株式を持つ株主が出席し、その議決権の3分の2以上の賛成を得ることが求められる。

34 ○

35 × 本店には10年間、支店には5年間備え置かれる。

36 × 取消しを求めることができる期間は、6カ月以内ではなく、「3カ月以内」である。

37 ○

□□□ 38 取締役会を設置する会社には取締役は3名以上必要であり、取締
重要度A 　　役会を設置しない会社には取締役を置く必要はない。

□□□ 39 取締役の報酬は定款又は監査役会で定められるものとされている。
重要度C

□□□ 40 取締役が任務を怠って会社に損害を与えたときには、当該損害に
重要度B 　　対して賠償責任を負うものとされているが、原則として、議決権
　　の過半数による同意を得た場合には、この責任を免除することが
　　できる。

□□□ 41 取締役会を設置する会社には、代表取締役が1名以上必要とされ
重要度C 　　ている。

監査役

□□□ 42 公開会社は監査役を設置しなければならない。
重要度A

□□□ 43 監査役会を設置する会社の監査役は3名以上必要で、そのうち半
重要度B 　　数以上は社外監査役でなければならない。

会計監査人

□□□ 44 会社法で定められた大会社は、監査役会を設置すれば会計監査人
重要度A 　　を設置しなくてもよい。

□□□ 45 大会社においては、1名以上の会計監査人が必要であり、任期は
重要度C 　　監査役と同様4年である。

38 × 取締役はすべての会社に必要で、取締役会を設置しない会社でも最低1人は必要である。

39 × 取締役の報酬は定款又は株主総会の普通決議で定められるものとされている。

40 × 免除できるのは、原則として、株主全員の同意を得た場合である。

41 ○ 取締役会設置会社には代表取締役が1名以上必要で、取締役会において取締役の中から選定する。なお、取締役会はいつでも代表取締役を解職できる。

42 ○ 監査役は、取締役や会計参与の職務を監査する職責を負う。非公開会社かつ非大会社および指名委員会等設置会社を除いて、株式会社は監査役を設置しなければならない。

43 ○ 公開会社である大会社には、監査役会の設置が必要で、監査役会を置く会社の監査役は3名以上、その半数以上は社外監査役でなければならない。

44 × 大会社は必ず会計監査人を設置しなければならない。

45 × 任期は4年ではなく、「1年」である。

□□□ 46 会計監査人を任期満了後に再任する場合、その都度、定時株主総
重要度C 会の再任決議を行わなければならない。

委員会設置会社

□□□ 47 指名委員会等設置会社の監査委員会、指名委員会及び報酬委員会
重要度B は、いずれの委員会も、そのメンバーは３名以上の取締役であり、
過半数は社外取締役でなければならない。

計算書類の作成と承認

□□□ 48 計算書類については、定時株主総会の承認決議が必要である。
重要度C

開示（ディスクロージャー）

□□□ 49 大会社は定時株主総会終了後、貸借対照表及び損益計算書のほか、
重要度A 事業報告についても公告しなければならない。

□□□ 50 「会社法」における「大会社」は、定時株主総会終了後、貸借対照表
重要度A 及び損益計算書を必ず官報又は日刊新聞紙で公告しなければなら
ない。

□□□ 51 大会社について、公告が必要とされる計算書類は、貸借対照表の
重要度A みである。

配当

□□□ 52 分配可能額がないのに行われた配当は無効であり、監査役は、株
重要度A 主に対してこれを会社へ返還するよう要求できる。

□□□ 53 剰余金の配当は分配可能額の範囲内でなされる必要があるが、一
重要度A 事業年度において配当を行うことのできる回数は２回までである。

46 × 定時株主総会が特に不再任を決議しない限り、自動的に更新される。

47 ○

48 ○ 計算書類（貸借対照表、損益計算書、株主資本等変動計算書、個別注記表）は定時総会に提出して承認を受けるが、事業報告についてはその内容の報告だけでよい。

49 × 事業報告は公告の必要はない。

50 × ホームページなどコンピュータを使う方法（電子公告）でもよい。

51 × 大会社は定時株主総会終了後、貸借対照表及び損益計算書の公告を行わなければならない。

52 × 返還は会社債権者が株主に対して要求できる。

53 × 一事業年度に何度でも配当できる。

145

□□□ 54 配当の時期は、中間と期末の2回しか認められていない。
重要度B

新株予約権の意義と効用

□□□ 55 会社は、新株予約権者が新株予約権を行使した場合、必ずその者
重要度C に新株を発行しなければならない。

合併・分割

□□□ 56 2つ以上の会社が合併して1つの会社になる方法には、当事会社
重要度A の全部が解散して新会社を設立する新設合併と、当事会社の1つ
が存続して他の会社を吸収する吸収合併がある。

□□□ 57 会社の分割のうち、会社の1部門を切り離して別会社として独立
重要度A させる方法を新設分割という。

□□□ 58 会社の分割は、事業譲渡と同様に、分割の対象となる部門を構成
重要度C する権利義務が個別に別会社に移転される。

□□□ 59 新設分割を実施する場合、原則として、株主総会の普通決議でそ
重要度C れを承認する必要がある。

□□□ 60 2つ以上の会社が合併により1つの会社になる方法には、当事会
重要度A 社の1つが存続して他の会社を吸収する吸収合併のみが認められ
ている。

事業の譲渡・譲受け

□□□ 61 会社が事業の全部を譲渡しても、当該会社は当然には解散はしな
重要度A い。

54 × 一事業年度に何度でも配当できる。

55 × そのほかに、手持ちの自己株式を移転する方法もある。

56 ○ なお、合併により消滅する会社の財産が包括的に新設会社又は存続会社に移転する。

57 ○ なお、分割される部門を構成する権利義務が個別に移転するのではなく、部門ごとに一括して承継される。

58 × 分割の場合は、事業譲渡と違って、その部門を構成する権利義務が個別に移転されるのではなく、部門ごと一括して承継される。

59 × 株主総会の特別決議で承認する。

60 × 2つ以上の会社が合併して1つの会社になる方法には、当事会社の全部が解散して新会社を設立する新設合併と、当事会社の1つが存続して他の会社を吸収する吸収合併がある。

61 ○

CHAPTER

8

付随業務

CONTENTS

- 付随業務の種類
- 付随業務の内容（主なもの）

※本CHAPTERの掲載内容は、本書のシリーズ書籍
『証券外務員二種』CHAPTER8と共通です。

学習のポイント

出題ウェイトは他の科目と比較してそれほど多くはないものの、付随業務の特徴などが出題されています。特に、付随業務のうち「株式累積投資」については詳細に問われる傾向にあるため、しくみや内容を理解しておきましょう。

○×問題

次の文章のうち、正しいものには○を、
正しくないものには×をつけなさい。

金融商品取引業以外の業務

□□□ **1** 投資信託委託会社の発行する投資信託又は外国投資信託の受益証
重要度C 券に係る収益金、償還金又は解約金の支払いに係る業務の代理は
付随業務である。

□□□ **2** 投資法人の発行する投資証券もしくは投資法人債券又は外国投資
重要度C 証券に係る金銭の分配、払戻金もしくは残余財産の分配又は利息
もしくは償還金の支払いに係る業務の代理は金融商品取引業務で
ある。

キャッシング業務

□□□ **3** キャッシング業務とは、MRF等の解約請求を行った顧客に対し、
重要度C 解約に係る金銭が支払われるまでの間、当該MRF等を担保とし
て解約代金相当額の貸付けを行う業務である。

□□□ **4** キャッシング業務に係る貸付限度額は、100万円までとされる。
重要度C

□□□ **5** キャッシング業務に係る貸付利息は、解約請求日から翌営業日ま
重要度A でのMRF等の分配金手取額である。

□□□ **6** キャッシング業務に係る貸付期間は、貸付けが行われた日から起
重要度B 算して7営業日目の日までの間とされる。

□□□ **7** キャッシングの申込みは、書面により行う必要がある。
重要度A

解答・解説

---

① 〇

② × **付随業務**である。

---

③ 〇

④ × 各ファンド毎にそれぞれの残高に基づき計算した**返還可能金額又は500万円**までのいずれか少ない額である。

⑤ × 貸付利息は、解約請求日から**翌営業日前日**までのMRF等の分配金手取額である。

⑥ × **翌営業日**までである。

⑦ × 書面による申込みは**不要**である。

□□□ **8** 金融商品取引業者が顧客からキャッシングを受け付ける場合、個
重要度B 別の取引の都度、当該顧客に対して貸付限度額その他貸付条件等
について記載した書面を必ず交付し、当該顧客の意思を確認した
うえで申込みを受け付けなければならない。

公社債の払込金の受入れ及び元利金支払いの代理業務

□□□ **9** 付随業務に該当するものに、公社債の払込金の受入れ及び元利金
重要度B 支払いの代理業務がある。

株式事務の取次ぎ業務

□□□ **10** 株式事務の取次ぎ業務とは、顧客からの請求に基づき、株式事務
重要度C を発行会社または証券保管振替機構に取り次ぐ業務のことであり、
転換社債型新株予約権付社債の新株予約権の行使処理の取次ぎ業
務は含まれない。

有価証券に関する常任代理業務

□□□ **11** 有価証券に関する常任代理業務の範囲には、有価証券の名義書換
重要度C えの代行及び寄託の受入れに係る業務、議決権の代理行使に係る
業務が含まれる。

株式累積投資

□□□ **12** 「株式累積投資」に関して、ドル・コスト平均法とは、株価の動き
重要度A やタイミングなどに関係なく、株式を定期的に継続して一定金額
ずつ購入する方法である。

インサイダー取引規制の適用除外

□□□ **13** 「株式累積投資」に関して、インサイダー取引規制の適用除外とな
重要度C る1回当たりの買付代金の払込金に制限はない。

8　✕　取引開始時の包括契約の締結によることも可能である。

9　○

10　✕　転換社債型新株予約権付社債の新株予約権の行使処理の取次ぎ業務は含まれる。

11　○　外国投資家との委任契約に基づいて、事務手続きの全部又は一部を代理・代行する業務であり、有価証券の名義書換の代行及び寄託の受入れ、議決権の代理行使などがある。

12　○　株式累積投資は、決まった銘柄を株価水準に関係なく、定期的に一定金額を継続して買付けるため、「ドル・コスト平均法」の投資効果が期待できる。

13　✕　インサイダー取引規制の適用除外となる払込金は1銘柄につき1カ月当たり100万円未満とされている。

□□□ 14 「株式累積投資」に関して、取引所有価証券市場を通じて買付注文
重要度C を執行する場合、インサイダー取引規制の適用除外となるために
は一定の計画にしたがい、個別の投資判断に基づかない方法によ
り、継続的に行う必要がある。

□□□ 15 インサイダー情報を知った会社関係者がその情報が公開される前
重要度B に株式累積投資契約に基づく買付けを行った場合、その情報を知
る前に締結された契約に基づく定期的な買付けであった場合でも
インサイダー取引規制の違反となる。

有価証券に関連する情報の提供又は助言

□□□ 16 有価証券に関連する情報の提供又は助言に係る業務とは、金融商
重要度C 品取引業者が金融商品取引業、その他有価証券に関連するノウハ
ウ等を顧客に提供することにより、相手方からそれに対しての報
酬を受け取る業務のことである。

5肢選択問題　次の文章のうち、正しいものの番号を1つ選びなさい。

金融商品取引業以外の業務

□□□ 17 付随業務に該当しないものはどれか。
重要度A (1) 有価証券の貸借又はその媒介もしくは代理
(2) 信用取引に付随する金銭の貸付け
(3) 有価証券の売買の媒介、取次ぎ又は代理
(4) 顧客から保護預りをしている有価証券を担保とする金銭の貸付け
(5) 有価証券に関連する情報の提供又は助言

[14] ○ なお、インサイダー情報を知った会社関係者等が、その情報が公表される前に、株式累積投資契約に基づく買付けを行った場合でも、その買付けが、その情報を知る前に締結された株式累積投資契約に基づく定期的な買付けである限り、インサイダー取引規制の違反となることはない。

[15] × 情報を知る前に結んだ契約に基づく買付けについては、違反にならない。

[16] ○ ただし、投資顧問契約を締結し、当該投資顧問契約に基づいて助言を行う行為に該当するものは除かれる。

> 解答・解説

[17] (3) (3)の有価証券の売買の媒介、取次ぎ又は代理は金融商品取引業務である。

CH 8

付随業務

155

☐☐☐ 18 付随業務に該当するものはどれか。

重要度A (1) 商品市場における取引に係る業務

(2) 貸金業その他金銭の貸付け又は金銭の貸借の媒介に係る業務

(3) 店頭デリバティブ取引

(4) 私設取引システム運営業務

(5) 有価証券に関する顧客の代理

☐☐☐ 19 付随業務に該当しないものはどれか。

重要度A (1) 有価証券又はデリバティブ取引に係る権利以外の資産に対する投資として、運用財産の運用を行う業務

(2) 累積投資契約の締結

(3) 他の金融商品取引業者等の業務の代理

(4) 登録投資法人の資産の保管

(5) 他の事業者の経営に関する相談に応じること

18 (5) (1)商品市場における取引に係る業務、(2)貸金業その他金銭の貸付け又は金銭の貸借の媒介に係る業務は届出業務で、(3)店頭デリバティブ取引、(4)私設取引システム運営業務は金融商品取引業務である。

19 (1) (1)有価証券又はデリバティブ取引に係る権利以外の資産に対する投資として、運用財産の運用を行う業務は届出業務である。

CHAPTER

9

財務諸表と企業分析

CONTENTS

- 貸借対照表
- 損益計算書
- 収益性分析
- 成長性分析
- 配当性向
- 安全性分析
- 資本効率分析
- 損益分岐点分析
- キャッシュ・フロー計算書とキャッシュ・フロー分析
- 連結財務諸表の仕組み

※本CHAPTERの掲載内容は、本書のシリーズ書籍
『証券外務員二種』CHAPTER9と共通です。

学習のポイント❗

証券投資分析に欠かすことのできない財務諸表の基本
的な見方とそれらを用いた企業分析の手法を学習しま
す。類似した公式が多いため、穴埋めの練習問題を活
用して公式の違いを整理して覚える方法が有効です。
計算問題は何度も繰り返し解くようにしましょう。

| ○×問題 | 次の文章のうち、正しいものには○を、正しくないものには×をつけなさい。 |

三つの財務諸表の関係

☐☐☐ ① 損益計算書とは、一定期間における企業の利益獲得過程を表した
重要度C　　ものである。

☐☐☐ ② 貸借対照表とは、一定時点における資金の源泉と使途の関係を一
重要度A　　覧表示するものである。

☐☐☐ ③ 損益計算書は、一定時点における資金の源泉と使途の関係を一覧
重要度A　　するものであり、これによって財政状態の一覧も可能となる。

連結貸借対照表

☐☐☐ ④ 連結貸借対照表において、退職給付に係る負債は固定負債に分類
重要度C　　される。

連結損益計算書

☐☐☐ ⑤ 損益計算書では、受取配当金は営業外収益に分類される。
重要度A

☐☐☐ ⑥ 損益計算書では、支払利息は営業外収益に分類される。
重要度A

資産の分類一覧

☐☐☐ ⑦ 売掛金は、貸借対照表においては、当座資産に分類される。
重要度C

160

解答・解説

① ○ 収益と費用の差額により、企業の経営成績を示す利益を計算する。

② ○ これにより、企業の財政状態を示すものである。

③ × 記述は、「貸借対照表」の説明である。損益計算書は、一定期間における企業の利益獲得過程を表示するもので、これによって経営成績の一覧が可能となる。

④ ○ なお、個別貸借対照表においては退職給付引当金とされ、「固定負債」に分類される。

⑤ ○ 受取配当金や受取利息などは、「営業外収益」に分類される。

⑥ × 支払利息は、営業外収益ではなく、「営業外費用」に分類される。

⑦ ○ 売掛金は、「流動資産」のうち「当座資産」に分類される。

□□□ **8** 貸借対照表において、特許権は流動資産に分類される。
重要度A

□□□ **9** 支払手形は、貸借対照表においては、流動負債に分類される。
重要度C

資産項目の説明

□□□ **10** 当座資産とは、販売過程を経ることなく比較的短期間に容易に現
重要度A 金化することのできる資産をいう。

□□□ **11** たな卸資産とは、半製品のように販売資産となるために生産過程
重要度B の途中にある資産をいい、原材料や製品は含まれない。

□□□ **12** 有形固定資産とは、生産準備手段として役立つ実体価値を有する
重要度A 資産をいい、土地、建物及び機械装置が、これに含まれる。

損益計算書の仕組み

□□□ **13** 営業利益は、(純)売上高から売上原価を差し引いて求められる。
重要度C

非支配株主持分・親会社持分

□□□ **14** 連結貸借対照表上の非支配株主持分とは、子会社の資本のうち親
重要度C 会社に帰属する部分のことをいう。

非連結子会社

□□□ **15** 親会社は、いかなる場合でも、すべての子会社について連結財務
重要度A 諸表の連結の範囲に含めなければならない。

□□□ **16** 親会社は、すべての子会社について連結財務諸表の作成の対象に
重要度B 含めなければならない。

⑧ ✕ 特許権は、流動資産ではなく、「**固定資産**」に分類される。

⑨ ○ 支払手形、買掛金、短期借入金などは、「**流動負債**」に分類される。

⑩ ○ 現金・預金、受取手形、売掛金、一時所有の有価証券などが該当する。

⑪ ✕ 原材料や製品も**含まれる**。

⑫ ○ この他に、構築物、車両運搬具、器具備品などがある。

⑬ ✕ 記述は、売上総利益の説明である。営業利益は、さらに**販売費及び一般管理費**も差し引いて求める。

⑭ ✕ 子会社の資本のうち親会社に**帰属しない部分**のことをいう。

⑮ ✕ **支配が一時的である場合**などは、連結の範囲に含めてはならない。

⑯ ✕ **支配が一時的**であると認められる会社などは、連結の範囲に含めてはならない。

CH 9

財務諸表と企業分析

子会社の資産・負債の時価評価と連結貸借対照表の作成

□□□ 17 連結貸借対照表は、親会社が他の会社を支配するに至った日（支
重要度A　配獲得日）において作成するものとされている。

キャッシュ・フロー計算書とは

□□□ 18 キャッシュ・フロー計算書は、企業活動の状況を営業活動、投資
重要度A　活動、財務活動という3領域に区分し、そこでのキャッシュ・フ
　　ローの状況から、企業活動全般の動きを捉えようとするものであ
　　る。

資本金（純）利益率の意味

□□□ 19 当期純利益が同額の企業間において、資本金の額の少ない企業の
重要度C　方が資本金（純）利益率は低くなる。

流動比率

□□□ 20 流動比率は、企業の短期の返済能力を判定するために用いられる
重要度C　比率であり、通常200％以上であることが望ましい。

当座比率

□□□ 21 当座比率を求める式は下記のとおりである。
重要度B

$$当座比率（\%）＝\frac{当座資産}{自己資本}\times 100$$

□□□ 22 当座比率は安全性分析の観点では、一般に100％未満であること
重要度A　が望ましいとされている。

17 ○

18 ○

19 × この場合は、資本金の額の少ない企業の方が資本金（純）利益率は高くなる。

$$資本金（純）利益率（\%）＝\frac{（純）利益}{資本金}×100$$

20 ○

$$流動比率（\%）＝\frac{流動資産}{流動負債}×100$$

21 × 正しい式は次のとおりである。

$$当座比率（\%）＝\frac{当座資産}{流動負債}×100$$

22 × 一般に、100%以上であることが望ましい。

固定比率

□□□ 23 一般に固定比率は、100%以下が望ましいとされている。
重要度A

自己資本比率

□□□ 24 自己資本比率とは、総資本に占める自己資本の割合を示すもので
重要度B あり、一般にその比率が低いほどよいと考えられている。

総資本回転率

□□□ 25 一般に、総資本回転率が低いほど、資本効率は高いことになる。
重要度A

総資本利益率と総資本回転率との関係

□□□ 26 売上高（純）利益率が一定である場合は、総資本回転率を高めると
重要度A 総資本（純）利益率は低下する。

売上高成長率

□□□ 27 売上高成長率を求める式は下記のとおりである。

重要度C
$$売上高成長率（\%）＝\frac{前期売上高}{当期売上高}×100$$

配当性向

□□□ 28 配当性向は、当期（純）利益に対する配当金の割合を示すものであ
重要度A り、配当性向が低いということは、内部留保率が低いことを意味
する。

23　○

$$固定比率(\%) = \frac{固定資産}{自己資本} \times 100$$

24　×　一般に高いほどよい。

25　×　総資本回転率が高いほど、資本効率は高い。

26　×　総資本回転率を高めると、総資本(純)利益率は上昇する。

27　×　正しい式は次のとおり。

$$売上高成長率(\%) = \frac{当期売上高}{前期売上高} \times 100$$

28　×　配当性向が低いということは、内部留保率が高いことを意味する。

5肢選択問題　次の文章のうち、正しいものの番号を1つ選びなさい。

損益計算書の仕組み

☐☐☐ **29** ある会社（年1回決算）の期末現在の損益計算書から抜粋した科目
重要度A 　及び金額は次のとおりである。（　　　）に当てはまる数字として
　正しいものはどれか。

（単位：百万円）

科　　目	金　　額
（経常損益の部）	
営業損益	
売上高	130,000
売上原価	75,000
販売費及び一般管理費	10,000
営業利益	（　イ　）
営業外損益	
営業外収益	7,000
営業外費用	3,400
経常利益	（　ロ　）
（特別損益の部）	
特別利益	800
特別損失	400
税引前当期利益	（　ハ　）
法人税、住民税及び事業税	22,400
当期利益	（　ニ　）

(1) イは65,000

(2) ロは29,600

(3) ハは10,600

(4) ハは44,000

(5) ニは26,600

> 解答・解説

㉙ (5)

(イ) 営業利益＝売上高－売上原価－販売費及び一般管理費

営業利益 ＝ 130,000百万円 － 75,000百万円 － 10,000百万円
　　　　 ＝ 45,000百万円

(ロ) 経常利益＝営業利益＋営業外収益－営業外費用

経常利益 ＝ 45,000百万円 ＋ 7,000百万円 － 3,400百万円
　　　　 ＝ 48,600百万円

(ハ) 税引前当期利益＝経常利益＋特別利益－特別損失

税引前当期利益 ＝ 48,600百万円 ＋ 800百万円 － 400百万円
　　　　　　　 ＝ 49,000百万円

(ニ) 当期利益＝税引前当期利益－法人税、住民税及び事業税

当期利益 ＝ 49,000百万円 － 22,400百万円
　　　　 ＝ 26,600百万円

企業分析の手法

□□□ 30 損益計算書から抜粋した金額（単位：百万円）が、次のとおりである
重要度C　　　る上場会社Ｂ社に関する記述として、正しいものはどれか。なお、
　　　　　　Ｂ社の年間配当金額は、前期・当期とも700百万円とする。
　　　　　　注）比率は、小数第2位以下を切り捨ててある。

	前期	当期
売上高	74,000	85,000
売上原価	52,000	62,000
販売費及び一般管理費	19,000	20,000
営業外損益	▲2,000	▲1,000
特別損益	300	0
法人税、住民税及び事業税	600	1,000

（1）当期の売上高経常利益率は、3.3％である。

（2）当期の売上高（純）利益率は、0.8％である。

（3）当期の利益成長率は、70.0％である。

（4）当期の売上高成長率は、137.0％である。

（5）当期の配当性向は、前期に比べて30.0％低い。

30 **(5)** (1) 経常利益 ＝ 売上高 － 売上原価 － 販売費及び一般管理費 ＋ 営業外損益

経常利益 ＝ 85,000百万円 － 62,000百万円 － 20,000百万円 ＋ (▲1,000百万円) ＝ 2,000百万円

$$売上高経常利益率 = \frac{経常利益}{売上高} \times 100$$

$$売上高経常利益率 = \frac{2,000\,百万円}{85,000\,百万円} \times 100 \fallingdotseq 2.3\%$$

(2) 当期(純)利益 ＝ 経常利益 ＋ 特別損益 － 法人税、住民税及び事業税

当期(純)利益 ＝ 2,000百万円 ＋ 0 － 1,000百万円 ＝ 1,000百万円

$$売上高(純)利益率 = \frac{当期純利益}{売上高} \times 100$$

$$売上高(純)利益率 = \frac{1,000\,百万円}{85,000\,百万円} \times 100 \fallingdotseq 1.1\%$$

(3) 前期(純)利益 ＝ 売上高 － 売上原価 － 販売費及び一般管理費 ＋ 営業外損益 ＋ 特別損益 － 法人税,住民税及び事業税

前期(純)利益 ＝ 74,000百万円 － 52,000百万円 － 19,000百万円

　　　　　　　　 ＋ (▲2,000百万円) ＋ 300百万円 － 600百万円 ＝ 700百万円

$$利益成長率 = \frac{当期(純)利益}{前期(純)利益} \times 100$$

$$利益成長率 = \frac{1,000\,百万円}{700\,百万円} \times 100 \fallingdotseq 142.8\%$$

(4) $$売上高成長率 = \frac{当期売上高}{前期売上高} \times 100$$

$$売上高成長率 = \frac{85,000\,百万円}{74,000\,百万円} \times 100 \fallingdotseq 114.8\%$$

(5) $$当期配当性向 = \frac{当期配当金}{当期(純)利益} \times 100$$

$$当期配当性向 = \frac{700\,百万円}{1,000\,百万円} \times 100 = 70\%$$

$$前期配当性向 = \frac{前期配当金}{前期(純)利益} \times 100$$

$$前期配当性向 = \frac{700\,百万円}{700\,百万円} \times 100 = 100\% \quad \therefore 70\% - 100\% = ▲30\%$$

CH 9

財務諸表と企業分析

171

安全性分析

☐☐☐ **31** 貸借対照表から抜粋した金額（単位：百万円）が、次のとおりである

重要度C 　　上場会社Ａ社に関する記述として、正しいものはどれか。なお、

　　Ａ社の当期の売上高は、74,000百万円とする。

　　注)比率は、小数第2位以下を切り捨ててある。

	前期	当期
流動資産	43,000	34,000
（うち当座資産）	(19,000)	(16,000)
固定資産	91,000	96,000
流動負債	50,000	59,000
固定負債	56,000	44,000
純資産合計（自己資本）	28,000	27,000

(1) 当期の当座比率は、57.6%である。

(2) 当期の負債比率は、381.4%である。

(3) 当期の自己資本比率は、20.9%である。

(4) 当期の総資本回転率は、0.8回である。

(5) 当期の固定長期適合率は、108.3%である。

31 (2)

(1)

$$当座比率 = \frac{当座資産}{流動負債} \times 100$$

$$当座比率 = \frac{16,000 百万円}{59,000 百万円} \times 100 ≒ 27.1\%$$

(2)

$$負債比率 = \frac{流動負債 + 固定負債}{自己資本} \times 100$$

$$負債比率 = \frac{59,000 百万円 + 44,000 百万円}{27,000 百万円} \times 100 ≒ 381.4\%$$

(3)

$$自己資本比率 = \frac{自己資本}{総資本} \times 100$$

$$自己資本比率 = \frac{27,000 百万円}{59,000 百万円 + 44,000 百万円 + 27,000 百万円} \times 100$$
$$≒ 20.7\%$$

(4)

$$総資本回転率 = \frac{売上高}{総資本（期首・期末平均）}$$

$$総資本回転率 = \frac{74,000 百万円}{(134,000 百万円 + 130,000 百万円) ÷ 2} ≒ 0.5 回$$

(5)

$$固定長期適合率 = \frac{固定資産}{固定負債 + 自己資本} \times 100$$

$$固定長期適合率 = \frac{96,000 百万円}{44,000 百万円 + 27,000 百万円} \times 100 ≒ 135.2\%$$

□□□ **32** 次の表は、A社、B社の貸借対照表の構成割合を表したものである。固定長期適合率及び流動比率についてA社とB社の比較として正しいものはどれか。

重要度C

A社

流動資産　10%	流動負債　60%
固定資産　90%	
	固定負債　30%
	自己資本　10%

B社

	流動負債　20%
流動資産　80%	
	固定負債　70%
固定資産　20%	
	自己資本　10%

(1) 固定長期適合率はA社＝B社、流動比率はA社＝B社
(2) 固定長期適合率はA社＜B社、流動比率はA社＞B社
(3) 固定長期適合率はA社＜B社、流動比率はA社＜B社
(4) 固定長期適合率はA社＞B社、流動比率はA社＜B社
(5) 固定長期適合率はA社＞B社、流動比率はA社＞B社

32 (4)

$$\text{固定長期適合率} = \frac{\text{固定資産}}{\text{固定負債＋自己資本}} \times 100$$

A社 $= \dfrac{90}{30 + 10} \times 100 = 225\%$

B社 $= \dfrac{20}{70 + 10} \times 100 = 25\%$

∴A社＞B社

$$\text{流動比率} = \frac{\text{流動資産}}{\text{流動負債}} \times 100$$

A社 $= \dfrac{10}{60} \times 100 ≒ 16.6\%$

B社 $= \dfrac{80}{20} \times 100 = 400\%$

∴A社＜B社

負債比率

□□□ **33** 貸借対照表上の金額が次のとおりであり、負債比率が300％である

重要度C る場合の自己資本の数値はどれか。

注）単位は表中、答とも百万円である。

流動資産	2,000
流動負債	4,000
固定負債	6,500

(1) 2,000

(2) 2,500

(3) 3,000

(4) 3,500

(5) 4,000

③③ (4)

$$負債比率 = \frac{流動負債 + 固定負債}{自己資本} \times 100$$

$$負債比率 = \frac{4,000\,百万円 + 6,500\,百万円}{X} \times 100 = 300\%$$

$X = 3,500\,百万円$

キャッシュ・フロー分析

□□□ **34** キャッシュ・フロー計算書と貸借対照表から抜粋した金額が次の
重要度C とおりである会社に関して、正しい組合せはどれか。

	（単位：百万円）
売上高	33,000
営業活動によるキャッシュ・フロー	800
投資活動によるキャッシュ・フロー	▲400
財務活動によるキャッシュ・フロー	1,000

		（単位：百万円）
流動負債	支払手形・買掛金	5,000
	短期借入金	1,800
	その他	3,000

		（単位：百万円）
固定負債	長期借入金	6,200
	退職給付引当金	1,800
	その他	600

イ．売上高営業キャッシュ・フロー比率は、1.2％である。

ロ．営業キャッシュ・フロー流動負債比率は、8.1％である。

ハ．営業キャッシュ・フロー有利子負債比率は、10.0％である。

(1) イ及びロ
(2) イ及びハ
(3) ロ及びハ
(4) ロのみ
(5) ハのみ

34 (3)

イ.

$$売上高営業キャッシュ・フロー比率 = \frac{営業活動によるキャッシュ・フロー}{売上高} \times 100$$

$$売上高営業キャッシュ・フロー比率 = \frac{800\,百万円}{33,000\,百万円} \times 100 ≒ 2.4\%$$

ロ.

$$営業キャッシュ・フロー流動負債比率 = \frac{営業活動によるキャッシュ・フロー}{流動負債残高} \times 100$$

$$営業キャッシュ・フロー流動負債比率 = \frac{800\,百万円}{5,000\,百万円 + 1,800\,百万円 + 3,000\,百万円}$$
$$\times 100 ≒ 8.1\%$$

ハ.

$$営業キャッシュ・フロー有利子負債比率 = \frac{営業活動によるキャッシュ・フロー}{有利子負債残高} \times 100$$

$$営業キャッシュ・フロー有利子負債比率 = \frac{800\,百万円}{1,800\,百万円 + 6,200\,百万円} \times 100 = 10.0\%$$

CH 9 財務諸表と企業分析

配当率・配当性向とは何か

□□□ 35 資料から抜粋した金額が次のとおりである会社の配当率及び配当
重要度A 性向の組み合わせとして正しいものはどれか。
注)計算に当たっては、小数第2位を切り捨ててある。

| 発行済株式総数 1,800千株 |
| 中間配当／9.0円 期末配当／8.0円 |

（単位：百万円）

| 純資産合計 | 資本金 | 210 |
| | 剰余金等 | 2,400 |

（単位：百万円）

売上高	40,000
売上原価	36,000
販売費及び一般管理費	3,000
営業外損益	200
特別損益	▲400
法人税、住民税及び事業税	400

	（配当率）	（配当性向）
(1)	1.1%	7.6%
(2)	14.5%	2.5%
(3)	14.5%	7.6%
(4)	76.0%	2.5%
(5)	76.0%	14.5%

180

㉟ （3）

$$配当金（年額）=（中間配当＋期末配当）×発行済株式総数$$

$$配当金（年額）=（9円＋8円）×1,800千株$$
$$=30,600千円（30.6百万円）$$

$$当期純利益=売上高－売上原価－\frac{販売費及び}{一般管理費}＋営業外損益＋特別損益－\frac{法人税、住民税}{及び事業税}$$

$$当期純利益=40,000百万円－36,000百万円－3,000百万円$$
$$＋200百万円＋（▲400百万円）－400百万円$$
$$=400百万円$$

$$配当率=\frac{配当金}{資本金}×100$$

$$配当率=\frac{30.6百万円}{210百万円}×100$$
$$≒14.5\%$$

$$配当性向=\frac{配当金}{当期純利益}×100$$

$$配当性向=\frac{30.6百万円}{400百万円}×100$$
$$≒7.6\%$$

CHAPTER

10

金融商品取引法

CONTENTS

- 金融商品取引業
- 金融商品取引業の行為規制①
- 金融商品取引業の行為規制②
- 外務員制度
- 金融商品仲介業制度
- 内部者(インサイダー)取引の規制
- その他の市場阻害行為の規制
- 企業内容等開示(ディスクロージャー)制度
- 株券等の大量保有の状況に関する開示制度(5%ルール)

※本CHAPTERの掲載内容は、本書のシリーズ書籍
『証券外務員二種』CHAPTER10と共通です。

学習のポイント❗

金融商品取引法は、いわば金融商品市場の憲法ともいえる法律です。金融商品市場の担い手である金融商品取引業者等に関する規制を中心に、さまざまな規制を学習します。法律に関連する用語が多く登場するため、用語に慣れることが重要です。範囲も広いですが、その分、試験における出題頻度及びウェイトも高いといえます。

○×問題　次の文章のうち、正しいものには○を、
正しくないものには×をつけなさい。

金融商品取引法

□□□ ①　金融商品取引法が規制対象とする有価証券には、株式や債券だけ
重要度A　でなく、小切手も含まれる。

□□□ ②　金融商品取引法は、企業内容等の開示の制度を整備するとともに、
重要度C　金融商品取引業を行う者に関し必要な事項を定め、金融商品取引
所の適切な運営を確保すること等により、有価証券の発行及び金
融商品等の取引等を公正にし、有価証券の流通を円滑にするほか、
資本市場の機能の十全な発揮による金融商品等の公正な価格形成
等を図り、もって金融商品取引業の健全な発展及び投資者の保護
に資することを目的としている。

金融商品取引業者

□□□ ③　金融商品取引業者とは、内閣総理大臣の登録を受け、金融商品取
重要度A　引業を営む者である。

金融商品取引業の内容

□□□ ④　有価証券の売買の媒介とは、自己の名をもって委託者の計算で有
重要度B　価証券を買い入れ又は売却すること等を引き受けることをいう。

□□□ ⑤　有価証券の売買の取次ぎとは、自己の名をもって委託者の計算で
重要度B　有価証券を買い入れ又は売却すること等を引き受けることである。

184

解答・解説

1. ☓ 金融商品取引法が規制対象とする有価証券は、第2条第1項で定める第一項有価証券と、第2条第2項で定める第二項有価証券が該当し、小切手や約束手形は含まれない。

2. ☓ 金融商品取引法は、企業内容等の開示の制度を整備するとともに、金融商品取引業を行う者に関し必要な事項を定め、金融商品取引所の適切な運営を確保すること等により、有価証券の発行及び金融商品等の取引等を公正にし、有価証券の流通を円滑にするほか、資本市場の機能の十全な発揮による金融商品等の公正な価格形成等を図り、もって国民経済の健全な発展及び投資者の保護に資することを目的としている。

3. ◯ 金融商品取引業を営むためには、内閣総理大臣（金融庁長官）の登録を受けなければならない。

4. ☓ 記述は、「取次ぎ」の説明である。媒介とは、他人間の取引の成立に尽力することをいう。

5. ◯

□□□ ⑥ 有価証券の売出しとは、既に発行された有価証券の取得の申込み
重要度C の勧誘のうち、第一項有価証券については、多数(50名以上)の
者を相手方として行う場合のことをいう。

□□□ ⑦ 有価証券の募集とは、新たに発行される有価証券の取得の申込み
重要度C の勧誘のうち、第一項有価証券については、多数(50名以上)の
者を相手方として行う場合のことをいう。

金融商品取引業の分類

□□□ ⑧ 有価証券の引受けは、第一種金融商品取引業者の行う業に含まれ
重要度A る。

□□□ ⑨ 第二種金融商品取引業の範囲には、委託者指図型投資信託の受益
重要度B 証券の募集・私募が含まれる。

金融商品取引業の登録

□□□ ⑩ 金融商品取引業は、内閣総理大臣の登録を受けた者でなければ行
重要度A うことができない。

□□□ ⑪ 有価証券店頭デリバティブ取引業務を行おうとするときは、内閣
重要度A 総理大臣の認可が必要である。

□□□ ⑫ 有価証券の元引受業務を行おうとするときは、内閣総理大臣の認
重要度A 可が必要である。

6　○　有価証券の売出しとは、既に発行された有価証券の売付けの申込み又はその買付けの申込みの勧誘のうち、**第一項有価証券については、多数の者(50名以上)を相手方**として行う場合、第二項有価証券については、売出しに係る有価証券を相当程度多数の者(500名以上)が所有することとなる場合をいう。

7　○　有価証券の取得の申込みの勧誘には次の2つがある。
新たに発行される有価証券→「募集」
既に発行された有価証券→「売出し」

8　○

9　○

10　○　金融商品取引業は、内閣総理大臣の**登録**を受けた者でなければ行うことができない。なお、金融商品取引法の施行に伴い、従来、認可制とされてきた「**有価証券店頭デリバティブ取引**」と「**元引受業務**」は、**登録制**に変更された。

11　×　有価証券店頭デリバティブ取引業務は、**登録制**である。

12　×　有価証券の元引受業務は、**登録制**である。

□□□ 13　私設取引システム(PTS)運営業務を行おうとするときは、内閣総
重要度B　　理大臣の認可が必要である。

商号等の使用制限

□□□ 14　金融商品取引業者でない者は、金融商品取引業者という商号もし
重要度B　　くは名称又はこれに紛らわしい商号もしくは名称を用いてはなら
　　　　　ない。

外務員登録・外務行為

□□□ 15　金融商品取引業者等は、有価証券の売買の勧誘を行う者について
重要度A　　は、例外なく外務員の登録をしなければならない。

□□□ 16　金融商品取引業者等は、営業所外の場所で外務行為を行う者につ
重要度A　　いては、外務員登録を行わなければならないが、営業所内で外務
　　　　　行為を行う者については、外務員の登録を要しない。

□□□ 17　金融商品取引業者等は、投資者保護上問題がないと認められる場
重要度A　　合には、登録を受けた外務員以外の者にも外務行為を行わせるこ
　　　　　とができる。

□□□ 18　金融商品取引業者等は、やむを得ない場合には、登録を受けた外
重要度A　　務員以外の者にも外務行為を行わせることができる。

□□□ 19　金融商品取引業者等は、登録を受けた外務員以外の者に外務行為
重要度A　　を行わせてはならない。

□□□ 20　ある金融商品取引業者の外務員として登録を受けている者は、別
重要度B　　の金融商品取引業者の外務員として登録を受けて外務行為を行う
　　　　　ことができない。

CH
10

金融商品取引法

13 ○ ＰＴＳ（私設取引システム）は、取引所外売買の形態の１つで、金融商品取引法の定めにより内閣総理大臣の認可を受けた金融商品取引業者が開設・運営する「電子取引の場」である。

14 ○

15 ○ 外務行為を行うには外務員試験の合格だけでは足りず、登録を受けることが必要である。

16 × 金融商品取引業者等の使用人については営業所の内外を問わず、外務行為を行う者についてはすべて外務員とされ、外務員の登録を要する。

17 × 金融商品取引業者等は、登録を受けた外務員以外の者に外務行為を行わせてはならない。

18 × 上記17を参照のこと。

19 ○ 上記17を参照のこと。

20 ○ 二重登録は禁止されている。

189

□□□ 21 外務員は、同時に複数の金融商品取引業者の外務員として登録を
重要度B 受け、外務行為を行うことができる。

□□□ 22 外務員は、その所属する金融商品取引業者に代わり、有価証券の
重要度A 売買その他の取引等に関し、一切の裁判外の行為を行う権限を有
するものとみなされる。

□□□ 23 外務員の行為の効果は直接金融商品取引業者等に帰属し、金融商
重要度A 品取引業者等は顧客の有価証券の売買その他の取引等に関し、外
務員の負った債務について直接履行する責任を負う。

取引態様の事前明示義務

□□□ 24 金融商品取引業者等は、顧客から有価証券の売買に関する注文を
重要度A 受けたときは、あらかじめ当該顧客に対し、自己がその相手方と
なって売買を成立させるのか、又は媒介し、取次ぎし、もしくは
代理して当該売買もしくは取引を成立させるのかの別を明らかに
しなければならない。

最良執行義務

□□□ 25 金融商品取引業者等が顧客から注文を受けようとする場合には、
重要度A あらかじめ当該顧客に対して最良執行方針等を記載した書面を交
付しなければならない。

損失補塡等の禁止

□□□ 26 金融商品取引業者等は、有価証券の売買その他の取引等について、
重要度A 顧客に損失が生ずることとなり又はあらかじめ定めた利益が生じ
ないこととなった場合にはこれを補塡し、又は補足するため財産
上の利益を提供する旨を、当該顧客等に対し、申し込み、又は約
束する行為を行ってはならない。

[21] ✕ 外務員は、同時に複数の金融商品取引業者の外務員として登録を受け、外務行為を行うことはできない。

[22] ○ 外務員には、金融商品取引業者から代理権が与えられている。

[23] ○

[24] ○ 取引態様の事前明示義務と呼ばれているものである。

[25] ○ 最良執行義務と呼ばれているものである。

[26] ○ 申し込みや約束をする行為だけでも、禁止行為に当たる。

□□□ 27 有価証券の売買その他の取引等について生じた顧客の損失を補填
重要度A することを顧客と約束することは、実際にその補填を実行しなけ
れば、禁止行為には当たらない。

□□□ 28 有価証券の売買その他の取引等について生じた顧客の損失を、顧
重要度A 客からの要求により金融商品取引業者が補填したり、顧客との間
で補填の約束をする行為は、禁止されていない。

□□□ 29 有価証券の売買その他の取引等について生じた顧客の損失を補填
重要度A し、又は利益を追加するため、当該顧客に対し、財産上の利益を
提供する行為は、金融商品取引業者が第三者を通じて行った場合
も、禁止の対象となる。

□□□ 30 有価証券の売買その他の取引等について生じた損失の補填を要求
重要度A する顧客の行為は、処罰の対象とならない。

禁止・制限

□□□ 31 金融商品取引業者等は、自己の名義をもって他人に金融商品取引
重要度B 業を営ませることができる。

□□□ 32 金融商品取引業者は、担保付社債信託契約の受託会社となること
重要度B ができる。

□□□ 33 金融商品取引業者等が、引受けに関する自己の取引上の地位を維
重要度C 持し又は有利ならしめるため、著しく不適当と認められる数量、
価格その他の条件により有価証券の引受けを行うことは禁止され
ている。

CH
10

金融商品取引法

27 × 実際にその補塡を実行しなくても、禁止行為に当たる。

28 × 顧客からの要求に応じる補塡や、補塡の約束をする行為も禁止されている。

29 ○ 第三者を通じて行うことも禁止されている。

30 ○ 金融商品取引業者等に対して損失補塡又は利益を補足するため財産上の利益を提供させる行為を要求して約束させた場合には、処罰の対象となる。つまり、要求しただけでは処罰の対象にならない。

31 × 金融商品取引業者等は、自己の名義をもって他人に金融商品取引業を営ませることは禁じられている。

32 × 金融商品取引業者は、担保付社債信託契約の受託会社となることはできない。ただし、引受人となることはできる。

33 ○

□□□ 34 有価証券の引受人となった金融商品取引業者は、その有価証券を
重要度A 売却する場合において、引受人となった日から1年を経過する日
までは、その買主に対し、買入代金について貸付けその他信用の
供与をしてはならない。

□□□ 35 金融商品取引業者等又はその役員もしくは使用人が顧客に断定的
重要度A 判断を提供して勧誘することの禁止規定は、当該顧客の有価証券
の買付けに係る勧誘についてのみ適用され、当該顧客の有価証券
の売付けに係る勧誘については適用されない。

□□□ 36 金融商品取引業者等又はその役員もしくは使用人は、有価証券の
重要度A 売買その他の取引等に関し、虚偽の表示をし、又は投資者の投資
判断に重大な影響を及ぼすような重要な事項について誤解を生ぜ
しめるような表示をすることは禁止されているが、この禁止規定
は勧誘行為がなくても適用される。

□□□ 37 金融商品取引業者等又はその役員もしくは使用人が、特定かつ少
重要度A 数の銘柄について、不特定かつ多数の顧客に対し、買付けもしく
は売付け又は委託等を一定の期間継続して一斉にかつ過度に勧誘
し、公正な価格形成を損なうおそれがある行為をすることは、そ
の銘柄が現にその金融商品取引業者等が保有している有価証券で
ある場合に限って禁止される。

□□□ 38 金融商品取引業者等又はその役員もしくは使用人が、特定の銘柄
重要度B の有価証券について、実勢を反映しない作為的相場を形成させる
べき一連の売買取引の受託を行うことは、主観的な目的の有無を
問わず、禁止される。

□□□ 39 金融商品取引業者等の役員もしくは使用人が、自己の職務上の地
重要度A 位を利用して、又は専ら投機的利益の追求を目的として売買等を
する行為は禁止されている。

194

CH
10

金融商品取引法

[34] × 信用の供与が制限される期間は、引受人となった日から1年ではなく、「**6カ月**」である。

[35] × 買付けに係る勧誘及び売付けに係る勧誘の**両方について適用される**。

[36] ○ 虚偽の表示行為等の禁止と呼ばれるものであり、**勧誘行為がなくても適用される**。

[37] × 当該有価証券の保有の有無にかかわらず、公正な価格形成を損なうおそれがある行為をすることは禁止されており、特にその銘柄が現にその金融商品取引業者等が保有している有価証券である場合、大量推奨販売行為は**厳しく禁じられている**。

[38] ○ **作為的相場形成等の禁止**と呼ばれるものである。

[39] ○ 自己の職務上の地位を利用していなくとも、専ら**投機的利益の追求**を目的として売買等をする行為は禁止されている点にも注意が必要である。

195

□□□ 40　金融商品取引業者等は、通常の取引の条件と異なる条件で、かつ、
重要度C　　当該条件での取引が権利者の利益を害することとなる条件での取
　　　　　引を行うことを内容とした運用を行ってはならない。

□□□ 41　金融商品取引業者は、顧客からの有価証券の買付けの委託を受け
重要度A　　て、当該委託等に係る売買等を成立させる前に自己の計算におい
　　　　　て、当該顧客の委託等に係る価格より低い価格で買付けする行為
　　　　　は禁じられている。

□□□ 42　金融商品取引業者は、特定かつ少数の銘柄の有価証券について、
重要度A　　不特定かつ多数の顧客に対し、買付け又は売付けを一定期間継続
　　　　　して一斉にかつ過度に勧誘する行為で、公正な価格形成を損なう
　　　　　おそれがあるものを行ってはならない。

金融商品仲介業の登録

□□□ 43　金融商品仲介業を営むことは、法人でも個人でも可能である。
重要度A

金融商品仲介業の業務に関する規制

□□□ 44　金融商品仲介業者は、金融商品仲介業に関して、いかなる名目に
重要度A　　よるかを問わず顧客から金銭もしくは有価証券の預託を受けるこ
　　　　　とはできない。

金融商品仲介業者に対する監督その他

□□□ 45　金融商品仲介業者の所属金融商品取引業者等は、原則として、金
重要度A　　融商品仲介業者が金融商品仲介業につき顧客に加えた損害の賠償
　　　　　責任は負わない。

|40| ○

|41| ○ フロントランニングの禁止と呼ばれるものである。なお、売付けについては、顧客の委託等に係る価格より高い価格で売付けする行為が禁じられている。

|42| ○ 大量推奨販売の禁止と呼ばれるものである。なお、その有価証券が金融商品取引業者等の保有する有価証券である場合には、厳しく禁じられている。

|43| ○ 法人のみならず個人も金融商品仲介業を営むことができる。

|44| ○ 金融商品仲介業者は、いかなる名目によるかを問わず、金融商品仲介業に関して、顧客から金銭もしくは有価証券の預託を受け、又は当該金融商品仲介業者と密接な関係を有する者として政令で定める者に顧客の金銭もしくは有価証券を預託させてはならない。

|45| × 金融商品仲介業者の所属金融商品取引業者等は、原則として、金融商品仲介業者が金融商品仲介業につき顧客に加えた損害の賠償責任を負う。

証券金融会社の業務

□□□ **46** 証券金融会社が行う一般貸付けは、金融商品取引業者又はその顧
重要度C 客に対し、有価証券又は金銭を担保として金銭又は有価証券を貸
し付けることである。

仮装売買、馴合売買

□□□ **47** いわゆる仮装売買とは、上場有価証券等の売買、市場デリバティ
重要度C ブ取引や店頭デリバティブ取引について、取引状況に関し他人に
誤解を生じさせる目的をもって、権利の移転、金銭の授受等を目
的としない仮装の取引をすることをいう。

□□□ **48** いわゆる馴合売買とは、上場有価証券等について、取引状況に関
重要度A し他人に誤解を生じさせる目的をもって、権利の移転、金銭の授
受等を目的としない売買取引のことである。

内部者取引規制

□□□ **49** 「内部者取引規制」に関して、規制の対象となる会社関係者の範囲
重要度A には、その上場会社の顧問弁護士も含まれる。

□□□ **50** 内部者取引規制の会社関係者に、上場会社等の帳簿閲覧権を有す
重要度A る株主は含まれる。

46 ○ なお、証券金融会社とは、金融商品取引法に基づき、内閣総理大臣の免許を受けた、資本金1億円以上の証券金融専門の株式会社であり、主要業務には、信用取引の決済に必要な金銭や有価証券を金融商品取引業者に**貸し付ける業務**がある。

47 ○

48 × 記述は、「**仮装売買**」の説明である。馴合売買とは、取引状況に関し他人に誤解を生じさせる目的をもって、売主と買主が**通謀して**行う売買取引のことである。

49 ○ 規制対象となる会社関係者は、上場会社等の役員、代理人、使用人その他の従業者(役員等)、**帳簿閲覧権を持つ株主**や社員、**取引銀行**、**引受金融商品取引業者**、**顧問弁護士**等であり、現在は上記の会社関係者ではないが、以前会社関係者であり、会社関係者でなくなってから1年以内の者も含まれる。

50 ○ 上記49を参照のこと。

□□□ 51 「内部者取引規制」に関して、会社関係者が上場会社等の業務等に
重要度B 関する重要事実を公表される前にその立場を利用して知った場合
には、会社関係者でなくなった後1年間は、その間に当該重要事
実が公表された後でも、当該会社の発行する上場株券等の売買を
してはならない。

□□□ 52 「内部者取引規制」に関して、上場会社の業務執行を決定する機関
重要度B が、一旦は重要事実に当たる新株式の発行を決定し、公表したが、
その後当該新株式の発行を中止する決定をした場合には、その中
止の決定は重要事実には当たらない。

□□□ 53 「内部者取引規制」に関して、資本金の額の減少は、上場会社等の
重要度A 業務に関する重要事実に該当する。

□□□ 54 「内部者取引規制」に関して、上場会社の子会社の業務執行を決定
重要度C する機関が、他社に当該子会社の営業の一部を譲渡することを決
定したことは、当該上場会社の業務等に関する重要事実に当たる
（いわゆる軽微基準は考慮しない）。

□□□ 55 「内部者取引規制」に関して、上場会社等の業務等に関する重要事
重要度A 実は、当該会社の代表取締役又はその者から当該重要事実を公開
することを委任された者により、当該重要事実が日刊紙を販売す
る新聞社又は放送機関等の2以上の報道機関に対して公開され、
かつ、公開されたときから6時間以上経過すれば公表となる。

□□□ 56 「内部者取引規制」に関して、重要事実の公表とみなされる事実の
重要度A 1つには上場会社が提出した有価証券報告書が金融商品取引法の
規定にしたがい公衆の縦覧に供された場合が含まれる。

CH 10 金融商品取引法

51 × 当該事実が公表されればその限りではない。

52 × 公表後に当該新株式の発行を中止する決定をした場合、その中止の決定は重要事実に当たる。

53 ○ 資本金の額の減少、資本準備金、利益準備金の額の減少などは、重要事実に該当する。

54 ○ 子会社に生じた重要事実も「内部者取引規制」の対象となる。

55 × 公表されたとみなされるのは、公開後6時間以上経過した場合ではなく、「12時間以上」経過した場合である。

56 ○ 重要事実の公表とみなされる事実には有価証券報告書が公衆の縦覧に供された場合も含まれる。

201

会社の役員及び主要株主の報告義務

□□□ 57 上場会社等の株主のうち所有する株式数が上位10人までの者は、
重要度A 自己の計算において特定有価証券等の取引等を行った場合、一定
の場合を除いて、取引等に関する報告書を内閣総理大臣に提出し
なければならない。

□□□ 58 上場会社の役員は、自己の計算において当該上場会社の株式の買
重要度A 入れ又は売付けを行い、利益が出た場合に限り、その売買に関す
る報告書を内閣総理大臣に提出する義務がある。

役員又は主要株主の短期売買規制

□□□ 59 上場会社等の役員又は主要株主が、当該会社等の特定有価証券等
重要度A について、自己の計算で買付け等をした後1年以内に売付け等を
して利益を得たときは、当該会社等は、その者に対して、得た利
益の提供を請求することができる。

企業内容等開示制度

□□□ 60 「企業内容等開示(ディスクロージャー)制度」に関して、国債証券、
重要度C 地方債証券、金融債、政府保証債は、企業内容等開示制度が適用
される有価証券である。

□□□ 61 「企業内容等開示(ディスクロージャー)制度」が適用される有価証
重要度A 券には、投資信託の受益証券が含まれる。

目論見書

□□□ 62 「企業内容等開示(ディスクロージャー)制度」に関して、目論見書
重要度C は、有価証券の募集もしくは売出し又は適格機関投資家取得有価
証券一般勧誘の際、当該有価証券の発行者の事業その他の事項に
関する説明を記載する文書である。

CH
10

金融商品取引法

57 × 所有する株式数が上位10人までの者ではなく、「総株主等の議決権の**10%以上**を有する株主」である。

58 × **利益の有無にかかわらず**、報告書を提出しなければならない。

59 × この「短期売買規制」の対象となるのは、1年以内ではなく、「**6カ月以内**」に反対売買をして利益を得た場合である。

60 × 国債証券、地方債証券、金融債、政府保証債は、企業内容等開示制度が**適用されない有価証券**である。

61 ○ 募集又は売出しが行われる有価証券（ただし、国債・地方債・政府保証債・金融債等は対象外）、資産流動化に係る有価証券並びに**投資信託の受益証券**及び投資法人の発行する投資証券が対象となる。

62 ○ なお、目論見書を作成するのは、有価証券の**発行者**である。

203

□□□ 63 「企業内容等開示(ディスクロージャー)制度」に関して、その有価
重要度C 証券に関して既に開示が行われている場合における当該有価証券
の売出しについては、発行者、発行者の関係者及び引受人以外の
者が行う場合は、目論見書の交付が免除される。

流通開示の適用対象会社

□□□ 64 有価証券報告書とは、有価証券の募集又は売出しのために使用さ
重要度C れる勧誘文書である。

□□□ 65 「企業内容等開示(ディスクロージャー)制度」に関して、株式の所
重要度A 有者が500人以上のとき、その発行者は、当該株式の所有者が
500人以上となった年度を含めて5年間、継続開示義務が課され
る。

臨時報告書

□□□ 66 「企業内容等開示(ディスクロージャー)制度」に関して、企業内容
重要度A に関し財政状態及び経営成績に著しい影響を与える事象が発生し
たときは、発行会社は訂正報告書を提出しなければならない。

公衆縦覧

□□□ 67 「企業内容等開示(ディスクロージャー)制度」に関して、有価証券
重要度C 届出書や有価証券報告書は、一定の場所に備え置かれ、社会一般
の人々が閲覧できることとなっている。

□□□ 68 「企業内容等開示(ディスクロージャー)制度」に関して、自己株券
重要度A 買付状況報告書は、一定の場所に備え置かれ、定められた期間、
公衆の縦覧に供されることになっている。

CH 10

金融商品取引法

63 ○

---

64 × 有価証券報告書は日々行われる適時開示を1年に1回集約して保存する年鑑・年報的な文書である。

65 × 継続開示義務が課されるのは、株式の所有者が500人以上のときではなく、「300人以上」のときである。

66 × 企業内容に関し財政状態及び経営成績に著しい影響を与える事象が発生したときに提出しなければならないのは、訂正報告書ではなく、「臨時報告書」である。

---

67 ○

68 ○ なお、受理した日から1年を経過する日まで縦覧に供される。

205

金融商品取引法監査制度の意義

☐☐☐ 69 「企業内容等開示(ディスクロージャー)制度」に関して、有価証券
重要度A 報告書において記載される財務諸表は、その発行会社の監査役の
監査を受けていれば、公認会計士又は監査法人の監査証明を受け
なくてもよい。

対象有価証券

☐☐☐ 70 「株券等の大量保有の状況に関する開示制度(いわゆる5%ルー
重要度A ル)」に関して、報告対象となる株券等の範囲には、新株予約権付
社債券は含まれない。

株券等保有割合

☐☐☐ 71 「株券等の大量保有の状況に関する開示制度(いわゆる5%ルー
重要度A ル)」に関して、株券等の保有状況を計算するための「株券等保有
割合」は、発行済株式総数等を保有株券等の総数で除して求めら
れる。

大量保有報告書

☐☐☐ 72 「株券等の大量保有の状況に関する開示制度(いわゆる5%ルー
重要度A ル)」に関して、大量保有報告書の提出期限は、株券等の実質的な
保有者がこの開示制度に定める大量保有者に該当することとなっ
た日から起算して10日(日曜日その他政令で定める休日の日数は
算入しない)以内とされている。

☐☐☐ 73 「株券等の大量保有の状況に関する開示制度(いわゆる5%ルー
重要度A ル)」に関して、報告義務者は、大量保有報告書を内閣総理大臣に
EDINETを通じて提出した場合には、発行会社に大量保有報告
書の写しを送付する必要はない。

CH
10

金融商品取引法

69 × 有価証券報告書において記載される財務諸表は、その発行会社の監査役の監査を受けていても、公認会計士又は監査法人の監査証明を受けなければならない。

70 × 報告対象となる株券等の範囲には、新株予約権付社債券も含まれる。

71 × 「株券等保有割合」は、保有者の保有する株券等の数に共同保有者の保有する株券等の数を加え、発行済株式総数等で除して求められる。

72 × 提出期限は10日以内ではなく、「5日以内」である。

73 ○ EDINET（電子開示システム）を通じて提出された場合には、その写しの発行会社への送付義務が免除される。

207

□□□ **74** 「株券等の大量保有の状況に関する開示制度(いわゆる5%ルー
重要度A ル)」に関して、提出された大量保有報告書は、10年間公衆の縦
覧に供される。

[74] ×　提出された大量保有報告書は、5年間公衆の縦覧に供される。

CHAPTER
11

金融商品の勧誘・販売に関係する法律

CONTENTS

- 金融サービスの提供に関する法律
- 消費者契約法
- 個人情報の保護に関する法律
- 犯罪による収益の移転防止に関する法律

※本CHAPTERの掲載内容は、本書のシリーズ書籍
『証券外務員二種』CHAPTER11と共通です。

学習のポイント

外務員が金融商品を顧客に勧誘・販売するに当たり、外務員が遵守し、考慮しなければならない法律は、金融商品取引法以外にも、金融サービス提供法、消費者契約法、個人情報の保護に関する法律、犯罪による収益の移転防止に関する法律が密接にかかわっています。2015（平成27）年4月1日より金融商品の勧誘・販売に関係する法律が独立した科目として出題されております。

○×問題

次の文章のうち、正しいものには○を、
正しくないものには×をつけなさい。

金融サービス提供法による説明義務

□□□ **1** 金融サービスの提供に関する法律において、金融商品販売等を業
重要度A として行おうとするときは、金融商品が販売されるまでの間に、
原則として顧客に重要事項の説明をしなければならない。

□□□ **2** 金融サービスの提供に関する法律における重要事項の説明義務は、
重要度B 金融商品の販売等に関する専門的知識及び経験を有する者として
政令で定める特定顧客に対しては適用されない。

□□□ **3** 金融サービスの提供に関する法律における重要事項について説明
重要度C を要しない旨の顧客の意思の表明があった場合には、重要事項の
説明義務は免除される。

□□□ **4** 金融サービスの提供に関する法律において、金融商品販売業者等
重要度A が、重要事項の説明を行う場合は、口頭によるものでなくてはな
らない。

金融サービス提供法による説明義務違反の無過失化

□□□ **5** 金融サービスの提供に関する法律が規定する金融商品販売業者が
重要度A 行った重要事項の説明義務違反については、故意又は過失の有無
を問わない。

消費者契約法による取消しの対象となる契約

□□□ **6** 消費者契約法は、契約の直接の相手方だけではなく、契約の相手
重要度A 方から媒介の委託を受けた者による勧誘などの行為についても適
用対象となる。

解答・解説

1 ○ 顧客から説明を要しない旨の意思表明（商品関連市場デリバティブ取引及びその取次ぎの場合を除く）がない限り、重要事項の説明をしなければならない。

2 ○ ここでいう「特定顧客」とは、金融商品取引法上の「特定投資家」と基本的に同じである。

3 ○ 商品関連市場デリバティブ取引及びその取次ぎの場合を除き、重要事項について説明を要しない旨の顧客の意思の表明があった場合には、重要事項の説明義務は免除される。なお、この場合でも金融商品取引法上の説明義務は免除されない。

4 × 書面による方法も認められている。ただし当該顧客に理解されるために必要な方法及び程度によるものでなければならない。

5 ○ 説明義務違反の無過失化と呼ばれるものである。

6 ○

□□□ ⑦ 消費者契約法により、事業者が消費者契約の締結について勧誘を
重要度A する際に、重要事項について事実と異なる告知を事業者がしたこ
とにより、その内容を消費者が事実と誤認した場合は、消費者は
契約を取り消すことができる。

□□□ ⑧ 消費者契約法により、事業者に対し、消費者がその住居又はその
重要度A 業務を行っている場所から退去すべき旨の意思を示したにもかか
わらず、事業者がそれらの場所から退去しないことによって消費
者が困惑した場合は、消費者は契約を取り消すことができる。

□□□ ⑨ 消費者契約法により、事業者が消費者契約の締結について勧誘を
重要度A する際に、将来において消費者が受けとるべき金額その他の不確
実な事項につき断定的判断を提供することにより、消費者がその
内容を事実と誤認した場合、消費者は契約を取り消すことができ
る。

消費者契約法における取消権の行使の方法・行使期間

□□□ ⑩ 消費者契約法に基づく取消権を消費者が行使した場合、当初にさ
重要度B かのぼって契約は無効であったこととなる。

個人情報保護法における利用目的の特定

□□□ ⑪ 個人情報保護法における個人情報取扱事業者は、個人情報を取り
重要度A 扱うに当たっては、その利用目的をできる限り特定しなければな
らない。

□□□ ⑫ 個人情報保護法における個人情報取扱事業者は、法令等に基づく
重要度A 場合や人の生命、身体又は財産の保護のために必要である場合に
は、特定された利用目的の達成に必要な範囲を超えて個人情報を
取り扱ってもよい。

7 ○ 消費者契約法による取消対象となる契約には、①重要事項の事実不告知、②断定的判断の提供、③不利益事実の故意又は重過失による不告知、④不退去、⑤退去妨害、⑥過量取引などがある。

8 ○ 上記7を参照のこと。

9 ○ 上記7を参照のこと。

10 ○

11 ○ 抽象的な記載ではなく、提供する金融商品・サービスを明示したうえで利用目的を特定することが望ましいとされている。

12 ○

個人情報保護法における法人情報・公開情報その他

□□□ 13 法人の情報は個人情報保護法及び個人情報保護ガイドラインにお
重要度A いて対象とされていないため、法人の代表者個人や取引担当者個
人を識別することができる情報は、個人情報に該当しない。

個人情報保護法における個人情報に関する義務

□□□ 14 個人情報保護法における個人情報とは、生存する個人の情報で、
重要度A 氏名・生年月日その他の記述等により特定の個人を識別すること
ができるもの又は個人識別符号が含まれるもののことである。

個人情報保護法における個人データに関する義務

□□□ 15 個人データとは、個人情報を含む情報の集合物であって、コンピ
重要度C ューターを用いたり一定の規則にしたがって整理することにより、
特定の個人情報を容易に検索できるように体系的に構成したもの
のことである。

□□□ 16 個人情報取扱事業者は、その取り扱う個人データの漏洩、減失又
重要度A は棄損の防止、その他の個人データの安全管理のために必要かつ
適切な措置を講じなければならない。

犯罪収益移転防止法における疑わしい取引の届出義務

□□□ 17 犯罪による収益の移転防止に関する法律において、金融商品取引
重要度A 業者は、顧客から受け取った財産が犯罪による収益である疑いが
ある場合は、速やかに行政庁に対して疑わしい取引の届出を行わ
なくてならない。

13 × 個人情報に該当する。

14 ○ なお、個人識別符号とは、情報単体から特定の個人を識別できる文字、番号、記号その他の符号をいう。

15 × 個人データベース等を構成する個人情報のことである。

16 ○

17 ○

犯罪収益移転防止法における取引時確認義務

□□□ 18 犯罪による収益の移転防止に関する法律において、取引時確認を
重要度A 行う際の本人確認書類のうち、有効期限のないものについては、
金融商品取引業者が提示または送付を受ける日の前1年以内に作
成されたもののみ認められる。

□□□ 19 犯罪による収益の移転防止に関する法律において、協会員は、本
重要度C 人確認事項の提示又は送付を受ける等により、自然人については
本人特定事項、取引を行う目的、職業を確認しなければならない。

□□□ 20 犯罪による収益の移転防止に関する法律において、代理人が取引
重要度A を行う場合、金融商品取引業者は、本人についてのみ取引時確認
を行えばよいとされている。

犯罪収益移転防止法における確認記録の作成・保存義務

□□□ 21 犯罪による収益の移転防止に関する法律において、取引時確認を
重要度A 行った場合には、直ちに確認記録を作成しなければならない。

□□□ 22 犯罪による収益の移転防止に関する法律において、取引時確認を
重要度C 行った場合には、直ちに確認記録を作成し、当該契約の取引終了
日及び取引時確認済み取引に係る取引終了日のうち、後に到来す
る日から5年間保存しなければならない。

18 × 1年以内ではなく、「6カ月以内」に作成されたもののみ認められる。

19 ○ なお、本人特定事項とは、自然人については、氏名、住居及び生年月日、法人については、名称及び本店又は主たる事務所の所在地をいう。

20 × 本人に加えて代理人についても取引時確認が必要である。

21 ○

22 × 保存しなければならない期間は、5年間ではなく、「7年間」である。

CHAPTER

12

協会定款・諸規則

CONTENTS

- 日本証券業協会の概要
- 上場株券等の取引所金融商品市場外での売買等に関する規則
- 店頭有価証券に関する規則
- 外国証券の取引に関する規則
- 有価証券の寄託の受入れ等に関する規則
- 照合通知書及び契約締結時交付書面
- 協会員の従業員に関する規則
- 協会員の投資勧誘、顧客管理等に関する規則
- 外務員の資格・登録等に関する規則
- 個人情報の保護に関する指針

※本CHAPTERの掲載内容は、本書のシリーズ書籍『証券外務員二種』CHAPTER12と共通です。

学習のポイント❗

協会員が遵守すべきルールであることから、金融商品取引法と並んで出題頻度及びウェイトは極めて高いといえます。特に、業務に深く関わる「有価証券の寄託の受入れ等に関する規則」、「照合通知書及び契約締結時交付書面」、「協会員の従業員に関する規則」、「協会員の投資勧誘、顧客管理等に関する規則」、「外務員の資格・登録等に関する規則」、「個人情報の保護に関する指針」に関する内容がよく出題されています。

| ○×問題 | 次の文章のうち、正しいものには○を、正しくないものには×をつけなさい。 |

業務遂行の基本姿勢

□□□ **1** 協会員は、顧客の投資経験、投資目的、資力等を十分に把握し、
重要度A 顧客の意向と実情に適合した投資勧誘を行うよう努めなければならない。

□□□ **2** 会員は、相手方が反社会的勢力であることを知りながら、当該相
重要度A 手方との間で有価証券の売買その他の取引等を行ってはならない。

□□□ **3** 協会員は、新たな有価証券等の販売を行うに当たっては、当該有
重要度A 価証券等に適合する顧客が想定できないものは販売してはならず、
また、有価証券の売買その他の取引等に関し、重要な事項について、顧客に十分な説明を行い、理解を得るよう努めなければならない。

自己責任原則の徹底

□□□ **4** 協会員は、顧客に対し、証券投資は投資者自身の判断と責任にお
重要度A いて行うべきものであることを理解させる必要がある。

顧客カードの整備等

□□□ **5** 協会員は、有価証券の売買その他の取引等を行う顧客について、
重要度C 所定の事項を記載した「顧客カード」を備え付けるものとされている。

□□□ **6** 協会員は、有価証券の売買その他の取引等を行う顧客について「顧
重要度A 客カード」を備え付ける必要があるが、その記載すべき事項に本
籍及び家族構成が含まれる。

222

解答・解説

CH
12

協会定款・諸規則

1　○　「適合性の原則」と呼ばれるものである。

2　○

3　○

4　○　「自己責任原則の徹底」と呼ばれるものである。

5　○　顧客カードの記載事項は、氏名又は名称、住所又は所在地及び連絡先、生年月日（自然人の場合）、職業、投資目的、資産の状況、投資経験の有無、取引の種類、顧客となった動機、その他各協会員において必要と認める事項である。

6　×　協会員は、有価証券の売買その他の取引等を行う顧客について「顧客カード」を備え付ける必要があるが、その記載すべき事項に本籍及び家族構成は含まれない。

223

☐☐☐ 7 「顧客カード」の記載事項には、投資目的は含まれない。
重要度A

☐☐☐ 8 「顧客カード」の記載事項には、資産の状況は含まれる。
重要度A

☐☐☐ 9 「顧客カード」の記載事項には、投資経験の有無が含まれる。
重要度A

☐☐☐ 10 「顧客カード」の記載事項には、本籍は含まれる。
重要度A

☐☐☐ 11 協会員は、有価証券の売買その他の取引等を行う顧客について「顧
重要度C 客カード」を備え付ける必要があるが、顧客の投資目的及び顧客
となった動機については、口頭で確認すればよいことから、「顧
客カード」に記載すべき事項には含まれない。

名義貸しの禁止

☐☐☐ 12 協会員は、顧客が株券の名義書換を請求するに際し、自社の名義
重要度B を貸与することができる。

取引の安全性の確保

☐☐☐ 13 協会員は、新規顧客、大口取引顧客等からの注文の受託に際して
重要度A は、あらかじめ当該顧客から買付代金又は売付有価証券の全部又
は一部の預託を受ける等、取引の安全性の確保に努める必要があ
る。

顧客の注文に係る取引の適正な管理

☐☐☐ 14 協会員は、有価証券の売買その他の取引等を行うに当たっては、
重要度B 管理上必要と認められる場合に限り、顧客の注文に係る取引と自
己の計算による取引を峻別することができる。

7　×　「顧客カード」の記載事項には、投資目的は含まれる。

8　○　上記5を参照のこと。

9　○　上記5を参照のこと。

10　×　「顧客カード」の記載事項には、本籍は含まれない。

11　×　協会員は、有価証券の売買その他の取引等を行う顧客について「顧客カード」を備え付ける必要があり、顧客の投資目的及び顧客となった動機は、「顧客カード」に記載しなければならない。

12　×　協会員は、顧客が株券の名義書換を請求するに際し、自社の名義を貸与してはならない。

13　○　顧客にとっての安全性の確保ではなく、協会員にとっての取引の安全性の確保である。

14　×　協会員は、有価証券の売買その他の取引等を行うに当たっては、顧客の注文に係る取引と自己の計算による取引とを峻別しなければならない。

顧客に対する保証等の便宜の供与

□□□ 15 協会員は、有価証券の売買に関連し、顧客の資金又は有価証券の
重要度C
借入れにつき行う保証、あっせん等の便宜の供与については、一
切行ってはならない。

寄託の受入れ等の制限

□□□ 16 協会員が顧客から有価証券の寄託を受けることができるのは、「単
重要度C
純な寄託契約」による場合に限定されている。

保護預り契約の締結

□□□ 17 協会員が顧客から株券の名義書換え、併合又は分割の手続き等事
重要度C
務の委任のために有価証券の預託を受ける場合には、当該顧客と
保護預り契約を締結しなければならない。

□□□ 18 協会員は、顧客の保護預り口座を設定したときは、その旨を当該
重要度C
顧客に通知しなければならない。

□□□ 19 協会員は、抽せん償還が行われることのある債券について、顧客
重要度C
から混蔵寄託契約により寄託を受ける場合には、あらかじめ、そ
の取扱方法を定めた社内規定について当該顧客の了承を得るもの
とされている。

保護預り契約の適用除外

□□□ 20 協会員は、顧客から累積投資契約に基づく有価証券の寄託を受け
重要度C
る場合には、当該顧客と保護預り契約を締結する必要はない。

226

15 ✕ 有価証券の売買に関連し、顧客の資金又は有価証券の借入れにつき行う保証、あっせん等の便宜の供与については、一切禁止されているのではなく、顧客の取引金額その他に照らして過度にならないよう、適正な管理を行わなければならないとされている。

16 ✕ 協会員が顧客から有価証券の寄託を受けることができるのは、「単純な寄託契約」「委任契約」「混蔵寄託契約」「質権者としての契約」「消費寄託契約」による場合である。

17 ✕ 顧客から株券の名義書換え、併合又は分割の手続き等事務の委任のために有価証券の預託を受ける場合（委任契約による場合）には、当該顧客と保護預り契約を締結する必要はない。

18 ◯ 顧客に通知する義務がある。

19 ◯ 顧客の了承を得る必要がある。

20 ◯ このほか、常任代理人契約に基づく有価証券の寄託を受ける場合も、保護預り契約の適用除外とされている。

保護預り約款

□□□ 21 保護預り約款は、有価証券の保護預りに関し、受託者である協会
重要度C 員と寄託者である顧客との間の権利義務関係を明確にしたもので
ある。

□□□ 22 債券又は投資信託の受益証券については、いかなる場合も混蔵保
重要度C 管されることはない。

□□□ 23 保護預り有価証券は、すべて証券保管振替機構で混蔵保管される。
重要度C

□□□ 24 協会員は、顧客からの請求により保護預り有価証券を返還する場
重要度C 合、日本証券業協会所定の手続きを経て行う。

消費寄託契約

□□□ 25 協会員は、顧客から消費寄託契約により有価証券の寄託を受ける
重要度C ときは、契約書1通を作成しなければならない。

照合通知書による報告

□□□ 26 照合通知書の交付は、顧客に対する債権債務の残高に異動がある
重要度A 都度又は顧客から請求がある都度行うこととされている。

□□□ 27 協会員は、顧客に対する債権債務について、照合通知書により報
重要度A 告しなければならないこととされているが、その報告回数は、す
べての顧客において年1回以上と定められている。

□□□ 28 照合通知書に記載すべき事項は、金銭又は有価証券の直近の残高
重要度A である。

21 ○ 保護預り約款における**受託者は協会員**、**寄託者は顧客**である。

22 ✕ 顧客から特に申し出のない限り**混蔵保管とすることがある**。

23 ✕ 原則として、**協会員**が保管する。

24 ✕ 協会員は、顧客からの請求により保護預り有価証券を返還する場合、**各協会員所定の手続き**を経て行う。

25 ✕ 契約書を2通作成し、その1通を顧客に**交付**しなければならない。

26 ✕ 交付は、顧客の区分にしたがって、**それぞれに定める頻度**で、顧客に対して行うこととされている。

27 ✕ 取引の種類等による顧客の区分にしたがって、**それぞれに定める頻度**で報告しなければならないとされている。

28 ○ 照合通知書に記載すべき事項は、金銭又は有価証券の直近の**残高**である。また、その他、取引経過を記載したものを添付することが望ましいとされている。

□□□ 29　協会員は、照合通知書による報告を行う時点で金銭及び有価証券
重要度A　の残高がない顧客で、直前に行った報告以後、１年に満たない期
間においてその残高があった顧客には現在残高がない旨の報告を
照合通知書により行わなければならない。

照合通知書の作成・交付

□□□ 30　照合通知書の作成は、営業部門で行うこととされている。
重要度A

□□□ 31　照合通知書を顧客に交付するときは顧客との直接連絡を確保する
重要度A　趣旨から、顧客に直接交付することを原則としている。

□□□ 32　協会員は、顧客から照合通知書の記載内容について照会があった
重要度A　ときは、検査、監査又は管理を担当する部門において受け付け、
営業部門の担当者を通じて当該顧客に回答することになっている。

契約締結時交付書面の送付

□□□ 33　協会員は、契約締結時交付書面を顧客に交付するときは、原則と
重要度A　して、当該顧客の住所、事務所の所在地又は当該顧客が指定した
場所に郵送することにより行うこととされている。

禁止行為

□□□ 34　協会員の従業員は、いかなる名義を用いているかを問わず、自己
重要度A　の計算において信用取引を行ってはならない。

□□□ 35　協会員の従業員は自己の計算において商品関連市場デリバティブ
重要度A　取引を行うことは原則として禁止されているが、有価証券関連デ
リバティブ取引は行うことができる。

[29] ○

[30] ✕ 営業部門ではなく、「検査、監査又は管理を担当する部門」で行うこととされている。

[31] ✕ 協会員は、照合通知書を交付するときは、顧客との直接連絡を確保する趣旨から、当該顧客の住所、事務所の所在地又は当該顧客が指定した場所に郵送することが原則である。

[32] ✕ 協会員は、顧客から照合通知書の記載内容について照会があったときは、検査、監査又は管理を担当する部門において受け付け、当該部門から遅滞なく回答を行わなければならない。

[33] ○ なお、有価証券の取引が成立したときは、遅滞なく契約締結時交付書面を作成し、顧客に交付しなければならないが、取引が成立しなかった場合には交付を要しない。

[34] ○ 協会員の従業員は、いかなる名義を用いているかを問わず、自己の計算において信用取引、有価証券関連市場デリバティブ取引等を行うことは禁止されている。

[35] ✕ 協会員の従業員は、いかなる名義を用いているかを問わず、自己の計算において信用取引、有価証券関連デリバティブ取引、特定店頭デリバティブ取引、商品関連市場デリバティブ取引を行うことは原則として禁止されている。

□□□ **36** 名義人である顧客の配偶者が、名義人本人の取引に係る注文であ
重要度C ることを明示して有価証券の売買を発注した場合でも、すべて仮
名取引とみなされる。

□□□ **37** 協会員の従業員が有価証券の取引について、顧客と損益を共にす
重要度A る場合には、あらかじめ当該顧客の承諾を得なければならない。

□□□ **38** 協会員の従業員は、顧客から有価証券の売買注文を受けた場合
重要度A において、当該顧客から書面による承諾を受けた場合に限り、自己
がその相手方となって売買を成立させることができる。

□□□ **39** 協会員の役員は、顧客の有価証券の名義換えについて、自己の名
重要度B 義を使用させることができる。

□□□ **40** 協会員の従業員は、顧客から有価証券の名義書換えの手続きの依
重要度B 頼を受けた場合には、所属協会員を通じなくても、その手続きを
行うことができる。

□□□ **41** 協会員の従業員は、顧客から有価証券の名義書換え等の手続きの
重要度C 依頼を受けた場合において、所属する協会員を通じないでその手
続きを行ってはならないが、顧客の名義書換えについて便宜上自
己の名義を使用させることは差し支えない。

□□□ **42** 協会員の従業員が、所属協会員から顧客に交付するために預託さ
重要度B れた業務に関する書類を、遅滞なく当該顧客に交付しないことは、
禁止行為に該当する。

□□□ **43** 協会員の従業員は、有価証券の売買その他の取引等に関して顧客
重要度A と金銭、有価証券の貸借を行うことは禁止されている。

36 ✕ 名義人である顧客の配偶者が、名義人本人の取引に係る注文であることを明示して有価証券の売買を発注した場合は、仮名取引ではない蓋然性が高いといえる。

37 ✕ 協会員の従業員が有価証券の取引について、顧客と損益を共にすることを、約束して勧誘し又は実行してはならない。

38 ✕ 協会員の従業員は、顧客から有価証券の売買注文を受けた場合において、当該顧客から書面による承諾を受けた場合であっても、自己がその相手方となって売買を成立させることはできない。

39 ✕ 協会員の役員は、顧客の有価証券の名義換えについて、自己の名義を使用させてはならない。

40 ✕ 協会員の従業員は、顧客から有価証券の名義書換えの手続きの依頼を受けた場合には、所属協会員を通じないで、その手続きを行うことはできない。

41 ✕ 協会員の従業員は、顧客から有価証券の名義書換え等の手続きの依頼を受けた場合において、所属する協会員を通じないでその手続きを行ってはならず、顧客の名義書換えについて自己の名義を使用させることも行ってはならない。

42 ◯ 「顧客に交付すべき書類を交付しないことの禁止」に該当する。

43 ◯ 「顧客との金銭、有価証券等の貸借の禁止」に該当する。

□□□ **44** 協会員の従業員が、従業員限りで広告等又は景品類の提供を行う
重要度A 場合には、所属営業単位の営業責任者の審査を受けなければなら
ない。

□□□ **45** 協会員は、顧客から有価証券の売付けの注文を受ける場合におい
重要度A て、当該有価証券の売付けが空売りであるか否かの別を確認せず
に注文を受けることは一切禁止されている。

□□□ **46** 協会員は、CFD取引契約（店頭CFD取引契約を除く）の締結につ
重要度A き、その勧誘に先立って、顧客に対し、その勧誘を受ける意思の
有無を確認せずに勧誘することは禁止されている。

不適切行為

□□□ **47** 協会員は、その従業員が有価証券の売買その他の取引等において
重要度A 銘柄、価格、数量、指値又は成行の区別等顧客の注文内容につい
て、確認を行わないまま注文を執行することのないよう指導、監
督しなければならない。

□□□ **48** 協会員は、その従業員が有価証券等の取引の性格又は取引の条件
重要度A について、顧客を誤認させるような勧誘をすることのないよう指
導、監督しなければならないとされる。

二種外務員

□□□ **49** 二種外務員の資格で行うことができる外務行為の範囲には、証券
重要度A 投資信託の受益証券の募集に係る外務行為は含まれない。

□□□ **50** 二種外務員は、カバードワラントに係る外務行為を行うことがで
重要度B きる。

□□□ **51** 二種外務員は、所属協会員の一種外務員の同行がある場合に限り、
重要度A 新株予約権証券に係る外務行為を行うことができる。

44 × 営業責任者ではなく、「広告審査担当者」の審査を受けなければならない。

45 × 原則として禁止されているが、「有価証券の空売りに関する内閣府令（空売り府令）」に規定する取引は除かれている。

46 ○ なお、CFD取引とは有価証券指数などを参照する証拠金取引であり、差金決済が行われる。

47 ○ 不適切行為のうち「注文内容を確認せずに注文を執行すること」に該当する。

48 ○ 不適切行為のうち「誤認させるような勧誘」に該当する。

49 × 二種外務員の資格で行うことができる外務行為の範囲には、証券投資信託の受益証券の募集に係る外務行為が含まれる。

50 × 二種外務員は、カバードワラントに係る外務行為はできない。

51 × 二種外務員は、所属協会員の一種外務員の同行がある場合であっても、新株予約権証券に係る外務行為を行うことはできない。

□□□ 52　二種外務員は、所属協会員の一種外務員の同行がある場合に限り、
重要度A　　　有価証券関連デリバティブ取引等に係る外務行為を行うことがで
　　　　　　　きる。

□□□ 53　二種外務員は、選択権付債券売買取引に係る外務行為を行うこと
重要度C　　　ができる。

□□□ 54　二種外務員は、所属協会員の一種外務員の同行がある場合には、
重要度B　　　顧客から信用取引に係る注文を受託することができる。

外務員の登録

□□□ 55　有価証券の売買の勧誘のみを行おうとする者は、一種又は二種外
重要度B　　　務員の資格を取得することで足り、外務員の登録が免除される。

外務員資格更新研修

□□□ 56　協会員は、外務員の登録を受けている者については、その登録を
重要度B　　　受けた日を基準として3年目ごとの日の属する月の初日から1年
　　　　　　　以内に、協会の資格更新研修を受講させなければならない。

外務員の資質向上のための社内研修の受講

□□□ 57　協会員は、登録を受けている外務員について、外務員資格研修と
重要度A　　　は別に、3年毎に、外務員の資質の向上のための社内研修を受講
　　　　　　　させなければならない。

店頭有価証券の内訳

□□□ 58　店頭有価証券とは、我が国の法人が国内において発行する取引所
重要度C　　　金融商品市場に上場されていない株券、新株予約権証券及び新株
　　　　　　　予約権付社債券をいう。

52 × 二種外務員は、所属協会員の一種外務員の同行がある場合でも、有価証券関連デリバティブ取引等に係る外務行為を行うことは**できない**。

53 × 二種外務員は、選択権付債券売買取引に係る外務行為を行うことは**できない**。

54 ○ 信用取引は、二種外務員資格では行えない外務行為であるが、**一種外務員**、信用取引外務員が**同行**して注文を受託する場合には行うことができる。

55 × 有価証券の売買の勧誘のみを行おうとする者でも、**外務員の登録が必要**である。

56 × 外務員の登録を受けている者については、その登録を受けた日を基準として**5年目**ごとの日の属する月の初日から1年以内に、協会の資格更新研修を受講させなければならない。

57 × 3年毎ではなく、「**毎年**」社内研修を受講させなければならない。

58 ○

取引公正性の確保

□□□ 59 協会員は、顧客との間で公社債の店頭売買を行うに当たっては、
重要度A 合理的な方法で算出された時価(社内時価)を基準として適正な価格により取引を行い、その取引の公正性を確保しなければならない。

契約の締結及び約款による処理

□□□ 60 「外国証券取引口座約款」とは、顧客の注文に基づく外国証券の売
重要度A 買等の執行、売買代金の決済、証券の保管等について規定されたものである。

取引公正性の確保

□□□ 61 協会員が顧客との間で外国株券の国内店頭取引を行うに当たって
重要度B は、本国の外国有価証券市場における当該外国株券の前日の終値により取引を行わなければならない。

□□□ 62 協会員が顧客との間で外国債券(国内金融商品取引所に上場され
重要度A ているものを除く)の国内店頭取引を行うに当たっては、合理的な方法で算出された時価(社内時価)を基準とした適正な価格により取引を行わなければならない。

□□□ 63 協会員が顧客との間で外国債券の国内店頭取引を行うに当たって
重要度A は、顧客が求める場合であっても、取引価格の算定方法等について、口頭又は書面等による概要の説明は要しない。

□□□ 64 協会員は顧客から、国内で開示が行われていない外国証券の取引
重要度A の注文を受ける場合には、顧客にこの旨を説明しなければならない。

59 ○ なお、公社債の店頭取引を行ったときは、約定時刻等を記載した当該注文に係る伝票等を速やかに作成し、整理、保存する等適切な管理を行わなければならない。

60 ○ 顧客との外国証券の取引は、公開買付の場合を除き、この「外国証券取引口座約款」の条項に従って行うこととされている。

61 × 協会員が顧客との間で外国株券の国内店頭取引を行うに当たっては、「社内時価（合理的な方法で算出された時価）」を基準とした適正価格により取引を行わなければならない。

62 ○ なお、協会員は、顧客の求めがあった場合には、取引価格の算定方法等について、口頭又は書面等により、その概要を説明しなければならない。

63 × 口頭又は書面等による概要の説明は必要である。

64 ○

CHAPTER

13

取引所定款・諸規則

CONTENTS

- 有価証券上場規程
- 売買契約の締結
- 清算・決済規程及び受託契約準則

※本CHAPTERの掲載内容は、本書のシリーズ書籍
『証券外務員二種』CHAPTER13と共通です。

学習のポイント❗

株式会社東京証券取引所の定める諸ルールを学習します。特に、「有価証券上場規程」、「売買契約の締結」から多く出題されています。また、「板寄せ」の問題は、オーソドックスな問題といえますので、練習問題を繰り返し解くことで手順をしっかりとマスターしましょう。

| ○×問題 | 次の文章のうち、正しいものには○を、正しくないものには×をつけなさい。 |

有価証券上場規程

☐☐☐ 1　上場の対象となるのは、金融商品取引法上の有価証券のみである。
重要度C

☐☐☐ 2　上場の対象となる有価証券には、株券や国債証券のほか、転換社
重要度B　　債型新株予約権付社債券も含まれる。

☐☐☐ 3　上場の対象となる有価証券には、株券や国債証券のほか、小切手
重要度A　　や約束手形も含まれる。

株券等の新規上場手続

☐☐☐ 4　国債証券の上場に当たっては、発行者からの上場申請は不要とさ
重要度A　　れている。

☐☐☐ 5　国債証券の場合と同様、地方債証券についても、発行者からの上
重要度A　　場申請がなくても上場できることになっている。

株券等の上場審査基準

☐☐☐ 6　取引所に既に上場されている株券の発行者が新たに発行する同一
重要度C　　種類の株券については、原則として上場を承認するものとされて
　　　　　いる。

> ## 解答・解説

---

1 ○ 上場の対象となる有価証券は、金融商品取引法上の有価証券に限られ、具体的には、株券、国債証券、地方債証券、社債券、転換社債型新株予約権付社債券などである。したがって、小切手や約束手形は含まれない。なお、複数の金融商品取引所に重複して上場することも可能である。

2 ○ 上記**1**を参照のこと。

3 × 上場の対象となる有価証券には、小切手や約束手形は含まれない。

---

4 ○ なお、国債証券の場合を除いて、発行者からの上場申請が必要である。

5 × 国債証券と違い、地方債証券については発行者からの上場申請が必要である。

---

6 ○

上場基準

☐☐☐ 7 取引所が定める東証スタンダード市場における上場基準には、流
重要度A 通株式数が含まれている。

☐☐☐ 8 東証プライム市場における上場基準の項目の1つに、東証スタン
重要度A ダード市場に上場していることがあるため、東証スタンダード市
場における上場銘柄でなければ東証プライム市場に上場されるこ
とはない。

上場廃止基準

☐☐☐ 9 株券の上場廃止基準の1つには、発行会社の純資産の額がある。
重要度B

☐☐☐ 10 上場株券の上場廃止が決定された場合には、例外なく、ただちに
重要度C 上場が廃止され、当該株券の売買は行われなくなる。

☐☐☐ 11 上場株券の上場廃止が決定された場合には、一定期間、整理銘柄
重要度C に指定し、当該株券の売買を行わせることができる。

優先株

☐☐☐ 12 優先株(非参加型優先株)の上場審査基準として、当該上場申請銘
重要度B 柄の発行会社が、その金融商品取引所の上場会社であることは含
まれていない。

☐☐☐ 13 上場している普通株について、上場廃止基準に該当することとな
重要度B った場合、その発行者が発行する優先株についても同様に上場が
廃止される。

| 7 | ○ | 株主数、流通株式数、流通株式時価総額及び純資産の額などについて、一定の基準がある。 |

| 8 | × | そのような基準はない。プライム市場上場基準を満たしていれば、スタンダード市場上場銘柄である必要はない。 |

| 9 | ○ | 株券の上場廃止基準には、株主数、流通株式、売買高、時価総額、純資産の額、銀行取引の停止、破産手続、再生手続又は更生手続、事業活動の停止などがある。 |

| 10 | × | 取引所は、上場株券の上場廃止が決定された場合には、一定期間、整理銘柄に指定し、その株券の売買を行わせることができる。 |

| 11 | ○ | 上記10を参照のこと。 |

| 12 | × | 優先株(非参加型優先株)の上場審査基準には、その発行会社が上場会社であることが含まれている。 |

| 13 | ○ | なお、上場廃止基準については上記9を参照のこと。 |

債券の上場

☐☐☐ **14**　国債証券及び地方債証券については、発行者からの上場申請がな
重要度A　くても上場できることになっている。

☐☐☐ **15**　外国国債証券の上場に当たっては、外国国債証券の発行者からの
重要度B　上場申請は不要とされている。

転換社債型新株予約権付社債券の上場

☐☐☐ **16**　転換社債型新株予約権付社債券の上場審査は、発行者に対する基
重要度A　準と上場申請銘柄に対する基準からなる。

☐☐☐ **17**　転換社債型新株予約権付社債券については、国債証券と同様、発
重要度A　行者からの上場申請がなくても上場できることになっている。

☐☐☐ **18**　新株予約権付社債券の上場に際して、その発行会社の発行する株
重要度A　券が上場されていれば、当該新株予約権付社債券の上場審査を行
　わずに上場を決定することになっている。

☐☐☐ **19**　上場株券が上場廃止となった場合には、当該株券の発行会社が発
重要度C　行する上場新株予約権付社債券も全銘柄が上場廃止される。

☐☐☐ **20**　上場新株予約権付社債券の上場が廃止されるのは、当該上場新株
重要度C　予約権付社債券が上場額面総額等について定められた上場廃止基
　準のすべてに該当する場合とされている。

ETFの上場

☐☐☐ **21**　内国ETFの上場については、投資信託委託会社からの上場申請
重要度C　があったものについて上場審査基準に基づき審査を行い、上場を
　決定している。

14　×　国債証券については、発行者からの上場申請がなくても上場できることとしているが、地方債証券は、発行者からの上場申請が必要とされている。

15　×　外国国債証券の上場に当たっては、外国国債証券の発行者からの上場申請が必要とされている。

16　○　なお、株券と同様、必ず上場申請が必要となる。

17　×　転換社債型新株予約権付社債券については、発行者からの上場申請が必要とされている。

18　×　取引所は、新株予約権付社債券の上場について、その発行会社の発行する株券が上場されていても、当該新株予約権付社債券の上場審査を行い、上場を決定することになっている。

19　○

20　×　上場新株予約権付社債券の上場が廃止されるのは、当該上場新株予約権付社債券が上場額面総額等について定められた上場廃止基準のいずれか1項目に該当する場合とされている。

21　×　内国ETFの上場については、投資信託委託会社及びその受託者である信託会社等からの上場申請があったものについて上場審査基準に基づき審査を行い、上場を決定している。

配当落・権利落等の売買

☐☐☐ 22 取引所における株券の普通取引において、配当金(中間配当を含
重要度C む)交付株主確定期日又は新株予約権その他の権利確定期日の2
営業日前から配当落又は権利落として売買が行われる。

売買契約の締結

☐☐☐ 23 取引所の売買立会による売買は、売買注文について、まず価格優
重要度B 先の原則を適用し、これによることができない場合には、時間優
先の原則にしたがい、個別競争売買によって行われる。

☐☐☐ 24 売呼値においては、高い値段の売呼値が低い値段の売呼値に優先
重要度A する。

☐☐☐ 25 成行による呼値は、指値による呼値に値段的に優先する。
重要度A

☐☐☐ 26 売買立会の始値を定める場合は、板寄せの方法が用いられる。
重要度B

売買(取引)単位

☐☐☐ 27 上場国債証券の通常取引の売買単位は、額面50万円である。
重要度C

ザラ場

☐☐☐ 28 ザラ場とは、売買立会の始値の決定方法のことをいう。
重要度A

22 × 取引所における株券の普通取引においては、配当金(中間配当を含む)交付株主確定期日又は新株予約権その他の権利確定期日の前営業日から配当落又は権利落として売買が行われる。

23 ○

24 × 売呼値においては、低い値段の売呼値が高い値段の売呼値に優先する。

25 ○ 成行による呼値は指値による呼値に値段的に優先する。

26 ○ 売呼値と買呼値の一定数量が一定の値段で合致したとき、その値段を約定値段として優先順位によって売買を成立させる方法を板寄せという。

27 × 上場国債証券の通常取引の売買単位は、額面5万円である。

28 × ザラ場とは板寄せ売買を除いた寄付と引けの間の時間及びその間の売買方法を総称して指す。

呼値の値幅の制限

29 取引所市場で行われる転換社債型新株予約権付社債券の売買については、原則として、呼値の値幅の制限はない。
重要度C

30 取引所市場で行われる国債証券の売買における呼値の値幅制限は、原則として、前営業日の終値から上下1円である。
重要度A

清算機関制度

31 取引所の有価証券の売買の決済は、決済日を同一とする各清算参加者の証券(銘柄ごと)及び代金(銘柄合計)に係る売付数量と買付数量をそれぞれ相互に相殺し、その差引数量及び差引金額を受け渡すことにより行う「グロス決済」を採用している。
重要度C

受託契約準則

32 取引所の定める「受託契約準則」は、当該取引所と取引参加者との間における取引所取引に関する契約内容を定めたものであり、取引参加者にはこれを遵守すべき義務があるが、顧客にはこれを遵守すべき義務はない。
重要度C

発行日決済取引

33 外国国債証券については、国内の取引所に上場されている銘柄であっても、発行日決済取引の委託保証金の代用有価証券とすることができない。
重要度B

外貨による金銭の授受

34 有価証券の売買に係る顧客と取引参加者との間の金銭の授受は、いかなる場合においてもすべて円貨で行うこととされている。
重要度C

㉙ ✕ 取引所市場において行われる転換社債型新株予約権付社債券の売買については、呼値の値幅の制限がある。

㉚ ◯

㉛ ✕ 記述は、「ネッティング決済」の説明である。グロス決済とは、取引毎にその都度一件ずつ個別に決済を行う方式のことである。

㉜ ✕ 顧客もこれを遵守すべき義務がある。

㉝ ✕ 外国国債証券で、国内の取引所に上場されている銘柄は、発行日決済取引の委託保証金の代用有価証券とすることができる。

㉞ ✕ 有価証券の売買に係る顧客と取引参加者との間の金銭の授受は、すべて円貨で行うことが前提となっているが、受託取引参加者が同意した場合は、外貨により行うことができる。

5肢選択問題　次の文章のうち、正しいものの番号を1つ選びなさい。

板寄せ

□□□ **35**　売買立会の始値決定直前の注文控え（板）の状況が下表のとおりで

重要度C　あるとき、始値はいくらで決定されるか。

成行売呼値記載欄	値段	成行買呼値記載欄
株	円	株
5,000	720	
3,000	719	5,000
2,000	718	6,000
2,000	717	4,000
5,000	716	5,000
3,000	715	3,000
	714	2,000

注）成行売呼値20,000株、成行買呼値16,000株とする。

(1) 715円

(2) 716円

(3) 717円

(4) 718円

(5) 719円

解答・解説

35 **(3)** 売呼値と買呼値の一定数量が一定の値段で合致したとき、その値段を約定値段として売買を成立させる方法のことを板寄せという。

成行売呼値記載欄	値段	成行買呼値記載欄
株	円	株
（ト）5,000	720	
（ヘ）3,000	719	（B）5,000
（ホ）2,000	718	（C）6,000
（ニ）2,000	717	（D）4,000
（ハ）5,000	716	（E）5,000
（ロ）3,000	715	（F）3,000
	714	（G）2,000

注）成行売呼値（イ）20,000株、成行買呼値（A）16,000株とする。

① （イ）に（A）を対当させると、（イ）に4,000株残る。

② （イ）の残り4,000株と最も高い買呼値（B）5,000株を対当させると（B）に1,000株残る。

③ （B）の残り1,000株と最も低い売呼値（ロ）3,000株を対当させると（ロ）に2,000株残る。

④ （ロ）の残り2,000株と買呼値（C）6,000株を対当させると（C）に4,000株残る。

⑤ （C）の残り4,000株と売呼値（ハ）5,000株を対当させると（ハ）に1,000株残る。

⑥ （ハ）の残り1,000株と買呼値（D）4,000株を対当させると（D）に3,000株残る。

⑦ （D）の残り3,000株と買呼値（ニ）2,000株を対当させると、（D）に1,000株残るが、それ以上は対当させるものがなく対当できない。その結果、始値は717円となる。

253

CHAPTER

14

セールス業務

CONTENTS

- 法律・ルールの遵守（コンプライアンス）
- 協会員における倫理コードの保有及び
  遵守に関する規則
- 顧客本位の業務運営に関する原則
- IOSCOの行為規範原則

※本CHAPTERの掲載内容は、本書のシリーズ書籍
『証券外務員二種』CHAPTER14と共通です。

学習のポイント❗

株式や債券など価格変動リスクのある商品の勧誘を行う証券外務員には、法律・ルールを守るのはもちろんのこと、高い倫理観も求められます。日本証券業協会とIOSCO（証券監督署国際機構）は、証券外務員・金融商品取引業者が守るべき基本的事項を示しています。「協会員における倫理コードの保有及び遵守に関する規則」「IOSCOの行為規範原則」につき、重要な語句を正確に覚え、練習問題で必ず確認するようにしましょう。

○×問題

次の文章のうち、正しいものには○を、正しくないものには×をつけなさい。

外務員の仕事

□□□ **1** 外務員は、刻々と変化する市場の様々な情報を的確に分析し、その中から投資家に対して有用なアドバイスができるように自己研鑽に励む必要がある。
重要度B

□□□ **2** 証券外務員は、金融商品取引業者に対する投資者の信頼に応えられるよう、高い倫理性に立脚して最善を尽くさなければならない。
重要度C

□□□ **3** 証券投資を最終的に決定するのはあくまで投資家自身であり、市況の変動が大きい場合を除いて証券外務員が決定することがあってはならない。
重要度A

□□□ **4** 証券外務員は、投資家自らに投資の決定をさせるだけではなく、その決定が投資家自身の十分な理解に基づいて行われるようにしなければならない。
重要度C

□□□ **5** 証券外務員が投資勧誘を行う有価証券は、十分に調査し、投資を勧めるに価する十分な根拠があると判断したものでなければならない。
重要度B

□□□ **6** 証券外務員は、投資家が投資目的や資金量にふさわしくない投資を行おうとしている場合、証券外務員はその投資の決定をしなければならない。
重要度C

□□□ **7** 証券外務員は、顧客がその投資目的や資金量にふさわしくない投資を行おうとする場合には、考え直すよう適切にアドバイスする必要がある。
重要度B

解答・解説

1 ○ 外務員は常に最新かつ多くの情報を集め、投資家それぞれのニーズに最適な価値を有する商品・サービスを提供できるようにしておくことが必要である。

2 ○ 外務員は、その責務の面から、高い職業倫理や法令遵守等の意識が求められる。

3 × 市況変動が大きい場合も含めて、いかなるときも最終決定は投資家自身の判断に基づくべきものである。

4 ○

5 ○

6 × 証券外務員がその投資を決定するのではなく、考え直すよう適切にアドバイスする必要がある。

7 ○ 上記6を参照のこと。

外務員の留意事項

重要度C ⑧ 顧客に対し、能動的にコミュニケーションをとって、当該顧客の事情を探ったうえで、顧客の投資ニーズに合うと判断した商品の勧誘を行った。

重要度C ⑨ 株式投資信託及び公社債投資信託の予想分配率を示して投資勧誘を行った。

重要度C ⑩ 証券外務員は、投資家に対し、将来における株式の価格の騰落について、断定的にアドバイスしなければならない。

重要度C ⑪ 顧客にとって最適であると確信してハイ・リターンの商品を勧めたが、当該顧客は確定利付商品を選択したことから、最終的に顧客の意向にしたがった。

重要度B ⑫ 顧客と損益を共にすることを約束して投資勧誘を行った。

重要度C ⑬ 顧客の注文が相場操縦等不正な取引に該当することがわかったので、当該注文を受注しなかった。

倫理コード

重要度A ⑭ 投資者の保護や取引の公正性を確保するための法令や規則等、金融商品取引に関連するあらゆるルールを正しく理解し、これらを厳格に遵守するとともに、一般的な社会規範に則り、法令や規則等が予見していない部分を補う社会常識と倫理感覚を保持し、実行する。

⑧ ○

⑨ ×　顧客に対して、虚偽のない情報を提供し、誤解を生じさせないような
公正な資料を提供しなければならない。

⑩ ×　有価証券等の価格の騰落について、断定的判断を提供することは金融
商品取引法で禁止されている。

⑪ ○

⑫ ×　顧客と共同計算の売買をしたり、事前に損失補塡の申込や約束をした
り、また事後に損失補塡を実行したりしてはならない。

⑬ ○

⑭ ○

□□□ 15 投資に関する顧客の知識、経験、財産、目的などを十分に把握し、
重要度A これらに照らした上で、常に顧客にとって最善となる利益を考慮
して行動する。

□□□ 16 仲介者として、常に顧客のニーズや利益を重視し、顧客の立場に
重要度A 立って、相当の技術、配慮及び注意をもって業務を遂行する。

□□□ 17 適切な投資勧誘と顧客の自己判断に基づく取引に徹することによ
重要度A り、自己責任原則の確立に努める。

□□□ 18 資本市場に関する公正性及び健全性について正しく理解し、資本
重要度A 市場の健全な発展を妨げる行為をしない。また、資本市場の健全
性維持を通して、果たすべき社会的使命を自覚して行動する。

顧客本位の業務運営に関する原則

□□□ 19 顧客本位の業務運営に関する原則を採択する場合、顧客本位の業
重要度A 務運営を実現するための明確な方針を策定・公表し、当該方針に
係る取組状況を公表する必要がある。

□□□ 20 顧客本位の業務運営に関する原則には、顧客にふさわしいサービ
重要度B スの提供がある。

□□□ 21 「顧客本位の業務運営に関する原則」において、顧客本位の業務運
重要度A 営を実現するための方針に含まれる内容として、「重要な情報の
分かりやすい提供」がある。

IOSCOの行為規範原則

□□□ 22 業者は、その業務に当たっては、顧客の最大の利益及び市場の健
重要度A 全性を図るべく、誠実かつ公正に行動しなければならない。

⑮ ◯ 「顧客利益を重視した行動」に該当する。

⑯ ✕ 仲介者として、常に顧客のニーズや利益を重視し、顧客の立場に立って、誠実かつ公正に業務を遂行する。

⑰ ◯ 「顧客の立場に立った誠実かつ公正な業務の執行」に該当する。

⑱ ◯

⑲ ◯ 「顧客本位の業務運営に関する原則」には、①顧客本位の業務運営に関する方針の策定・公表等、②顧客の最善の利益の追求、③利益相反の適切な管理などがある。

⑳ ◯

㉑ ◯ なお、この他に、「顧客本位の業務運営に関する方針の策定・公表等」「顧客の最善の利益の追求」「利益相反の適切な管理」などがある。

㉒ ◯ IOSCO（証券監督者国際機構）の行為規範の「誠実・公正」に該当する。

□□□ 23 業者は、その業務に当たっては、顧客の最大の利益及び市場の健
重要度A 全性を図るべく、相当の技術、配慮及び注意をもって行動しなけ
ればならない。

□□□ 24 業者は、利益相反を回避するため、顧客の資産状況、投資経験及
重要度A び投資目的を把握するよう努めなければならない。

□□□ 25 業者は、顧客との取引に当たっては、当該取引に関する具体的な
重要度A 情報を十分開示しなければならない。

□□□ 26 業者は、顧客の最大の利益及び市場の健全性を図るため、その業
重要度A 務に適用される全ての規則を遵守しなければならない。

23 ○ IOSCO（証券監督者国際機構）の行為規範の「注意義務」に該当する。

24 × 業者は、サービスの提供に当たっては、顧客の資産状況、投資経験及び投資目的を把握するよう努めなければならない。

25 ○ IOSCO（証券監督者国際機構）の行為規範の「顧客に対する情報開示」に該当する。

26 ○ IOSCO（証券監督者国際機構）の行為規範の「コンプライアンス」に該当する。

CH
14
セールス業務

5肢選択問題　次の文章のうち、正しいものの番号を1つ選びなさい。

倫理コード

☐☐☐ **27** 次の「倫理コード」の前文のうちで（　　　）に当てはまる語句はどれか。

【重要度A】

・我々は、国民経済における資金の運用・調達の場である資本市場の担い手として、資本市場における仲介機能という重責を負託されていることを十分に認識し、協会員の役職員一人ひとりが、職業人として国民から信頼される健全な社会常識と倫理感覚を常に保持し、求められる専門性に対応できるよう、（　　　）に努める。

(1) 投資者の保護
(2) 不断の研鑽
(3) 適切な投資勧誘
(4) 意識改革
(5) 自己責任の確立

解答・解説

[27] **(2)** ・我々は、国民経済における資金の運用・調達の場である資本市場の担い手として、資本市場における仲介機能という重責を負託されていることを十分に認識し、協会員の役職員一人ひとりが、職業人として国民から信頼される健全な社会常識と倫理感覚を常に保持し、求められる専門性に対応できるよう、(**不断の研鑽**)に努める。

IOSCO の行為規範原則

□□□ **28** IOSCO（証券監督者国際機構）の行為規範原則の「誠実・公正」及
重要度A び「注意義務」の原則について正しい組合せはどれか。

・業者は、その業務に当たっては、（ **イ** ）、誠実かつ公正に行動し
なければならない。

・業者は、その業務に当たっては、（ **ロ** ）、相当の技術、配慮及び
注意をもって行動しなければならない。

a．利益相反を回避すべく

b．その業務に適用される全ての規則を遵守し

c．顧客の最大の利益及び市場の健全性を図るべく

(1) イ－a　　ロ－b

(2) イ－b　　ロ－b

(3) イ－b　　ロ－c

(4) イ－c　　ロ－c

(5) イ－a　　ロ－c

28 (4) ・業者は、その業務に当たっては、（イ：c．**顧客の最大の利益及び市場の健全性を図るべく**）、誠実かつ公正に行動しなければならない。

・業者は、その業務に当たっては、（ロ：c．**顧客の最大の利益及び市場の健全性を図るべく**）、相当の技術、配慮及び注意をもって行動しなければならない。

CHAPTER

15

信用取引

CONTENTS

- 信用取引
- 制度信用銘柄・貸借銘柄
- 保証金代用有価証券
- 委託保証金
- 貸借取引
- 配当落ちの場合
- 追加保証金

学習のポイント❗

信用取引は、顧客が金融商品取引業者に金銭または有価証券を担保として差し入れ、金融商品取引業者から資金を借りて株券を購入したり、株券を借りて売却する取引のことで、株式業務と密接な関連性があり、また一種固有の論点として出題頻度が非常に高いといえます。特に「信用取引の貸付けと金利」の信用取引コスト、及び「信用取引の委託保証金」の委託保証金の計算問題は必ず出題される論点です。重要な箇所は何度も繰り返してマスターしておきましょう。

○×問題

次の文章のうち、正しいものには○を、
正しくないものには×をつけなさい。

信用取引

1 　信用取引は、金融商品取引業者が顧客に信用を供与して行う有価
重要度C　証券の売買その他の取引のことをいう。

2 　取引所外売買の一形態であるPTS（私設取引システム）における
重要度B　信用取引は禁じられている。

3 　上場株券の信用取引には、「制度信用取引」と「一般信用取引」があ
重要度B　り、顧客は、信用取引による売買を決済する際に、いずれかの方
　式を選択する必要がある。

4 　「上場銘柄の制度信用取引」において、金融商品取引業者は、顧客
重要度A　の信用取引の受託について取引開始基準を定めなくとも、顧客か
　ら信用取引を受託することができるのものとされている。

5 　「上場銘柄の制度信用取引」では、顧客が制度信用取引を行おうと
重要度B　するときは、金融商品取引業者に売買注文を委託する都度、制度
　信用取引に係る注文である旨を指定する必要はない。

6 　「上場銘柄の制度信用取引」では、金融商品取引業者は、信用取引
重要度C　口座を設定した顧客から信用取引のできる銘柄の売買注文を受託
　する場合には、当該顧客から特別の指定がない限り、すべて信用
　取引による売買注文として受託することとされている。

解答・解説

1. ○ 一方、売買を行おうとする者が、自己の有する有価証券の売却、あるいは自己の資金を用いて有価証券の買付けを行うものを「現物取引」という。

2. × PTSにおける信用取引は解禁されており、可能である。

3. × 「制度信用取引」「一般信用取引」の別について、顧客は、信用取引の注文をする際に選択しなければならず、金融商品取引業者は注文を受ける際に、その都度、当該顧客の意向を確認しなければならない。

4. × 取引開始基準を定めることが義務付けられている。

5. × その都度、制度信用取引に係る注文である旨を指示しなければならない。

6. × 金融商品取引業者は、信用取引口座を設定した顧客から信用取引のできる銘柄の売買注文を受託する場合には、当該顧客からその都度信用取引である旨の指示を受けない限り、信用取引による売買注文として受託することができない。

7 重要度B 「上場銘柄の制度信用取引」では、金融商品取引業者が買付けを行う顧客に対し貸し付ける金銭の額は、約定代金と顧客の差し入れた委託保証金との差額ではなく、約定代金の金額である。

8 重要度A 「上場銘柄の制度信用取引」における金利は、株券を借りた顧客から徴収され、信用取引貸株料は、買付代金を借りた顧客から徴収される。

9 重要度A 「上場銘柄の制度信用取引」における信用取引貸株料は、売方が株券の借り入れに伴う費用として金融商品取引業者に支払うものである。

10 重要度A 「上場銘柄の制度信用取引」では、証券金融会社が、貸株超過銘柄の不足する株数を他から調達したときの品貸料を一般に日歩といい、金融商品取引業者は、売顧客から徴収し、買顧客に支払う。

11 重要度B 「上場銘柄の制度信用取引」では、証券金融会社が、貸株超過銘柄の不足する株数を他から調達したときの品貸料を一般に逆日歩といい、金融商品取引業者は、売顧客から徴収し、買顧客に支払う。

12 重要度A 「上場銘柄の制度信用取引」では、信用取引における金利は、新規売買成立の日から起算して3営業日目の受渡日より弁済売買成立の日から起算して3営業日目の受渡日までの両端入れで計算される。

13 重要度A 「上場銘柄の制度信用取引」では、買建株を決済する方法は、反対売買による転売の方法のみである。

14 重要度A 日々公表銘柄とは、信用取引残高の公表を日々行うことにより投資者に注意を促し、信用取引の利用状況等の行き過ぎを未然に防止するためのものであり、信用取引に関する規制銘柄ではない。

[7] ○ なお、売付けを行う顧客に貸付けるのは、顧客の差し入れた保証金と約定代金との差額ではなく売付証券になる。

[8] × 「上場銘柄の制度信用取引」における金利は、買付代金を借りた顧客から徴収され、信用取引貸株料は、株券を借りた顧客から徴収される。

[9] ○

[10] × この品貸料を一般に「逆日歩」という。

[11] ○

[12] ○ 「両端入れ」とは、たとえば今日から明後日までを3日間と数えるというように、計算開始日と計算終了日の両方を数える方法のことである。

[13] × 反対売買(差金決済)による方法と、受渡決済(現引き)による方法がある。

[14] ○ なお、信用取引における規制銘柄とは取引所が信用取引の制限又は禁止を実施した銘柄などのことをいう。

273

制度信用銘柄・貸借銘柄

□□□ **15** 金融商品取引所が行う制度信用銘柄の選定は、既に上場している
重要度C 銘柄については、決算月の同じ銘柄ごとに原則として毎月1回、
各銘柄の決算期に属する月の翌月から起算して6カ月目の月の初
日（例えば3月に決算期を迎える銘柄については9月1日）に行わ
れる。

□□□ **16** 貸借銘柄とは、制度信用銘柄のうち、金融商品取引業者が証券金
重要度C 融会社から制度信用取引のために必要な買付資金及び売付有価証
券の貸付けを受ける取引を行うことができる銘柄のことをいう。

保証金代用有価証券

□□□ **17** 国債証券は、上場株券の制度信用取引の委託保証金の代用有価証
重要度A 券とすることができる。

□□□ **18** 国内の金融商品取引所に上場されている外国地方債証券は、上場
重要度B 株券の制度信用取引の委託保証金の代用有価証券とすることがで
きる。

□□□ **19** 「上場銘柄の制度信用取引」では、委託保証金は、その全額を有価
重要度A 証券で代用することはできず、必ず一定額は現金で収めるものと
されている。

委託保証金

□□□ **20** 「上場銘柄の制度信用取引」では、顧客が金融商品取引業者に委託
重要度C 保証金を差し入れる期限は、新規の売買成立日の翌営業日の正午
までとされている。

274

15 × 制度信用銘柄の選定は、各銘柄の取引所における上場後最初の約定値段が決定された日の翌営業日に行われる。

16 ○

17 ○ 保証金代用有価証券に充てられる債券には、国債証券、地方債証券、特別の法律により法人の発行する債券、国内の金融商品取引所に上場されている又はその株券が上場されている会社（外国法人を除く）が発行する社債券、国内の金融商品取引所に上場されている外国国債証券、国内の金融商品取引所に上場されている外国地方債証券などがある。

18 ○ 上記17を参照のこと。
なお、米国証券取引委員会に登録されている取引所に上場されている外国株券等も代用有価証券として認められる。

19 × 「上場銘柄の制度信用取引」においては、委託保証金は、その全額を有価証券で代用することができる。

20 × 期限は、売買成立の日から起算して3営業日目の日の正午までの金融商品取引業者が指定する日時までである。

□□□ **21** 顧客による委託保証金の引出しは、制度信用取引に係る有価証券
重要度A の相場の変動により生じた計算上の利益相当額に限られている。

貸借取引

□□□ **22** 貸借取引において、貸借値段は貸付日の終値を基準として決定す
重要度C る。

□□□ **23** 貸借取引において、貸借値段が引き上げられた場合、融資を受け
重要度C た金融商品取引業者には貸借値段の差額に株数を乗じた金額を交
付し、貸株を受けた金融商品取引業者からは貸借値段の差額に株
数を乗じた金額を徴収する。

配当落ちの場合

□□□ **24** 「上場銘柄の制度信用取引」では、金融商品取引業者は、顧客の売
重要度A 建株又は買建株が未決済の状態で配当落ちとなった場合、発行会
社が支払う配当金確定後、その税引配当金相当額を配当落調整額
として、買方から徴収し、売方に支払う。

21 × 相場の変動により生じた計算上の利益相当額についての**委託保証金の引出しは禁止**されている。

22 × 貸借値段は、**貸付申込日の最終値段**を基準として定められる。

23 ○

24 × 配当落調整額として、**売方より徴収**して、**買方に支払う**。

CH
15

信用取引

5肢選択問題　次の文章のうち、正しいものの番号を1つ選びなさい。

追加保証金

□□□ 25　ある顧客が、時価900円の上場銘柄A社株式2,000株を制度信用
重要度C　　取引で新たに買建て、委託保証金代用有価証券として時価1,000
　　　　　円の上場銘柄B社株式1,000株を差し入れた。その後、ある日の
　　　　　終値で、A社株式が675円に、B社株式が800円になった場合の
　　　　　委託保証金に関する記述として正しいものはどれか。
　　　　　注)委託保証金率は30%、上場株式の現金換算率(代用掛目)は80
　　　　　　%とし、立替金は考慮しないものとする。

(1) 追加差入れは必要ない。
(2) 15万円以上の追加差入れが必要である。
(3) 17万円以上の追加差入れが必要である。
(4) 45万円以上の追加差入れが必要である。
(5) 64万円以上の追加差入れが必要である。

解答・解説

25 **(3)** 維持率20%の場合の委託保証金

= 約定金額 × 20%（委託保証金の維持率）= 900円 × 2,000株 × 20%

= 360,000円

保証金の額が360,000円を割ると追加委託保証金が必要になる。

> 委託保証金の残額 = 受入保証金額 − 建玉評価損

委託保証金の残額

= （800円 × 1,000株 × 80%）− （900円 − 675円）× 2,000株

= 640,000円 − 450,000円 = 190,000円

追加差入れ金額

= 360,000円 − 190,000円 = 170,000円

□□□ **26** ある顧客（居住者）が、時価800円の上場銘柄A社株式2,000株を
重要度C 制度信用取引で新たに買建て、委託保証金代用有価証券として時
価350円の上場銘柄B社株式2,000株を差し入れた。その後、金
融商品取引業者が、当該顧客から追加委託保証金を徴収しなけれ
ばならない場合として正しいものはどれか。
注）委託保証金の維持率は約定金額の20％、上場株式の現金換算
　　率（代用掛目）は80％とし、立替金は考慮しないものとする。

(1) A社株式が660円、B社株式が360円となった場合
(2) A社株式が670円、B社株式が450円となった場合
(3) A社株式が700円、B社株式が400円となった場合
(4) A社株式が830円、B社株式が250円となった場合
(5) A社株式が850円、B社株式が320円となった場合

□□□ **27** ある顧客（居住者）が、時価1,000円の上場銘柄A社株式10,000株
重要度A を制度信用取引で新たに買建て、委託保証金代用有価証券として
時価600円の上場銘柄B社株式10,000株を差し入れた。その後、
B社株式が500円となった場合、買建てたA社株式の値下がりに
よっていくらを下回ると維持率を割って追加保証金が必要となる
か、正しいものはどれか。
注）委託保証金率は30％、上場株式の現金換算率（代用掛目）は70
　　％とし、立替金は考慮しない。

(1) A社株式が950円を下回ったとき
(2) A社株式が900円を下回ったとき
(3) A社株式が850円を下回ったとき
(4) A社株式が700円を下回ったとき
(5) A社株式が650円を下回ったとき

280

26 (1) 維持率20％の場合の委託保証金
$$= 約定金額 × 20\%（委託保証金の維持率）= 800円 × 2,000株 × 20\%$$
$$= 320,000円$$

保証金の額が320,000円を割ると追加委託保証金が必要になる。

> 委託保証金の残額＝受入保証金額－建玉評価損

(1) 追い証必要。
$$（360円 × 2,000株 × 80\%）－（800円 － 660円）× 2,000株 = 296,000円$$
(2) 追い証不要。
$$（450円 × 2,000株 × 80\%）－（800円 － 670円）× 2,000株 = 460,000円$$
(3) 追い証不要。
$$（400円 × 2,000株 × 80\%）－（800円 － 700円）× 2,000株 = 440,000円$$
(4) 追い証不要。評価損なし。
$$250円 × 2,000株 × 80\% = 400,000円$$
(5) 追い証不要。評価損なし。
$$320円 × 2,000株 × 80\% = 512,000円$$

27 (3) 維持率は、保証金額－建玉評価損＝約定代金×20％の関係にあるので、建玉の評価損をXとすると、
$$5,000,000円（500円 × 10,000株）× 70\% － X = 10,000,000円 × 20\%$$
$$3,500,000円 － X = 2,000,000円$$
$$∴ X = 1,500,000円$$

建玉の評価損が150万円を超えると維持率を割るので、
$$10,000,000円（1,000円 × 10,000株）－ 1,500,000円 = 8,500,000円$$
$$8,500,000円 ÷ 10,000株 = 850円$$

したがって、A社株式の価格が850円を下回ってくると追い証が必要となる。

CHAPTER

16

先物取引

CONTENTS

- 先物取引の概要
- 株価指数先物
- 株式先物スプレッド取引
- 債券先物取引
- 商品先物取引
- 証拠金制度

学習のポイント❗

先物取引は、一種で初めて学習する分野で、配点の高い
科目です。ただし、数字の暗記で高得点が狙えるため、
各先物取引の種類と概要はしっかり覚えましょう。そ
の上で、計算問題をマスターするようにしてください。
計算問題は頻出です。

○×**問題** 次の文章のうち、正しいものには○を、
正しくないものには×をつけなさい。

制限値幅取引の一時中断措置

□□□ ① 日経225先物取引については、先物取引の一時中断措置（サーキ
重要度A ット・ブレーカー制度）が採用されているが、TOPIX先物取引で
は、先物取引の一時中断措置が採用されていない。

国債先物取引

□□□ ② 中期国債先物取引の標準物の利率は、年3％である。
重要度A

□□□ ③ 長期国債先物取引の限月は、3月、6月、9月及び12月であり、
重要度A 常時5限月が取引されている。

□□□ ④ 顧客が国債先物取引を行う場合の注文方法には、指値注文及び成
重要度A 行注文がある。

□□□ ⑤ 国債先物取引の注文方法は、指値注文のみであり、成行注文は一
重要度A 切認められていない。

□□□ ⑥ 長期国債先物取引の呼値の刻みは額面100円につき0.5銭である。
重要度C

指数先物取引

□□□ ⑦ TOPIX先物取引の売買は、個別競争取引により行われている。
重要度C

□□□ ⑧ TOPIX先物取引の取引最終日は、各限月の第2金曜日の翌営業
重要度A 日である。

284

解答・解説

1　×　TOPIX先物取引についても、サーキット・ブレーカー制度が採用されている。

2　○　中期国債先物取引の標準物の利率は年3%、償還期限は5年である。

3　×　限月は、3、6、9、12月で、常時3限月が取引されている。

4　○

5　×　指値注文と成行注文のいずれも可能である。

6　×　額面100円につき1銭である。

7　○

8　×　各限月の第2金曜日の前営業日である。

□□□ **9** TOPIX先物取引、日経225先物取引ともに、新限月の取引開始
重要度B 日は、直近の限月の取引最終日である。

□□□ **10** TOPIX先物取引、日経225先物取引ともに、新限月の取引開始
重要度A 日は、直近の限月の取引最終日の前営業日である。

□□□ **11** 日経225先物取引の取引単位は、日経225の指数値に10,000円を
重要度A 乗じて得た金額を1単位とする。

□□□ **12** 日経225先物取引の取引単位は、日経225の指数値に1,000円を乗
重要度B じて得た金額を1単位とする。

□□□ **13** TOPIX先物取引の呼値の刻みは、0.1ポイントである。
重要度A

□□□ **14** TOPIX先物取引の呼値の刻みは、0.5ポイントである。
重要度B

□□□ **15** 日経225先物取引の呼値の刻みは、1円である。
重要度A

□□□ **16** 日経225先物取引は、制限値幅は定められていない。
重要度B

□□□ **17** TOPIX限月間スプレッド取引の取引単位は、直近の限月取引の
重要度C 1単位の売付け又は買付けと期先の限月取引の1単位の買付け又
は売付けとされている。

⑨ × ともに、直近限月の取引最終日の翌営業日である。

⑩ × ともに、直近限月の取引最終日の翌営業日である。

⑪ × 取引単位は、日経225の指数値に**1,000円**を乗じた金額である。

⑫ ○ 上記⑪を参照のこと。

⑬ × TOPIX先物取引の呼値の刻みは、**0.5ポイント**である。

⑭ ○ 上記⑬を参照のこと。

⑮ × 日経225先物取引の呼値の刻みは、**10円**である。

⑯ × 制限値幅が定められている。

⑰ ○

5肢選択問題　次の文章のうち、正しいものの番号を1つ選びなさい。

価格変動リスクの移転機能

□□□ **18**　次の文章は、先物取引に関する記述である。それぞれの（　　　）

重要度B　に当てはまる語句の組合せとして正しいものはどれか。

先物取引のもつ価格変動リスクの移転機能は、市場での取引を通じて、相互に逆方向のリスクを持つ（　①　）の間でリスクが移転され合ったり、（　①　）から（　②　）にリスクが転嫁されることにより果たされる。先物市場は、（　①　）に対してはリスク回避の手段を、（　②　）に対しては投機利益獲得の機会を、（　③　）に対しては裁定利益獲得の機会を提供する。

(1) ①スペキュレーター　　②アービトラージャー　③ヘッジャー

(2) ①スペキュレーター　　②ヘッジャー　　　　　③アービトラージャー

(3) ①アービトラージャー　②スペキュレーター　　③ヘッジャー

(4) ①アービトラージャー　②ヘッジャー　　　　　③スペキュレーター

(5) ①ヘッジャー　　　　　②スペキュレーター　　③アービトラージャー

288

解答・解説

18 **(5)**　先物取引のもつ価格変動リスクの移転機能は、市場での取引を通じて、相互に逆方向のリスクを持つ（①ヘッジャー）の間でリスクが移転され合ったり、（①ヘッジャー）から（②スペキュレーター）にリスクが転嫁されることにより果たされる。先物市場は（①ヘッジャー）に対してはリスク回避の手段を、（②スペキュレーター）に対しては投機利益獲得の機会を、（③アービトラージャー）に対しては裁定利益獲得の機会を提供する。

取引の内容

□□□ **19** 次の文章は、債券先物取引に関する記述である。それぞれの
重要度C （　　　　）に当てはまる語句をa～gから正しく選んでいるものは
どれか。

（　①　）というのは、利率と償還期限を常に一定とする架空の債券
である。我が国の債券先物取引は、すべてこの（　①　）を対象商品と
している。そして、期間満了の場合の受渡決済では、適格となる銘
柄を複数定める（　②　）方式によっている。債券の先物取引は、期
限日までに反対売買をして（　③　）することもできるし、期間満了で
（　④　）することもできる。

a．受渡適格銘柄　b．コンバージョン・ファクター　c．標準物
d．リオープン　e．差金決済　f．現物決済　g．バスケット

(1) ①はa、②はb、③はe、④はf
(2) ①はa、②はd、③はf、④はe
(3) ①はc、②はa、③はe、④はf
(4) ①はc、②はd、③はf、④はe
(5) ①はc、②はg、③はe、④はf

⑲ **(5)** 　（① c . **標準物**）というのは、利率と償還期限を常に一定とする架空の債券である。わが国の債券先物取引は、すべてこの（① c . **標準物**）を対象商品としている。そして、期間満了の場合の受渡決済では、適格となる銘柄を複数定める（② g . **バスケット**）方式によっている。債券の先物取引は、期限日までに反対売買をして（③ e . **差金決済**）することもできるし、期間満了で（④ f . **現物決済**）することもできる。

先物の価格形成

□□□ **20**　日経225現物指数が22,000円で短期金利（市中金利）が年率1.2％と
重要度A　　した場合、3カ月後の先物理論価格として正しいものはどれか。
　　　　ただし、金利については月割り計算するものとし、配当利回りに
　　　　ついては考慮しないものとする。
　　　　注）先物理論価格は円未満を切り捨ててある。

(1) 21,934

(2) 22,000

(3) 22,066

(4) 22,132

(5) 22,264

⑳（3）

$$キャリーコスト = 現物価格 \times (短期金利 - 配当利回り^{※}) \times \frac{満期日までの月数}{12}$$

※　証券外務員の試験では「配当利回りは考慮しないもの」として出題
されるため、短期金利のみを考える。

$$キャリーコスト = 22,000円 \times 1.2\% \times \frac{3}{12} = 66円$$

先物理論価格 = 現物価格 + キャリーコスト

先物理論価格 = 22,000円 + 66円 = 22,066円

国債現物を同額面の国債先物でヘッジする場合

重要度A

21 現在、甲氏は長期国債現物を額面10億円保有している。長期国債現物の価格は105.00円であるが、先行き金利が上昇し債券相場が値下がりすることが懸念されることから、長期国債先物の価格は99.30円である。1カ月後に懸念したとおり長期国債現物は値下がりして102.50円、長期国債先物は95.10円になった。しかし、2カ月後は、長期国債現物は105.20円、長期国債先物は99.50円になった。この場合、甲氏は、下記の投資を行ったが、もっとも妥当な投資を記述しているものはどれか。

注）手数料、税金等は考慮しないものとする。

(1) そのまま長期国債10億円を保有し、2カ月後に売却した。

(2) 直ちに保有する長期国債現物と同額の長期国債先物を売り、2カ月後に長期国債先物を全額買戻し、長期国債現物も全額売却した。

(3) 直ちに保有する長期国債現物と同額の長期国債先物を売り、1カ月後に長期国債先物を全額買戻し、長期国債現物も全額売却した。

(4) 1カ月後に長期国債現物と同額の長期国債先物を売り、2カ月後に長期国債先物を全額買戻し、長期国債現物も全額売却した。

(5) 1カ月後に長期国債現物と同額の長期国債先物を買い、2カ月後に長期国債先物を全額売却し、長期国債現物も全額売却した。

21 **(5)**

	現在	1カ月後	2カ月後
長期国債現物	105.00	102.50	105.20
長期国債先物	99.30	95.10	99.50

	先　物	現　物
(1)		(105.20 − 105.00)／100 × 10億円 =　　200万円
(2)	(99.30 − 99.50)／100 × 10億円 =　▲200万円	(105.20 − 105.00)／100 × 10億円 =　　200万円
(3)	(99.30 − 95.10)／100 × 10億円 =　4,200万円	(102.50 − 105.00)／100 × 10億円 =▲2,500万円
(4)	(95.10 − 99.50)／100 × 10億円 =▲4,400万円	(105.20 − 105.00)／100 × 10億円 =　　200万円
(5)	(99.50 − 95.10)／100 × 10億円 =　4,400万円	(105.20 − 105.00)／100 × 10億円 =　　200万円

	先物＋現物
(1)	200万円
(2)	0円
(3)	1,700万円
(4)	▲4,200万円
(5)	4,600万円

以上より、(5)の投資がもっとも妥当な投資といえる。

カレンダー・スプレッド取引

□□□ **22** 現在、日経225先物の期近物は29,300円、期先物は29,340円である。今後金利水準の上昇が予想され、スプレッドが広がると思われるので、このスプレッドの買いを行った。その後、期近物は29,720円、期先物は29,810円となった。その時点で反対売買を行った。この取引を表に示したものが下の表である。

重要度C

	期近物	期先物	スプレッド
開始時	売建て　29,300円	買建て　29,340円	（ハ）円
終了時	買戻し　29,720円	転　売　29,810円	（ニ）円
損　益	（イ）円	（ロ）円	

　上記表中（イ）〜（ニ）に当てはまる数値の組合せとして正しいものはどれか。

注）委託手数料、税金は考慮しないものとする。

	（イ）	（ロ）	（ハ）	（ニ）
(1)	▲420	▲470	▲40	90
(2)	▲420	470	40	▲90
(3)	▲420	470	40	90
(4)	420	▲470	▲40	90
(5)	420	▲470	40	90

22 (3)

	期近物	期先物	スプレッド
開始時	売建て　29,300円	買建て　29,340円	(ハ.　40)円
終了時	買戻し　29,720円	転　売　29,810円	(ニ.　90)円
損　益	(イ.　▲420)円	(ロ.　470)円	

カレンダー・スプレッド取引とは、同一商品の異なる限月取引間のスプレッドが一定水準以上に乖離したとき、割高の限月を売建て、同時に割安な限月を買建て、その後スプレッドが一定水準に戻ったところでそれぞれの先物取引について反対取引を行い、利益を得る取引である。実勢スプレッド（翌限先物価格－当限先物価格）が理論スプレッド（翌限先物理論価格－当限先物理論価格）に対しプラス乖離している場合、スプレッドの売り（期先物の売りと期近物の買いの組合せ）を行い、またマイナス乖離している場合はスプレッドの買い（期先物の買いと期近物の売りの組合せ）を行う。

このスプレッドの買いにより、1単位につき5万円(50円×1,000)の利益が得られることになる。

CH
16

先物取引

顧客と証券会社等の間の受払い

□□□ 23 長期国債先物を額面金額10億円、103円で買建て、証拠金所要額
重要度A は、1,000万円と計算されたものとし、全額代用有価証券で差し
入れたとする。ここで、長期国債先物の清算値段が100円に下落
し、かつ、代用有価証券につき、100万円の評価損が発生した場
合に必要とされる対応として正しいものはどれか。ただし、証拠
金所要額は、1,000万円で変わらないものとする。

(1) 建玉の評価損、及び代用有価証券の評価損につき、すべて、現金
を差し入れる必要がある。

(2) 建玉の評価損については、現金を差し入れる必要があるが、代用
有価証券の評価損については、有価証券を差し入れても構わない。

(3) 代用有価証券の評価損については、現金を差し入れる必要がある
が、建玉の評価損については、有価証券を差し入れても構わない。

(4) 建玉の評価損、及び代用有価証券の評価損につき、すべて、有価
証券を差し入れても構わない。

(5) 証拠金を追加的に差し入れる必要はない。

23 (2) 建玉の評価損については、現金不足額として、必ず現金で差し入れなければならない。

計算例題

□□□ **24** ある顧客（居住者）が、日経225先物を29,880円で10単位売建て、
重要度B その後SQ（特別清算指数）28,240円で決済したときの顧客の受渡
代金として正しいものはどれか。なお、顧客との契約により、売
建て時の委託手数料は81,600円、決済時の委託手数料は70,100円
とする。
　　　注）委託手数料に関して別に消費税10％相当額が加算されるもの
　　　　とする。また、その他の税金については考慮しないものとする。

(1) 16,556,130円の支払い
(2) 16,397,130円の支払い
(3) 16,233,130円の支払い
(4) 16,233,130円の受取り
(5) 16,245,130円の受取り

□□□ **25** ある顧客（居住者）が、日経225先物を20,800円で10単位売建て、
重要度B その後、20,500円ですべて買戻した場合における取引の損益とし
て正しいものはどれか。なお、委託手数料については、売建て時
及び買戻し時にそれぞれ103,000円を顧客が支払うものとする。
　　　注）委託手数料に関して別に消費税10％相当額が加算されるもの
　　　　とする。また、その他の税金については、考慮しないものとす
　　　　る。

(1) 2,773,400円の損失
(2) 2,773,400円の利益
(3) 2,779,400円の損失
(4) 2,779,400円の利益
(5) 2,887,400円の利益

24 (4) 売買益…（29,880円 − 28,240円）× 1,000 × 10単位 = 16,400,000円（利益）

委託手数料（売建て時）…81,600円 × 1.10 = 89,760円

委託手数料（決済時）…70,100円 × 1.10 = 77,110円

受渡代金…16,400,000円 − 89,760円 − 77,110円 = 16,233,130円（受取）

25 (2) 売買益…（20,800円 − 20,500円）× 1,000 × 10単位 = 3,000,000円（利益）

委託手数料…103,000円 × 2 × 1.10 = 226,600円

損益…3,000,000円 − 226,600円 = 2,773,400円（利益）

□□□ **26** ある顧客が、TOPIX先物を2,100ポイントで10単位買建て、証
重要度B 拠金として必要額を全額代用有価証券で差し入れた。その後、
TOPIX先物の清算値段が1,950ポイントに下落し、代用有価証券
に100万円（現金換算）の評価損が発生した。1単位当たりの証拠
金額が100万円とした場合、顧客が現金で差し入れなければなら
ない証拠金の不足額として正しいものはどれか。なお、他に取引
は行っていない。

(1) 　　　0円
(2) 　600万円
(3) 1,000万円
(4) 1,500万円
(5) 1,600万円

26 (4) (1) 受入証拠金の計算

①証拠金所要額 = 100万円 × 10単位

= 1,000万円

②値洗い後の差入れ証拠金 = 現金 + 代用有価証券

= 0円 + (1,000万円 − 100万円)

= 900万円

③計算上の損益額 = (1,950ポイント − 2,100ポイント) × 10,000円

× 10単位

= ▲1,500万円

④受入証拠金 = ②900万円 + ③▲1,500万円

= ▲600万円

(2) 証拠金余剰・不足額の計算

証拠金余剰・不足額 = 受入証拠金 − 証拠金所要額

= (1)④▲600万円 − (1)①1,000万円

= ▲1,600万円(不足)

(3) 現金余剰・不足額の計算

現金余剰・不足額 = 差入証拠金の現金 + 計算上の損益額

= 0円 + (1)③▲1,500万円

= ▲1,500万円(不足)

証拠金不足額1,600万円のうち、**1,500万円は現金で差し入れなければ**ならない。

「SPAN」システムによる証拠金計算

□□□ ②⑦ ある顧客が、日経225先物9月限を1,000単位買建て、日経225先
重要度B 物12月限を1,500単位売建て、日経225プット・オプション12月
限権利行使価格12,000円を1,000単位売建て、TOPIX先物を500
単位売建てたときのSPAN証拠金額は3億5,500万円と計算され
た。この状況においてネット・オプション価値の総額がマイナス
3億円であった場合の証拠金所要額として正しいものはどれか。
なお、取引受渡証拠金所要額はないものとする。

(1)　　5,500,000円

(2)　 55,000,000円

(3) 300,000,000円

(4) 355,000,000円

(5) 655,000,000円

国債先物取引

□□□ ②⑧ 次の文章のうち、「長期国債先物取引」に関する記述として正しい
重要度B 記述に該当するものをイ〜ニから選んでいる選択肢の番号はどれ
か。

イ．呼値の刻みは、額面100円当たりにつき1銭である。

ロ．標準物は、利率年3％、償還期限5年である。

ハ．取引最終日は、受渡決済期日の9営業日前の日とされている。

ニ．新限月の取引開始日は、直近限月の取引最終日の翌営業日である。

(1) イ及びロ

(2) イ及びハ

(3) イ及びニ

(4) ロ及びニ

(5) ハ及びニ

㉗ (5)

> 証拠金所要額 ＝ **SPAN 証拠金－ネット・オプション価値の総額**
> **　　　　　　 ＋取引受渡証拠金所要額**

証拠金所要額 ＝ 355,000,000 円 －（▲ 300,000,000 円）＝ 655,000,000 円

なお、日本証券クリアリング機構(JSCC)が算出する証拠金所要額は、2023 年 11 月 6 日に「SPAN 方式」から「VaR 方式」への変更が予定されている。

㉘ (3)　イ．○

ロ．×　標準物は、**利率年 6%、償還期限 10 年**である。

ハ．×　取引最終日は、**受渡決済期日の 5 営業日前の日**とされている。

ニ．○

CH 16

先物取引

305

指数先物取引に係る限月間スプレッド取引

□□□ **29** 次の文章のうち、「TOPIX先物限月間スプレッド取引」に関する
重要度C 正しい記述に該当するものをイ～ニから選んでいるものはどれか。

イ．限月間スプレッドの数は、直近の限月取引とその他（期先）の4限
月取引との間の4種類である。

ロ．取引単位は、直近の限月取引の1単位の売付け又は買付けとその
他（期先）の限月取引の1単位の買付け又は売付けである。

ハ．注文方法は、指値注文のみである。

ニ．「スプレッド売呼値」とは、直近の限月取引の売付けとその他（期
先）の限月取引の買付けに係る呼値をいう。

(1) イ及びロ
(2) イ及びハ
(3) ロ及びハ
(4) ロ及びニ
(5) ハ及びニ

29 (1) イ．○

ロ．○

ハ．× 成行注文も可能である。

ニ．× 直近の限月取引の買付けと期先限月の売付けに係る呼値を
いう。

CHAPTER

17

オプション取引

CONTENTS

- オプション取引の概要
- オプション取引の戦略の損益(基本)
- オプション取引の戦略の損益(合成)
- オプションの価格形成
- 株式オプションの種類と特徴
- 債券オプションの種類と特徴
- 商品オプションの種類と特徴

学習のポイント

オプション取引は、一種で初めて学習する分野で、配点の高い科目です。最初は難しく思えますが、基本的な仕組みと「損益曲線」がわかると、理解が深まります。計算問題は何度も自分で損益曲線を書いたり、頭の中でシミュレーションしながら学習を行いましょう。

○×問題
次の文章のうち、正しいものには○を、
正しくないものには×をつけなさい。

リスクの限定・移転

□□□ 1 オプションの売方は、当初プレミアムを手に入れる代わりに、将
重要度C 来、権利行使があった場合に応じる義務があり、原証券の価格変
動リスクにつき、プレミアムを対価として引き受けていることに
なる。

プレミアム

□□□ 2 コール・オプション及びプット・オプション双方とも、原証券価
重要度A 格が上昇するとプレミアムは下落する。

□□□ 3 コール・オプションでは権利行使価格が高いものほどプレミアム
重要度A は高くなり、プット・オプションでは権利行使価格が高いものほ
どプレミアムは低くなる。

□□□ 4 コール・オプション及びプット・オプション双方とも、残存期間
重要度A が短くなるほどプレミアムも下落する。

□□□ 5 コール・オプション及びプット・オプション双方とも、ボラティ
重要度A リティが上昇するとプレミアムは下落する。

310

解答・解説

① ○ 例えば、権利行使価格20,000円の日経225コール・オプションをプレミアム500円で売却した場合の損益図は次のようになる。

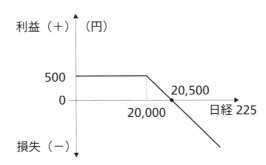

② × 原証券価格が上昇すると、コール・オプションのプレミアムは上昇し、プット・オプションのプレミアムは下落する。

③ × コール・オプションでは権利行使価格が高いものほどプレミアムは低くなり、プット・オプションでは権利行使価格が高いものほどプレミアムは高くなる。

④ ○

⑤ × コール・オプションもプット・オプションもボラティリティが上昇すれば、プレミアムは上昇する。

□□□ 6 コール・オプションでは、短期金利が上昇するとプレミアムは上
重要度A 昇し、プット・オプションでは短期金利が上昇するとプレミアム
は下落する。

オプション

□□□ 7 オプションのデルタとは、原証券価格の変化に対するプレミアム
重要度A の変化の割合のことを指し、プレミアムの変化幅を原証券価格の
変化幅で除して求められる。

□□□ 8 オプションのガンマとは、ボラティリティの変化に対するプレミ
重要度A アムの変化の割合を表すものである。

□□□ 9 オプションのセータとは、短期金利の変化に対するプレミアムの
重要度A 変化の割合を表すものである。

□□□ 10 オプションのローとは、満期までの残存期間の変化に対するプレ
重要度A ミアムの変化の割合を表すものである。

投資戦略

□□□ 11 コールの買いは、市場価格が下がると予想されるときにとる投資
重要度C 戦略の一つであり、下げが大きいほど利益が出る。

□□□ 12 ストラドルの買いは、市場価格が大きく変動すると予想されると
重要度B きにとる投資戦略の一つであり、同じ権利行使価格のコールとプ
ットを同量だけ買う戦略である。

□□□ 13 バーティカル・ブル・コール・スプレッドは、市場価格がやや上
重要度B 昇すると予想されるときにとる投資戦略の一つであり、権利行使
価格の高いコールを売り、権利行使価格の低いコールを買う戦略
である。

6 ○

7 ○

$$\text{オプションのデルタ} = \frac{\triangle \text{プレミアム}}{\triangle \text{原証券価格}}$$

8 × ガンマとは、原証券価格の変化に対するデルタの変化の割合のことである。

9 × セータとは、満期までの残存期間の変化に対するプレミアムの変化の割合のことである。

10 × ローとは、短期金利の変化に対するプレミアムの変化の割合のことである。

11 × 市場価格が上昇すると予想されるときにとる投資戦略の一つであり、上昇分が大きいほど利益も大きくなる。

12 ○ ストラドルの買い（ロング・ストラドル）は、同じ権利行使価格のコールとプットを同量買い、これに対し、ストラドルの売り（ショート・ストラドル）は、同じ権利行使価格のコールとプットを同量売る。

13 ○ バーティカル・ブル・コール・スプレッドは、異なる権利行使価格のコールを同時に売買（権利行使価格の低いコールを買い、高いコールを売る）する。これに対し、バーティカル・ブル・プット・スプレッドは、異なる権利行使価格のプットを同時に売買（権利行使価格の低いプットを買い、高いプットを売る）する。

CH
17

オプション取引

313

□□□ 14 同じ権利行使価格、同じ限月のコールの買いとプットの売りを組
重要度A み合わせると、先物の売りと同じポジションを作り出すことがで
きる。

限月

□□□ 15 TOPIXオプションに関して、取引対象である限月は、期近の連
重要度B 続する4カ月であり、常時4限月が取引されている。

権利行使価格の設定・追加・調整

□□□ 16 有価証券オプションの取引に関して、オプション対象株券に株式
重要度A 分割が行われた場合には、原則として、当該株式分割比率に基づ
き権利行使価格が調整される。

オプション取引の概要

□□□ 17 日経225オプション取引の売買単位は、オプション価格に10,000
重要度A 円を乗じて得た数値である。

□□□ 18 「長期国債証券先物オプション取引」に関して、売買単位は、原証
重要度A 券である国債先物の額面1億円である。

□□□ 19 TOPIXオプション取引は、取引最終日の翌営業日のみ権利行使
重要度B 可能なヨーロピアン・オプションである。

[14] ×　同じ権利行使価格、同じ限月のコールの買いとプットの売りを組み合わせると、先物の買いと同じポジション（合成先物の買い）を作り出すことができる。

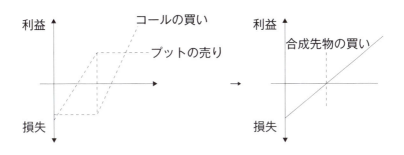

[15] ×　6、12月限は直近の10限月。3、9月限は直近の3限月。その他の限月は直近の6限月の**19限月取引制**である。

[16] ○

[17] ×　日経225オプション取引の売買単位は、オプション価格に**1,000円**を乗じて得た数値である。

[18] ○　1契約あたり長期国債先物取引の額面**1億円**分が取引単位となる。

[19] ○　**アメリカン・タイプ**（満期日以前にいつでも権利行使可能）は長期国債証券先物オプションが該当し、**ヨーロピアン・タイプ**（満期日にのみ権利行使可能）はTOPIXオプションなどの株式オプションが該当する。

□□□ 20 「長期国債証券先物オプション取引」に関して、権利行使は、取引
重要度B 最終日の翌営業日のみ可能であるヨーロピアン・タイプである。

□□□ 21 「長期国債証券先物オプション取引」に関して、最終決済（権利行
重要度A 使）では、権利行使日の取引終了時刻に長期国債先物取引が成立
する。

□□□ 22 「長期国債証券先物オプション取引」に関して、取引最終日は、限
重要度C 月の前月の末日である。

20　×　取引開始日から取引最終日まで権利行使可能なアメリカ・タイプである。

21　○

22　○

CH
17

オプション取引

317

| | 5肢選択問題 | 次の文章のうち、正しいものの番号を1つ選びなさい。 |

ヘッジ効果

☐☐☐ **23** コール・オプション、プット・オプションがそれぞれ以下の表に
重要度C　　示したような状態になったとき、それぞれのオプションの原証券
価格と権利行使価格との関係を正しく記述しているものはどれか。

	コール・オプション	プット・オプション
イン・ザ・マネー	①	②
アット・ザ・マネー	原証券価格＝権利行使価格	原証券価格＝権利行使価格
アウト・オブ・ザ・マネー	③	④

(1) ①原証券価格＞権利行使価格　　②原証券価格＞権利行使価格
　　③原証券価格＞権利行使価格　　④原証券価格＞権利行使価格
(2) ①原証券価格＞権利行使価格　　②原証券価格＞権利行使価格
　　③原証券価格＜権利行使価格　　④原証券価格＜権利行使価格
(3) ①原証券価格＞権利行使価格　　②原証券価格＜権利行使価格
　　③原証券価格＜権利行使価格　　④原証券価格＞権利行使価格
(4) ①原証券価格＞権利行使価格　　②原証券価格＜権利行使価格
　　③原証券価格＞権利行使価格　　④原証券価格＜権利行使価格
(5) ①原証券価格＜権利行使価格　　②原証券価格＞権利行使価格
　　③原証券価格＞権利行使価格　　④原証券価格＜権利行使価格

解答・解説

23 (3) ・イン・ザ・マネー…行使したときに利益の出る状態
・アウト・オブ・ザ・マネー…行使しても損失となる状態
・アット・ザ・マネー…原証券価格と権利行使価格が等しい状態

	コール・オプション	プット・オプション
イン・ザ・マネー	原証券価格>権利行使価格	原証券価格<権利行使価格
アット・ザ・マネー	原証券価格=権利行使価格	原証券価格=権利行使価格
アウト・オブ・ザ・マネー	原証券価格<権利行使価格	原証券価格>権利行使価格

CH
17
オプション取引

バーティカル・ベア・コール・スプレッド

□□□ 24　ある顧客が、権利行使価格18,500円の日経225コール・オプショ
重要度A　　ンをプレミアム300円で10単位買建てるとともに、権利行使価格
18,000円の日経225コール・オプションをプレミアム500円で10
単位売建てた。その後、転売は行わず最終決済期日を迎え、SQ（特
別清算指数）が17,500円となった場合及び19,000円となった場合
のそれぞれの場合における取引全体での損益として正しいものは
どれか。
注）委託手数料、税金は考慮しないものとする。

	（SQが17,500円になった場合）	（SQが19,000円になった場合）
(1)	3,000,000円の損失	8,000,000円の損失
(2)	2,000,000円の利益	3,000,000円の損失
(3)	3,000,000円の損失	3,000,000円の損失
(4)	2,000,000円の利益	7,000,000円の利益
(5)	3,000,000円の損失	7,000,000円の利益

24 (2) 権利行使価格の高いコールを買い、低いコールを売るバーティカル・ベア・コール・スプレッドと呼ばれるポジションで、市場価格がやや下落すると予想するときにとる戦略。

■SQが17,500円になった場合

コールの買い	プレミアム…300円×1,000×10単位＝3,000,000円（▲） 権利放棄する
コールの売り	プレミアム…500円×1,000×10単位＝5,000,000円（＋） 権利放棄される
損　益	－300万円＋500万円＝＋200万円

■SQが19,000円になった場合

コールの買い	プレミアム…300円×1,000×10単位＝3,000,000円（▲） 権利行使する…（19,000円－18,500円）×1,000×10単位 　　　　　　＝5,000,000円（＋）
コールの売り	プレミアム…500円×1,000×10単位＝5,000,000円（＋） 権利行使される…（18,000円－19,000円）×1,000×10単位 　　　　　　　＝10,000,000円（▲）
損　益	－300万円＋500万円＋500万円－1,000万円＝－300万円

■満期時の市場価格

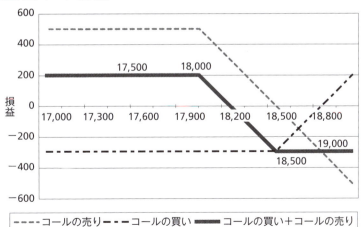

プロテクティブ・プット

□□□ 25 オプション取引に関する次の文章について、それぞれの(　　　)
重要度A　　に当てはまる語句の組合せとして正しいものはどれか。

　プロテクティブ・プットとは、「原証券買い持ち＋プットの(　①　)」
で作るポジションで、原証券が値上がりすると値上がり幅は原証券の
みのときに比べて(　②　)なるが、原証券が下落してもトータルとし
ての(　③　)が限定される。

(1) ①買い　　②大きく　　③利益
(2) ①買い　　②小さく　　③損失
(3) ①売り　　②小さく　　③損失
(4) ①売り　　②大きく　　③利益
(5) ①買い　　②小さく　　③利益

322

25 **(2)**　　プロテクティブ・プットとは、「原証券買い持ち＋プットの（①買い）」で作るポジションで、原証券が値上がりすると値上がり幅は原証券のみのときに比べて（②小さく）なるが、原証券が下落してもトータルとしての（③損失）が限定される。

ストラドルの買い

□□□ **26** ある顧客が、権利行使価格29,000円の日経225コール・オプショ
重要度C ンをプレミアム300円で10単位買い付けるとともに、権利行使価
格29,000円の同プット・オプションをプレミアム400円で10単位
買い付けた。この取引に関する次の記述のうち、誤っているもの
はどれか。
注）委託手数料、税金は考慮しないものとする。

(1) この戦略（ポジション）は、「ストラドルの買い」と呼ばれる。
(2) 最大損失は700万円となる。
(3) 最大利益は400万円となる。
(4) 損益分岐点は、28,300円と29,700円である。
(5) 最大損失が生じるのは、満期時の日経平均株価が29,000円のとき
である。

26 **(3)** 下の図を参照。

(1) ○ 同じ権利行使価格のコールとプットを買っているため、ストラドルの買い(ロング・ストラドル)である。

(2) ○ 日経225オプションの取引単位は、オプション価格の1,000倍である。(300円 + 400円) × 1,000 × 10単位 = 700万円

(3) × 利益は無限定である。

(4) ○ 損益分岐点 = 29,000円 ± 700円(プレミアムの和)
したがって、28,300円と29,700円である。

(5) ○

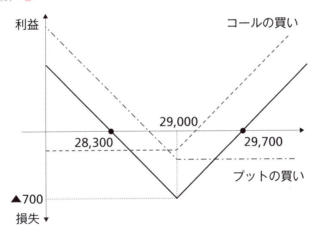

相場局面とオプション投資戦略

□□□ 27 次のオプション投資戦略のうち、原証券が騰落した場合でも、利
重要度B 益と損失がともに限定されるものはどれか。

(1) ロング・コール
(2) バーティカル・ブル・コール・スプレッド
(3) ショート・ストラングル
(4) ショート・プット
(5) ロング・プット

計算例題

□□□ 28 ある顧客が、権利行使価格1,900ポイントのTOPIXプット・オプ
重要度B ションをプレミアム40ポイントで10単位売建てるとともに、権
利行使価格1,950ポイントのプット・オプションを60ポイントで
10単位買建てた。TOPIXのSQ値が1,800ポイントになった場合
における取引全体での損益として正しいものはどれか。
注)委託手数料、税金は考慮しないものとする。

(1) ▲2,300万円
(2) ▲700万円
(3) ▲300万円
(4) 300万円
(5) 700万円

27 (2) (1) ロング・コール……原証券の騰落について上がると予想、利益は無限定、損失は限定

(2) バーティカル・ブル・コール・スプレッド……原証券の騰落について上がると予想、利益は限定、損失は限定

(3) ショート・ストラングル……原証券について小動きで、あまり変化しないと予想、利益は限定、損失は無限定

(4) ショート・プット……原証券の騰落について上がると予想、利益は限定、損失は無限定

(5) ロング・プット……原証券の騰落について下がると予想、利益は無限定、損失は限定

28 (4) ■SQが1,800ポイントになった場合

プットの売り	プレミアム…40P × 10,000 × 10 = 4,000,000円 権利行使される…(1,800P − 1,900P) × 10,000 × 10 = − 10,000,000円
プットの買い	プレミアム…− 60P × 10,000 × 10 = − 6,000,000円 権利行使する…(1,950P − 1,800P) × 10,000 × 10 = 15,000,000円
損　益	4,000,000円 − 10,000,000円 − 6,000,000円 + 15,000,000円 = 3,000,000円（利益）

CH
17

オプション取引

CHAPTER

18

特定店頭
デリバティブ取引

CONTENTS

- 店頭デリバティブの概要
- 金利デリバティブ及び為替デリバティブ
- クレジット・デリバティブ
- 天候デリバティブと災害デリバティブ

学習のポイント

特定店頭デリバティブ取引は、一種で初めて学習する
分野で、配点の高い科目です。さまざまな種類のデリ
バティブ取引に関して、それぞれ専門用語が出てきま
す。試験でも用語を問う問題が多く出題されるため、
取引の仕組みに関する文章を何度も繰り返し読んで、
慣れることが必要です。

○×問題

次の文章のうち、正しいものには○を、正しくないものには×をつけなさい。

金融商品取引法の要点

□□□ **1** 第一種金融商品取引業者は、市場デリバティブ取引と店頭デリバティブ取引ともに取り扱うことができる。
重要度B

□□□ **2** 第二種金融商品取引業者は、いわゆる市場デリバティブと店頭デリバティブの両方を取り扱うことができる。
重要度A

□□□ **3** 店頭デリバティブ取引は、金融商品取引法上、特定投資家しか取引できない。
重要度C

カウンターパーティ・リスク

□□□ **4** 市場取引においては証拠金制度があるため、カウンターパーティ・リスクを考慮する必要はほとんどない。
重要度C

ベンチマークとして用いられる金利

□□□ **5** デリバティブの参照金利には、公定歩合や国債の金利が用いられることがほとんどで、スワップレートなどが用いられることはほとんどない。
重要度A

> 解答・解説

1 ○ 店頭デリバティブを取り扱うためには、第一種金融商品取引業の登録が必要である。

	第一種 金融商品取引業者	第二種 金融商品取引業者
市場デリバティブ	○	○ （非有価証券）
店頭デリバティブ	○	×

2 × 第二種金融商品取引業者は店頭デリバティブを取り扱うことはできない。

3 × 一般投資家も取引できる。

4 ○ カウンターパーティ・リスクの考慮の必要性は次のとおりである。

市場取引	店頭取引
証拠金制度が整備されているため、カウンターパーティ・リスクを考慮する必要はほとんどない。	相対取引であるため、取引先が破綻したときに被る損失という潜在的なカウンターパーティ・リスクがある。

5 × ベンチマークとして参照される金利は円やドルのLIBOR（なお、LIBORは、2021年12月31日をもって公表停止されており、代替金利が利用されている）やスワップレートがほとんどであり、デリバティブの参照金利に公定歩合や国債の金利が用いられることはほとんどない。

基本的な店頭デリバティブ取引

☐☐☐ ⑥ 外国為替証拠金取引は、日本証券業協会の自主規制の対象となる。
重要度C

☐☐☐ ⑦ いわゆる店頭金融先物取引等についても、日本証券業協会の自主
重要度B 規制の対象となる。

☐☐☐ ⑧ 適格機関投資家を相手方とする店頭デリバティブ取引（有価証券
重要度C 関連デリバティブ取引を除く）は、日本証券業協会の自主規制の
対象となる。

金利スワップ

☐☐☐ ⑨ 金利スワップでは、同一通貨の固定金利同士を交換する取引があ
重要度A る。

☐☐☐ ⑩ 金利スワップとは、同一通貨間で変動金利と固定金利を交換する
重要度A 取引であり、変動金利と異種の変動金利を交換する取引ではない。

☐☐☐ ⑪ スワップションとは、将来のスワップを行う権利（オプション）を
重要度B 売買する取引である。

☐☐☐ ⑫ 金利スワップにスワップションを組み合わせると、中途（スワッ
重要度B プション満期時点）でキャンセル可能な金利スワップになる。

☐☐☐ ⑬ 変動金利同士のスワップとしてよく使われるものに、テナースワ
重要度A ップがある。

6　×　**対象外**である。

7　×　**対象外**である。

8　×　**対象外**である。

9　×　**固定金利同士**を交換する金利スワップは**存在しない**。

10　×　金利スワップは**同一通貨間**で「変動金利と固定金利」の交換、「変動金利と異種の変動金利」の交換、「固定金利もしくは変動金利と一定のインデックス」の交換を行う取引である。

11　○　なお、買い手にとっては期初にプレミアムを支払うだけで、将来の一定期間にわたり金利スワップを行う場合の条件（固定レートなど）を**保証**する効果が得られる。

12　○

13　○　テナースワップとは、**同一通貨の期間の異なる変動金利**をスワップする取引である。

通貨スワップ

☐☐☐ **14** クーポンスワップは、元本交換のある通貨スワップである。
重要度A

☐☐☐ **15** 通貨スワップとは、取引者Aと取引者Bが、異なる通貨のキャッ
重要度A シュ・フロー（元本及び金利）をあらかじめ合意した為替レート
で交換する取引である。

キャップ

☐☐☐ **16** キャップとは、固定金利を対象としたコール・オプションである。
重要度B

フロア

☐☐☐ **17** 将来の市場金利低下による保有金利資産の受取金収入の減少をヘ
重要度B ッジしたい場合には、金利デリバティブ取引の一種であるフロア
取引を行えばよい。

レンジ・フォワード

☐☐☐ **18** レンジ・フォワードは、予約締結レートの幅を設けず、為替レー
重要度B トの範囲を限定させるオプション取引である。

バリア・オプション

☐☐☐ **19** バリア・オプションとは、投資家と証券会社等が、日経225等の
重要度A 株価指数などの価格変動性の実現値と固定価格を交換する取引で
ある。

⑭ ✕ クーポンスワップは、元本交換のない通貨スワップである。

⑮ ◯ なお、元本交換を行わず、金利交換のみを行うものを「クーポンスワップ」という。

⑯ ✕ 固定金利ではなく、「変動金利」を対象としたコール・オプションである。

⑰ ◯ なお、キャップは将来の市場金利上昇に備えるヘッジ取引である。

⑱ ✕ レンジ・フォワードは、予約締結レートに一定の幅を設定するオプション取引である。

⑲ ✕ 記述は、「バリアンス・スワップ」の説明である。バリア・オプションとは、一定期間内に原資産価格があらかじめ定めた一定の水準に達すると、オプションが発生(または消滅)する取引である。

CH
18
特定店頭
デリバティブ取引

トータル・リターン・スワップ

□□□ 20　トータル・リターン・スワップとは、プロテクションの買手がプ
重要度C　　　ロテクションの売手に社債等の資産から生じるクーポン及び値上
　　　　　　がり益を支払い、代わりに値下がり分及び想定元本に対して計算
　　　　　　される短期金利を受け取るスワップ取引である。

□□□ 21　トータル・リターン・スワップにおいて、プロテクション・セラ
重要度A　　　ーは、プロテクション・バイヤーの保有社債等の信用リスクを負
　　　　　　担することによって、社債等を保有した場合と同様の経済効果を
　　　　　　得ることができる。

クレジット・デフォルト・スワップ

□□□ 22　クレジット・デフォルト・スワップ(CDS)とは、クレジット・イ
重要度B　　　ベント(信用事由)が発生したときに、ペイオフ(補償)が発生する
　　　　　　デリバティブである。

□□□ 23　クレジット・デフォルト・スワップのクレジット・イベント(信
重要度B　　　用事由)は、一般的に、倒産・破産と債務不履行の2つである。

□□□ 24　クレジット・デフォルト・スワップにおいて、参照組織にデフォ
重要度A　　　ルトが発生した場合、プロテクション・セラーは損失を補償する
　　　　　　が、これをプレミアム・レグという。

天候デリバティブ

□□□ 25　天候デリバティブでは、オプションの売り手の最大支払金額(上
重要度A　　　限金額)が設定されているケースが多い。

20 ○ 社債等を保有している場合のプロテクション（保証）の買手（バイヤー）は、社債等を保有したまま売却した場合と同様の経済効果が得られる。

21 ○ プロテクション（保証）の売手（セラー）は社債等を保有した場合と同様の経済効果を得ることができる。

22 ○ なお、クレジット・イベントが発生しなかった場合は、そのまま取引が終了し、支払われたプレミアムは掛け捨てとなる。

23 × クレジット・イベントは、一般的に、倒産・破産、債務不履行、債務リストラクチャリングの3つである。

24 × デフォルト発生時にプロテクション・セラーが損失補償する場合の支払を「プロテクション・レグ」という。「プレミアム・レグ」とはプロテクション・バイヤーがセラーに支払うものである。

25 ○

☐☐☐ 26 天候デリバティブにおいて、HDDとは、日平均気温が基準温度
重要度B 以上の場合、日平均気温が基準温度をどれほど上回ったかの指標
である。

CATスワップ

☐☐☐ 27 CATボンドは、同質的で独立性の高い多数の資産からなるキャ
重要度A ッシュ・フローをプールしたポートフォリオを裏付資産とする証
券化商品の一種である。

地震オプション

☐☐☐ 28 地震オプションは、実損填補を目的としており、実際に損害が発
重要度A 生しなければ決済金(補償金)は支払われない。

☐☐☐ 29 地震オプションとは、オプションの買い手から見て、異常気象や
重要度A 天候不順などを原因とする利益の減少リスクをヘッジするための
リスクヘッジ商品である。

26 × 記述は、「CDD」の説明である。HDDとは、日平均気温が基準温度以下の場合、日平均気温が基準温度をどれほど下回ったかの指標のことである。HDDのHとは、「Heating（暖房）」のHのことで、冬場のリスクヘッジに用いられる。

27 × 同質的で独立性の高い多数の資産からなるキャッシュ・フローをプールしたポートフォリオを裏付資産としているわけではなく、極めて集中度の高い分散化の困難な投資対象である。

28 × 地震オプションは、実損填補を目的としておらず、一定の条件が満たされれば、実際に損害が発生しなくても決済金（補償金）が支払われる。

29 × 記述は、「天候デリバティブ」の説明である。地震オプションは、オプションの買い手（顧客）から見て、地震による売上の減少や損害の発生に対するリスクヘッジ商品である。

CH
18
特定店頭
デリバティブ取引

5肢選択問題　次の文章のうち、正しいものの番号を１つ選びなさい。

店頭デリバティブのリスク管理

□□□ **30** 次の文章の(　　　　)に当てはまる語句の組合せとして正しいもの
重要度C はどれか。

　店頭デリバティブで特に重要視されるリスクには、(　①　)、
(　②　)、(　③　)の３つがある。(　①　)とは、市場価格や金利や
為替レートなどが予見不能な、あるいは、確率的に変動するリスクを
いう。(　②　)とは、信用力の予期しない変化に関連して、価格が確
率的に変化するリスクをいう。(　③　)とは、ポジションを解消する
際、十分な出来高がなく取引できないリスクをいう。

(1) ①為替リスク　②信用リスク　　　　　③スプレッドリスク
(2) ①為替リスク　②システミックリスク　③流動性リスク
(3) ①市場リスク　②システミックリスク　③流動性リスク
(4) ①市場リスク　②信用リスク　　　　　③オペレーショナルリスク
(5) ①市場リスク　②信用リスク　　　　　③流動性リスク

解答・解説

30 (5)　店頭デリバティブで特に重要視されるリスクには、(①市場リスク)、(②信用リスク)、(③流動性リスク)の3つがある。(①市場リスク)とは、市場価格や金利や為替レートなどが予見不能な、あるいは、確率的に変動するリスクをいう。(②信用リスク)とは、信用力の予期しない変化に関連して、価格が確率的に変化するリスクをいう。(③流動性リスク)とは、ポジションを解消する際、十分な出来高がなく取引できないリスクをいう。

CH
18

特定店頭
デリバティブ取引

利払い金額

□□□ **31** 前回リセットされた参照金利（6カ月物）が0.09%（Act/360）であ
重要度A り、前回から次の利払日までの実日数が182日（利払間隔は半年
間）であったとする。このとき、借入金額が1億円であったとす
ると、利払い金額として正しいものはどれか。なお、利払い金額
の計算上は、実日数を使用することとする。
注）1円未満の計算結果は切り捨てること。

(1) 44,876円

(2) 45,000円

(3) 45,500円

(4) 50,000円

(5) 90,000円

金利スワップ

□□□ **32** 次の文章の（　　　）に当てはまる語句の組合せとして正しいもの
重要度C の番号を1つ選びなさい。

　「金利スワップ」とは、取引者Aと取引者Bが、（　①　）で変動金利
と固定金利、変動金利と異種の変動金利、固定金利もしくは変動金利
と一定のインデックス（参照指標）を交換する取引であり、元本の交換
は（　②　）。取引の主流は、固定金利とロンドンにおける銀行間貸出
金利である（　③　）のスワップとなっていた。

(1) ①同一通貨間　　②行われる　　③LIBOR

(2) ①同一通貨間　　②行われない　　③LIBOR

(3) ①同一通貨間　　②行われない　　③スワップレート

(4) ①異なる通貨間　　②行われない　　③スワップレート

(5) ①異なる通貨間　　②行われない　　③LIBOR

31 （3）

$$利払い金額 = 借入金額 \times 利率 \times \frac{実日数}{Act360}$$

$$利払い金額 = 100{,}000{,}000\,円 \times 0.09\% \times \frac{182}{360} = 45{,}500\,円$$

32 （2）　「金利スワップ」とは、取引者Aと取引者Bが、（①同一通貨間）で変動金利と固定金利、変動金利と異種の変動金利、固定金利もしくは変動金利と一定のインデックス（参照指標）を交換する取引であり、元本の交換は（②行われない）。取引の主流は、固定金利とロンドンにおける銀行間貸出金利である（③LIBOR）のスワップとなっていた。なお、LIBORは、2021年12月31日をもって公表停止されている。

クレジット・デフォルト・スワップ

□□□ **33** 次の文章の(　　)に当てはまる語句の組合せとして正しいものは

重要度B どれか。

　クレジット・デフォルト・スワップとは、(　①　)が発生したとき、ペイオフが発生するデリバティブをいう。つまり、プロテクション・バイヤー(リスクを(　②　))がプロテクション・セラーにプレミアム(「スプレッド」又は「保険料」ともいう)を支払い、その見返りとして、契約期間中に参照企業に(　①　)が発生した場合に、損失に相当する金額を、売り手から受け取る取引のことである。指数の場合では(　③　)になるが、個別の債券がデフォルトした場合には、そうでない場合もある。

(1) ①プロテクション　　　　　②ヘッジする側　　　③現物決済
(2) ①プロテクション　　　　　②ヘッジする側　　　③差金決済
(3) ①クレジット・イベント　　②ヘッジする側　　　③差金決済
(4) ①クレジット・イベント　　②取る側　　　　　　③現物決済
(5) ①クレジット・イベント　　②取る側　　　　　　③差金決済

33 **(3)**　　クレジット・デフォルト・スワップとは、(①**クレジット・イベント**)が発生したとき、ペイオフが発生するデリバティブをいう。つまり、プロテクション・バイヤー(リスクを(②**ヘッジする側**))がプロテクション・セラーにプレミアム(「スプレッド」又は「保険料」ともいう)を支払い、その見返りとして、契約期間中に参照企業に(①**クレジット・イベント**)が発生した場合に、損失に相当する金額を、売り手から受け取る取引のことである。指数の場合では(③**差金決済**)になるが、個別の債券がデフォルトした場合には、そうではない場合もある。

□□□ **34** 顧客Aは、保有するC社債券の信用リスクをヘッジするために、
重要度A B銀行とクレジット・デフォルト・スワップを契約した。この契約に関する次の記述のうち誤っているものはどれか。

(1) この契約におけるプロテクション・セラーはB銀行であり、プロテクション・バイヤーは顧客Aである。

(2) 顧客Aは、C社債券(債権)を参照資産としたデフォルト・スワップを、B銀行と契約したことになる。

(3) 顧客Aは、この契約により、C社債券の信用リスクをヘッジすることができる上に、B銀行の信用リスクを負うこともない。

(4) 顧客Aは、B銀行にプレミアムを支払うが、クレジット・イベントが発生しなかった場合には、そのまま取引が終了し、支払われたプレミアムは掛け捨てとなる。

(5) C社債券にクレジット・イベントが発生した場合には、顧客Aが、B銀行に対してC社債券を引き渡すか、あるいは差金決済となる。

34 (3) (1) ○

(2) ○

(3) ×　顧客Aは、C社債券の信用リスクをヘッジすることはできるが、B銀行のカウンターパーティ・リスクをヘッジすることはできない。

(4) ○

(5) ○

天候デリバティブ

□□□ **35** 次の文章について、①降雪日数が3日の場合、②降雪日数が15
重要度B 　日の場合の、それぞれの補償金受取総額の組合せとして正しいも
　のはどれか。

> 降雪によって来客数が減少する恐れのある百貨店が、以下のよう
> な条件の契約を結びました。

〈契約内容〉
　契約目的：降雪日数が平年に比べ多い場合の売上減少リスクのヘッ
　　　　　　ジ
　観測期間：12月1日～2月28日（3カ月）
　観測対象日：観測期間中の土曜日、日曜日、祝日（合計33日）
　観測指標：降雪量（対象日のうち、5cm以上の降雪があった日数（以
　　　　　　下、降雪日数））
　ストライク値：10日
　補償金額：1日当たり100万円
　補償金受取総額上限：1,000万円
　ペイオフ：降雪日数がストライク値を上回る場合に、「（降雪日数－
　　　　　　ストライク値）×補償金額」を、補償金受取総額上限を限
　　　　　　度に支払う。降雪日数がストライク値に等しいか、それ
　　　　　　を下回る場合には支払金額はゼロである。

(1) ①ゼロ円　　　② 　500万円
(2) ①ゼロ円　　　②1,000万円
(3) ①ゼロ円　　　②1,500万円
(4) ①300万円　　② 　500万円
(5) ①300万円　　②1,000万円

35 (1) ① 降雪日数（3日）が**ストライク値**（10日）を下回っているため、支払
金額はゼロ円である。

② （15日 − 10日）× 100万円 = 500万円

模擬試験

解答・解説編

模擬試験第1回《解答・解説編》

金融商品取引法

問1 × 契約締結前交付書面に記載すべき事項のすべてが記載されている目論見書を交付している場合、契約締結前交付書面の交付は免除される。

問2 × 小切手や約束手形は含まれない。

問3 × 金融商品取引業者等又はその役員若しくは使用人は、あらかじめ顧客の同意を得ることなく、当該顧客の計算により有価証券の売買等をしてはならない。

問4 × 「500人以上」ではなく、「300人以上」のとき、継続開示義務が課される。

問5 ○ 電子メールも広告に類似する行為に含まれる。

問6 ○ 内部者取引の共犯に該当する。

問7 1)、3)
1) ○ 商号等の使用制限に該当する。
2) × 特別の利害関係のない公認会計士又は監査法人の監査証明を受けなければならない。
3) ○ 取引態様の事前明示義務に該当する。
4) × 「債権者の保護」ではなく、「投資者の保護」に欠けることがあってはならない。
5) × 投機的利益を得る目的ではなくても禁止されている。

問8 2)、4)

1) × **欠格事由のいずれかに該当**することとなったときなど、登録を取り消される場合がある。

2) ○ 有価証券報告書の提出義務のある上場会社等は事業年度ごとに、内部統制報告書を有価証券報告書と併せて内閣総理大臣に提出しなければならない。

3) × 「**保有株券等の数**」を「**発行済株式総数**」で除して求められる。

4) ○ 買付け・売付けの両方について、断定的判断の提供による勧誘の禁止規定が適用される。

5) × 勧誘行為がなくても虚偽の表示行為等の禁止規定が**適用される**。

金融商品の勧誘・販売に関する法律

問9 ○ 金融サービス提供法における説明義務に該当する。

問10 ○ 消費者契約法における契約の取消し事由に該当する。

問11 ○ 犯罪による収益の移転防止に関する法律の疑わしい取引の届出義務に該当する。

協会定款・諸規則

問12 ○ 取引の安全性の確保義務に該当する。

問13 ○ 協会員の従業員は、いかなる名義を用いているかを問わず、信用取引、有価証券関連デリバティブ取引等、特定店頭デリバティブ取引等又は商品関連市場デリバティブ取引等の取引を行うことは禁止されている。

問14 ○ 自己責任原則の徹底の規定に該当する。

問15 ○ 取引公正性の確保に該当する。

問16 × 累積投資契約に基づく寄託の場合は、保護預り契約を締結する必要はない。

問17 × 本籍は、「顧客カード」に記載すべき事項ではない。

問18 ○ 外国証券取引口座約款の規定に該当する。

問19 × 信用取引については、協会員が取引開始基準を定めなければならない。

問20 1)、5)
1) ○ 登録を受けている外務員の処分に該当する。
2) × 投資目的は、「顧客カード」に記載すべき事項である。
3) × 二種外務員は、たとえ一種外務員の同行があったとしても、有価証券関連デリバティブ取引に係る外務行為を行うことは一切できない。
4) × 検査、監査又は管理を担当する部門において受け付け、当該部門から遅滞なく回答を行わなければならない。
5) ○ 信用取引等の禁止に該当する。

問21 1)、4)
1) ○ 現在残高がなくても、この場合は報告しなければならない。
2) × 口頭又は書面等による概要の説明は必要である。
3) × 直接交付ではなく、「郵送すること」が原則である。
4) ○ 照合通知書の作成は、検査、監査又は管理を担当する部門で行う。
5) × 顧客の区分に従って、それぞれに定める頻度で、顧客に報告を行う。

問22 2)、5)

1) × 公開買付けの場合は除く。

2) ○ 5年ごとに外務員の資格更新研修を受講させる必要がある。

3) × 通知しなければならない。

4) × 「金融商品取引所」ではなく、「日本証券業協会」に報告しなければ
ならない。

5) ○ 顧客に交付すべき書類を交付しないことの禁止に該当する。

取引所定款・諸規則

問23 ○ 転換社債型新株予約権付社債の上場審査基準は、発行者に関する基準と上場申請銘柄に関する基準からなっている。

問24 × 全額を有価証券で代用することができる。

問25 ○ 売買高（月平均売買高）は、東証スタンダード市場およびグロース市場における上場維持基準の1つである。

問26 × 金融商品取引業者だけでなく、取引所取引許可業者や登録金融機関も認められている。

問27 ○ 発行会社の純資産の額は、株券の上場廃止基準の1つである。

問28 ○ 売呼値は、低い値段の売呼値が高い値段の売呼値に優先する。

株式業務

問29 × 記述は、「ブックビルディング方式」ではなく、「競争入札方式」の説明である。

問30 ○ この場合、顧客の提示した指値を用いることができる。

問31 ○ EV／EBITDA倍率は、一般に倍率が低ければ株価は割安、倍率が高ければ、株価は割高と判断される。

問32 ○ 信用取引における金利は、新規売買成立の日から起算して3営業日目の受渡日より弁済売買成立の日から起算して3営業日目の受渡日までの両端入で計算される。

問33 × 総額5,000万円以上ではなく、「総額1億円以上」のポートフォリオである。

問34 × 約定が成立しなかった場合には、契約締結時交付書面は交付されない。

問35 4)
権利落相場×分割比率 = 1,200円×1.8 = 2,160円
値上がり金額 = 2,160円 − 2,000円 = 160円

問36 3)
① 株価純資産倍率(PBR)

$$純資産 = 総資産 − 総負債$$

純資産 = 950億円 − 550億円 = 400億円

$$1株当たり純資産 = \frac{純資産}{発行済株式総数}$$

$$1株当たり純資産 = \frac{400億円}{0.8億株} = 500円$$

$$株価純資産倍率 = \frac{株価}{1株当たり純資産}$$

$$株価純資産倍率 = \frac{700円}{500円} = 1.4倍$$

② 株価収益率（PER）

$$1株当たり当期純利益 = \frac{当期（純）利益}{発行済株式総数}$$

$$1株当たり当期純利益 = \frac{36億円}{0.8億株} = 45円$$

$$株価収益率 = \frac{株価}{1株当たり当期純利益}$$

$$株価収益率 = \frac{700円}{45円} \fallingdotseq 15.5倍$$

問37 4）、5）

1) × 書面による同意書を必ず受けなければならない。

2) × 顧客から信用取引である旨の指示がない限り、信用取引による売買注文として受託することはできない。顧客の意向確認が必要である。

3) × 勧誘を自粛するものとされていない。ただし、当該措置が行われている旨などの説明は必要である。

4) ○ 金融商品取引業者は、顧客から有価証券の売付けの注文を受ける場合、原則として当該売付けが空売りであるか否かの別を確認しなければならない。

5) ○ 証券金融会社が貸株利用等に関する注意喚起通知を行っている銘柄については、金融商品取引業者が顧客から信用取引を受託する場合において、当該顧客に対して、当該措置が行われている旨及びその内容を説明しなければならない。

問38 1)、2)

 ① 委託保証金の残額＝受入委託保証金額－建玉評価損

 ② 維持率20％の場合の委託保証金＝約定価額×20％
  ＝700円×2,000株×20％＝280,000円

（注）「①＜②280,000円」の場合に、追加保証金が必要になる。

 1) （340円×2,000株×80％）－（700円－550円）×2,000株
  ＝244,000円＜②280,000円（追加保証金必要）

 2) （300円×2,000株×80％）－（700円－580円）×2,000株
  ＝240,000円＜②280,000円（追加保証金必要）

 3) （420円×2,000株×80％）－（700円－600円）×2,000株
  ＝472,000円＞②280,000円（追加保証金不要）

 4) 250円×2,000株×80％＝400,000円＞②280,000円（追加保証金不要）
  （注）評価損はない。

 5) 320円×2,000株×80％＝512,000円＞②280,000円（追加保証金不要）
  （注）評価損はない。

債券業務

問39 ○ 国の一般会計予算のうち、経常経費の歳入不足を補塡するために発行される国債を特例国債という。

問40 ○ 格付は格付機関の意見を簡単な記号で示し、投資者に発行会社や個々の債券の信用度を伝達するものである。

問41 ○ 現先取引の説明として正しい記述である。

問42 × 記述は、「国庫短期証券」ではなく、「政府保証債」の説明である。

問43 ○ スプレッド・プライシング方式とは、投資家の需要調査を行う際、利率の絶対値で条件を提示するのではなく、国債等の金利に対する上乗せ分（スプレッド）を提示する方法である。

問44 5)

$$パリティ価格 = \frac{株価}{転換価額} \times 100$$

$$パリティ価格 = \frac{9,500 円}{10,200 円} \times 100 = 93.137 円 \rightarrow 93.13 円$$

$$乖離率 = \frac{転換社債の時価 - パリティ価格}{パリティ価格} \times 100$$

$$乖離率 = \frac{101.80 円 - 93.13 円}{93.13 円} \times 100 = 9.309\% \rightarrow 9.30\%$$

問45 1)

$$最終利回り = \frac{利率 + \dfrac{償還価格 - 購入価格}{残存年数}}{購入価格} \times 100$$

$$最終利回り = \frac{1.2 + \dfrac{100 - 103}{5}}{103} \times 100 ≒ 0.5825\% \rightarrow 0.582\%$$

問46 3)

	金利	クレジットスプレッド	株価	ボラティリティ
価格上昇	低下	縮小	上昇	上昇
価格下落	上昇	拡大	下落	下落

投資信託及び投資法人に関する業務

問47 ○ 有価証券、不動産、不動産の賃借権、地上権は、投資信託及び投資法人の投資対象となる特定資産に該当する。

問48 ○ 投資法人（会社型投資信託）は、資産運用以外の行為を営業とすることは認められていない。

問49 × 「受益者」ではなく、「**投資信託委託会社**」の指図に基づき行使する。

問50 ○ 外国投資信託とは、外国において外国の法令に基づいて設定された信託で、投資信託に類するものである。

問51 × 信託報酬は、**投資信託財産の運用管理を行うことに対する報酬**である。

問52 × 同じファンドであっても、販売会社が異なれば、**販売手数料は異なる場合がある**。

問53 ○ 通貨選択型投資信託を販売する場合、投資対象資産の価格変動リスクに加え、換算する通貨の為替変動リスクが存在することに十分に留意する必要がある。

問54 3）、5）
1) × MMFは、**中短期債・短期金融商品**を主要投資対象としている。
2) × MMFの解約代金の支払日は、請求日の**翌営業日**である。
3) ○ 証券総合口座用ファンド（MRF）の販売単位は、1口（1口1円）である。
4) × MRFの決算は**毎日**行われ、分配金は毎月末に再投資される。
5) ○ 長期公社債投資信託（追加型）の解約代金の支払いとして、キャッシングの制度はない。

問55 4）、5）
1) × MRFは、信託財産留保額が**控除されることはない**。
2) × MRFは金融商品取引所に**上場されていない**。
3) × MMFの販売単位は**1口**（1口1円）である。
4) ○ 長期公社債投資信託（追加型）には、販売手数料はかからない。
5) ○ 長期公社債投資信託（追加型）の解約代金の支払日は、解約請求日から起算して4営業日目の日である。

付随業務

問56 2)、5)

1) × 第一種金融商品取引業者又は投資運用業者は、付随業務を行うことができる。

2) ○ 第一種金融商品取引業者は、顧客から保護預りをしている有価証券を担保とする金銭の貸付けを行うことができる。

3) × 商品市場における取引に係る業務は、「届出業務」である。

4) × 記述は、「株式累積投資」ではなく、「株式ミニ投資」の説明である。

5) ○ ドルコスト平均法とは、株価の動きやタイミング等に関係なく、株式を定期的に継続して一定金額ずつ購入する方法である。

証券市場の基礎知識

問57 1)、3)

1) ○ 企業の資金調達方法のうち、株式の発行及び債券の発行は、直接金融に区分される。

2) × 内閣総理大臣の認定を条件に資金の貸付けを行うことができる。

3) ○ 投資者保護基金の補償対象顧客には、適格機関投資家は含まれていない。

4) × 不適切な行為である。

5) × 証券取引等監視委員会は、公的規制機関である。

デリバティブ取引

問58 ○ 一時中断措置(サーキット・ブレーカー制度)は、相場加熱時に投資家に冷静な投資判断を促し、相場の乱高下を防止するために設けられているものである。

問59 × 「買い手」ではなく、「売り手」が選択する。

361

問60 1)、2)

1) ◯ 日経225先物取引は、6月・12月の直近の16限月と3月・9月の直近の3限月を取引対象とする19限月取引である。

2) ◯ 日経225先物取引は、日経225に1,000円を乗じて得た金額を1取引単位とする。

3) × 第2金曜日の前営業日である。

4) × 「100円」ではなく、「10円」である。

5) × 「受渡決済」ではなく、「差金決済」である。

問61 4)、5)

1) × 記述は、「裁定取引」ではなく、「ヘッジ取引」の説明である。

2) × 「先物がディスカウント」ではなく、「先物がプレミアム」という。

3) × 記述は、「ヘッジ取引」ではなく、「裁定取引」の説明である。

4) ◯ カレンダー・スプレッド取引(限月間スプレッド取引)とは、先物の異なる限月の価格差が一定水準近辺で動くことを利用した取引である。

5) ◯ スペキュレーションとは、先物の価格変動をとらえて利益を獲得することを目的とした取引である。

問62 5)

> 証拠金所要額 = **SPAN証拠金額－ネット・オプション価値の総額**

証拠金所要額 = 355,000,000円 － (▲300,000,000円) = 655,000,000円

なお、日本証券クリアリング機構(JSCC)が算出する証拠金所要額は、2023年11月6日に「SPAN方式」から「VaR方式」への変更が予定されている。

問63 2)

建玉の評価損については、現金不足額として、必ず現金で差し入れなければならない。

問64 ○ 取引受渡証拠金所要額の説明として正しい記述である。

問65 × 外貨建債券の場合は、「1億ドル相当額」ではなく、「1億円相当額」である。

問66 2)

問67 4)

権利行使価格の低いコールを買って、高いコールを売っているため、「バーティカル・ブル・コール・スプレッド」である。なお、TOPIXオプションの取引単位はオプション価格に10,000円を乗じた額である。

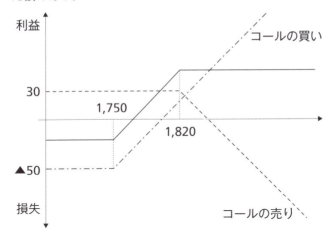

① コールの買いの損益 = {(1,860円 − 1,750円) − 50円} × 10,000円
　　　　　　　　　　　× 10単位
　　　　　　　　　= 600万円（利益）

② コールの売りの損益 = {(1,820円 − 1,860円) + 30円} × 10,000円
　　　　　　　　　　　× 10単位
　　　　　　　　　= ▲100万円（損失）

③ 取引全体の損益 = ① + ② = 600万円 − 100万円 = 500万円（利益）

問68 3)、5)

1) × 最大利益が生じるのは、満期時の日経225が **28,000円**（＝権利行使価格）のときである。
2) × 損失はプレミアム分に **限定されない**。
3) ○ 最大利益は、プレミアムの和となる。なお、日経225オプションの売買単位は、オプション価格に1,000円を乗じた額である。
　　　最大利益＝（200円＋250円）×1,000円×1単位＝45万円
4) × 「ストラングルの売り」ではなく、「**ストラドルの売り**」である。
5) ○ 損益分岐点＝28,000円±450円（プレミアムの和）
　　　したがって、27,550円と28,450円である。

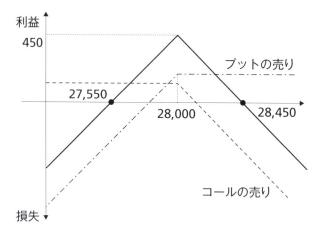

問69 ○ 金利スワップでは、元本の交換は行われないため、正しい記述である。

問70 × キャップとは、市場金利が上昇した場合に、キャップで定めた一定水準（キャップ・レート）との差額を売り手から受け取ることができるもので、**金利上昇リスク**をヘッジする取引である。記述は、フロアの説明である。

問71 ◯ エクイティ・デリバティブの原資産が株価指数である場合の決済方法は、「現金決済」（キャッシュ・セトル）である。

問72 × レンジ・フォワードは、予約締結レートに一定の幅を設定し、為替レートの範囲を限定させるオプション取引である。

問73 5)

問74 1)、3)

   1) ◯

   2) × 天候デリバティブは実損填補を目的としないため、調査は不要である。

   3) ◯

   4) × このほかに「損保会社の信用状態の悪化等のリスク」がある。

   5) × CATボンドは極めて集中度が高い、分散化が困難な投資対象である。

株式会社法概論

問75 ◯ 合資会社には、無限責任社員1名以上と有限責任社員1名以上がいる。

問76 × 最低資本金制度は廃止されている。

問77 × 記述は、「少数株主権」ではなく、「単独株主権」の説明である。

問78 ◯ 会社の事業の1部門を切り離し別会社として独立させる方法を新設分割という。

問79 × 株式会社、合名会社、合資会社、合同会社の4種類である。

365

問80 1)、3)

1) ○ 分配可能額がない配当は無効で、会社債権者は株主に返還請求できる。

2) × 株式を併合すると、発行済株式数は減少し、1株当たりの実質的価値は大きくなる。

3) ○ 指名委員会等設置会社は、監査役を置くことができない。

4) × 自己株式の取得は、禁止されていない。

5) × 大会社は損益計算書も公告が必要である。

経済・金融・財政の常識

問81 4)、5)

1) × 「財産所得」ではなく、「可処分所得」で除して求める。

2) × 非消費支出や土地や住宅等のストック価格は含まれていない。

3) × 記述は、「オープン市場」ではなく、「インターバンク市場」の説明である。

4) ○ 「発券銀行」と「政府の銀行」は、日本銀行の機能である。

5) ○ 労働投入量とは、就業者数に年間総労働時間を乗じたものである。

問82 4)、5)

1) × 有効求人倍率は、有効求人数を有効求職者数で除して求められる。

2) × 「公共事業関係費」ではなく、「社会保障関係費」である。

3) × 「一致系列」ではなく、「先行系列」である。

4) ○ プライマリーバランスの説明として正しい記述である。

5) ○ 経常収支は、貿易・サービス収支、第一次所得収支及び第二次所得収支の合計として求めることができる。

財務諸表と企業分析

問83 × 記述は、「損益計算書」ではなく、「貸借対照表」の説明である。

問84 ×　総資本回転率を高めると、総資本(純)利益率は上昇する。

問85 ×　式は「固定長期適合率」(連結貸借対照表以外)の算式である。なお、「固定比率」の算式は次のとおりである。

$$固定比率(\%) = \frac{固定資産}{自己資本} \times 100$$

問86 ×　「配当性向が低い」ということは、「内部留保率が高いこと」を意味する。

問87 ○　有形固定資産の説明として正しい記述である。

問88 4)

イ．限界利益＝売上高－変動費

限界利益 = 70,000百万円 − 49,000百万円 = 21,000百万円

限界利益率 ＝ $\dfrac{限界利益}{売上高}$ × 100

限界利益率 = $\dfrac{21,000百万円}{70,000百万円}$ = 0.3 → 30%

ロ．まず、固定費を求める。「売上高－変動費－固定費＝利益」であるため「70,000百万円－49,000百万円－固定費＝6,000百万円」。したがって、固定費は15,000百万円である。

損益分岐点 ＝ $\dfrac{固定費}{限界利益率}$

損益分岐点 = $\dfrac{15,000百万円}{0.3}$ = 50,000百万円

ハ．損益分岐点比率 ＝ $\dfrac{損益分岐点}{売上高}$ × 100

損益分岐点比率 = $\dfrac{50,000百万円}{70,000百万円}$ × 100 ≒ 71.428% → 71.4%

証券税制

問89 ○ 財形住宅貯蓄及び財形年金貯蓄の利子所得の非課税最高限度額は、それぞれの合計で一人当たり元本550万円である。

問90 × 有価証券オプション取引における権利行使によって取得した上場株式等を譲渡した場合には、通常の株式の譲渡所得として20.315%の税率で申告分離課税が適用される。
なお、有価証券オプションそのものの反対売買による決済で得た利益の場合は、先物取引に係る雑所得等として扱われる。

問91 ○ 居住者に対する国内課税に関して、確定申告不要制度の対象とされるものには、内国法人から支払いを受ける公募証券投資信託の収益の分配に係る配当金、源泉徴収選択口座内保管上場株式等の譲渡による所得が含まれる。

問92 × オープン型(追加型)証券投資信託の元本払戻金(特別分配金)は、非課税となる。

問93 ○

問94 ○ 所得税の確定申告における所得金額計算上の収入金額は、源泉徴収された所得税等がある場合、当該所得税が差し引かれる前の金額のことである。

問95 3)

2013年1月1日より復興特別所得税が所得税額に対して2.1%追加課税されるため、所得税と復興特別所得税の合計税率が15.315%となり、住民税5%と合わせると源泉徴収税率20.315%となる。この税率によって計算すると、以下のとおりとなる。

$$1株当たり取得価額 = \frac{買い単価 \times 購入株数 = 取得価額合計}{購入株数合計}$$

$$1株当たり取得価額 = \frac{4,700円 \times 2,500株 + 3,000円 \times 4,700株 + 5,600円 \times 2,800株}{2,500株 + 4,700株 + 2,800株}$$

$$= 4,153円$$

売却益 = (売り単価 − 買い単価) × 売り株数

売却益 = (4,300円 − 4,153円) × 10,000株 = 1,470,000円

税額 = 売却益 × 税率

税額 = 1,470,000円 × 20.315% ≒ 298,630円(円未満切り捨て)

セールス業務

問96 ○ 外務員は、刻々と変化する市場の様々な情報を的確に分析し、そのなかから投資家に対して有用なアドバイスができるように自己研鑽に励む必要がある。

問97 ○ 『モデル倫理コード8. 資本市場における行為』

問98 ○ 『モデル倫理コード2. 利益相反の適切な管理』

問99 × 自社の利益の最大化ではなく、顧客の利益を最大化するために、積極的に行動をする。また、法令や規則に違反する可能性がある行動は慎む。

問100 ○ 『IOSCO　2．注意義務』

模擬試験第2回《解答・解説編》

金融商品取引法

問1 ○ 1年経過した者は会社関係者とはならず、内部者取引規制の対象とはならない。

問2 ○ 会社の役員及び主要株主の報告義務に該当する。

問3 ○ 第一種金融商品取引業者が行う業には、有価証券の引受けが含まれる。

問4 × 有価証券店頭デリバティブ取引業務は、許可制から登録制に変更された。

問5 × 「1年以内」ではなく、「6ヵ月以内」の反対売買で利益を得た場合、請求することができる。

問6 ○ 特別の利益提供等による勧誘の禁止に該当する。

問7 2）、4）
1） × 口頭による同意では認められない。
2） ○ 最良執行義務に該当する。
3） × 公開買付けの途中で価格を引き上げることは認められるが、引き下げることは原則として認められない。
4） ○ この禁止の期間は「6ヵ月」であり、正しい記述である。
5） × 不招請勧誘が禁止されているのは、「市場デリバティブ取引」ではなく、「店頭デリバティブ取引」である。

問8 **2）、4）**

1) × 「TDnet」ではなく、「**EDINET**」を使用して行わなければならない。

2) ○ 記述のとおり、広告規制に該当する。

3) × 帳簿閲覧権を持つ株主も**含まれる**。

4) ○ 記述のとおり、公衆縦覧義務に該当する。

5) × 「10年間」ではなく、「**5年間**」公衆の縦覧に供される。

金融商品の勧誘・販売に関する法律

問9 ○ 勧誘方針の策定及び公表義務に該当する。

問10 ○ 個人情報保護法における利用目的の特定義務に該当する。

問11 × 「前1年以内」ではなく、「**前6ヵ月以内**」に作成されたもののみ認められる。

協会定款・諸規則

問12 ○ 外国証券取引に関する契約の締結の規定に該当する。

問13 ○ 主観的又は恣意的な情報提供となる一律集中的推奨の禁止に該当する。

問14 ○ 照合通知書に記載すべき事項に該当する。

問15 ○ 顧客との金銭、有価証券等の貸借の禁止に該当する。

問16 ○ 内部者登録カードの規程に該当する。

問17 ○ 一種外務員は、原則として外務員の職務をすべて行うことができる。

問18 ◯ 公社債の店頭売買の参考値等の発表及び売買値段に関する規則に該当する。

問19 × 合理的な方法で算出された時価(社内時価)を基準とした適正な価格により取引を行わなければならない。

問20 1)、2)

1) ◯ 外国投資信託証券は、協会員が選別基準に適合していることを確認したものでなければならない。
2) ◯ 空売りか否かを確認せずに受注することの禁止規定に該当する。
3) × 「約定年月日等」ではなく、「約定時刻等」である。
4) × 協会員の従業員は、特定店頭デリバティブ取引を行うことも禁止されている。
5) × 新株予約権証券の売買取引に係る外務行為は、二種外務員の資格では行うことができない。

問21 1)、3)

1) ◯ 不適切行為の禁止規定に該当する。
2) × 本人名義の取引とみなされる場合もある。
3) ◯ 協会員の従業員が信用取引を行うことは禁止されている。
4) × 自社の名義を貸与してはならない。
5) × 「3年毎」ではなく、「毎年」社内研修を受講させなければならない。

373

問22 3）、4）

1）× 取引所が有価証券オプション取引に係る建玉に関して注意喚起を行っている銘柄について顧客から有価証券オプション取引を受託する場合、当該措置が行われている旨及びその内容を顧客に説明しなければならない。

2）× 受託者は「会員」、寄託者は「顧客」である。

3）○ 過当な数量の勧誘の禁止に該当する。

4）○ 売買価格等の確認義務に該当する。

5）× 応じる義務がある。

取引所定款・諸規則

問23 × 小切手や約束手形は含まれない。

問24 ○ 国債は、発行者（政府）からの上場申請が不要とされている。

問25 ○ 株主数は、上場維持基準の1つである。

問26 ○ 金融商品取引所の取引参加者は、取引所市場における有価証券の売買等を重要な業務とする者でなければならない。

問27 ○ 国内の金融商品取引所に上場されている外国地方債証券は、制度信用取引の委託保証金の代用有価証券とすることができる。

問28 × そのような基準はない。プライム市場の上場基準を満たしていれば、スタンダード市場の銘柄でなくてもよい。

株式業務

問29 × 顧客間交渉方式も可能である。

374

問30 ○ 当日決済取引のDVP決済の説明として正しい記述である。

問31 × 信用取引貸株料は「買方」ではなく、「売方」が支払う。

問32 × 転換社債型新株予約権付社債券は、取引所外売買の対象となる。

問33 × 手数料の金額は「注文伝票」ではなく、「契約締結時交付書面」に記載すべき事項である。

問34 × PBRは株価を1株当たり純資産で除して求める。

問35 4）、5）
1）× 取引開始基準を定めなければならない。
2）×「反対売買による方法」と「受渡決済（現引き）による方法」の2つがある。
3）× 一般信用取引の場合は、顧客と金融商品取引業者との間で自由に決められる。
4）○ 貸借銘柄の説明として正しい記述である。
5）○ 品貸料の説明として正しい記述である。

問36 3)

維持率は、委託保証金額 − 建玉評価損 = 約定代金 × 20%の関係にあるので、建玉の評価損をXとすると、

500円 × 10,000株 × 70% − X = 1,000円 × 10,000株 × 20%

3,500,000円 − X = 2,000,000円

∴ X = 1,500,000円

建玉の評価損が150万円を超えると維持率を割るので、

10,000,000円 − 1,500,000円 = 8,500,000円

8,500,000円 ÷ 10,000株 = 850円

したがって、A社株式の価格が850円を下回ると追い証が必要となる。

問37 2)

$$自己資本利益率（ROE） = \frac{当期純利益}{自己資本（期首・期末平均）} \times 100$$

$$自己資本利益率（ROE） = \frac{6,200百万円}{(45,800百万円 + 42,100百万円) \div 2} \times 100$$
$$≒ 14.1\%$$

$$総資本（純）利益率（ROA） = \frac{当期純利益}{総資本（期首・期末平均）} \times 100$$

$$総資本（純）利益率（ROA） = \frac{6,200百万円}{(69,700百万円 + 78,300百万円) \div 2} \times 100$$
$$≒ 8.3\%$$

問38 2)

売呼値記載欄	値段	買呼値記載欄
株	円	株
（ト）5,000	624	
（ヘ）3,000	623	（B）4,000 ~~2,000~~
（ホ）2,000	622	（C）2,000
（ニ）3,000	621	（D）3,000
（ハ）5,000	620	（E）4,000
（ロ）2,000	619	（F）3,000
	618	（G）2,000

(注)成行売呼値（イ）18,000株、成行買呼値（A）15,000株とする。

① （イ）に（A）を対当させると、（イ）に3,000株残る。
② （イ）の残り3,000株と最も高い買呼値（B）4,000株を対当させると（B）に1,000株残る。
③ （B）の残り1,000株と最も低い売呼値（ロ）2,000株を対当させると（ロ）に1,000株残る。
④ （ロ）の残り1,000株と（C）2,000株を対当させると、（C）に1,000株残る。
⑤ （C）の残り1,000株と（ハ）5,000株を対当させると、（ハ）に4,000株残る。
⑥ （ハ）の残り4,000株と（D）3,000株を対当させると、（ハ）に1,000株残る。
⑦ （ハ）の残り1,000株と（E）4,000株を対当させると、（E）に3,000株残るが、これ以上対当させられるものがなく対当できない。その結果、始値は620円となる。

債券業務

問39 × このような硬直的な起債方式は、規制緩和の流れの中で見直された。

問40 ○ 各社債券面の金額が1億円以上である場合には、社債管理者の設置義務が免除される。

問41 ○ 期中償還には、定時償還と任意償還がある。

問42 × 記述は、「ダンベル（バーベル）型」ではなく、「ラダー型」の説明である。

問43 × 「日本国内」ではなく、「日本国外」で発行される円建の債券である。

問44 5)

- 元利金の支払いについて政府の保証がついた債券は、（イ：政府保証債）という。
- 発行者の保有する特定の財産に担保をつけた債券は、（ロ：物上担保債）という。
- 発行者の全財産から、他の債権者に優先して弁済を受けられる一種の優先弁済権がついた債券は、（ハ：一般担保債）という。

問45 3)

$$所有期間利回り（％） = \frac{利率 + \dfrac{売却価格 - 購入価格}{所有期間（年）}}{購入価格} \times 100$$

$$所有期間利回り（％） = \frac{3.0 + \dfrac{105.00 - 99.00}{3}}{99.00} \times 100 ≒ 5.050\%$$

問46 3)

直前の利払日（6/15）の翌日（6/16）から受渡日（6/21）までの経過日数は**6日**となる。

投資信託及び投資法人に関する業務

問47 × 執行役員の**人数に制限はない**。

問48 ◯ 設立時の発行価額の総額は、1億円以上とされている。

問49 ✕ 信託期間終了前に償還される場合がある。

問50 ◯ 投資法人は、設立については届出制を採用しているが、業務については登録制を採用している。

問51 ✕ 投資法人であることが明らかな場合でも、その商号中に投資法人という文字を用いなければならない。

問52 ◯ レバレッジ投資信託の説明として正しい記述である。

問53 ◯ 単位型投資信託のスポット型投資信託の説明として正しい記述である。

問54 2)
イ.◯ 売買注文については、指値注文や成行注文が可能である。
ロ.✕ ETFは、商品ごとに売買単位が異なる。
ハ.◯ 上場株券と同様に、信用取引が可能である。
ニ.✕ ETFは上場株式と同様であるため、普通分配金と元本払戻金はない。

問55 1)

379

付随業務

問56 3)、5)

1) ○ 信用取引に付随する金銭の貸付けは、付随業務である。
2) ○ 有価証券に関する顧客の代理は、付随業務である。
3) × 私設取引システム(PTS)運営業務は、金融商品取引業務である。
4) ○ 累積投資契約の締結は、付随業務である。
5) × 貸金業その他金銭の貸付け又は金銭の貸借の媒介に係る業務は、届出業務である。

証券市場の基礎知識

問57 3)、4)

1) × 債券の発行によるものは、直接金融に区分されている。
2) × 銀行は、金融商品仲介業務を行うことができる。
3) ○ 内閣総理大臣の登録を受けた株式会社でなければ、第一種金融商品取引業を営むことはできない。
4) ○ 日本証券業協会は、金融商品取引法における自主規制機関の1つである。
5) × 投資証券の価格を保証することではない。

デリバティブ取引

問58 × 先物取引と先渡取引の説明が反対となっている。

問59 × 反対売買による差金決済もある。

問60 3)、5)

1) × 「6営業日前」ではなく、「**5営業日前**」である。

2) × 「直近の2限月取引制」ではなく、「**直近の3限月取引制**」である。

3) ○ 中期国債先物取引の標準物の利率は、年3%である。

4) × 「5銭」ではなく、「**1銭**」である。

5) ○ 長期国債先物取引の取引単位は、額面1億円である。

問61 4)

	現物	先物
開始時	①103.10円	❹98.20円
1ヵ月後	②102.00円	❺96.50円
2ヵ月後	③104.00円	❻98.80円

	現物の損益（A）	先物の損益（B）	全体の損益 （A）＋（B）
1)	③104.00－①103.10＝　0.90	なし	0.90
2)	②102.00－①103.10＝▲1.10	❹98.20－❺96.50＝　1.70	0.60
3)	③104.00－①103.10＝　0.90	❹98.20－❻98.80＝▲0.60	0.30
4)	③104.00－①103.10＝　0.90	❻98.80－❺96.50＝　2.30	3.20
5)	③104.00－①103.10＝　0.90	❺96.50－❻98.80＝▲2.30	▲1.40

全体の利益が最も大きくなるのは、4)である。実際の利益は、下記のとおり、3,200万円となる。

$$10億円 \times \frac{3.20円}{100円} = 3,200万円$$

問62 4)

(1) 受入証拠金の計算

① 証拠金所要額 = 100万円 × 10単位 = 1,000万円

② 値洗い後の差入れ証拠金 = 現金 + 代用有価証券
$$= 0円 + (1,000万円 - 100万円)$$
$$= 900万円$$

③ 計算上の損益額 = $(1,450ポイント - 1,600ポイント) \times 10,000円 \times 10単位$
$$= ▲1,500万円$$

④ 受入証拠金 = ②900万円 + ③▲1,500万円 = ▲600万円

(2) 証拠金余剰・不足額の計算

証拠金余剰・不足額 = 受入証拠金 - 証拠金所要額
$$= (1)▲600万円 - (1)①1,000万円$$
$$= ▲1,600万円(不足)$$

(3) 現金余剰・不足額の計算

現金余剰・不足額 = 差入証拠金の現金 + 計算上の損益額
$$= 0円 + (1)③▲1,500万円$$
$$= ▲1,500万円(不足)$$

証拠金不足額1,600万円のうち、1,500万円は現金で差し入れなければならない。

問63 4)

先物理論価格 = 現物価格 + キャリーコスト

先物理論価格 = $21,000円 \times (1 + 0.012 \times \dfrac{3}{12}) = 21,063円$

問64 × イン・ザ・マネーの状態では、イントリンシック・バリュー(本質的価値)が発生する。

問65 ○ 有価証券を対象とするオプション取引の特徴として、レバレッジ効果とヘッジ効果が挙げられる。

問66 2)、3)

1) × 全国証券取引所の上場有価証券のうち、大阪取引所が選定する銘柄から選定できる。

2) ○ 有価証券オプション取引において、オプション対象証券に株式分割・併合等が行われた場合、取引単位の調整を行う場合がある。

3) ○ 有価証券オプションの権利行使における最終決済は、オプション対象証券の受渡決済で行う。

4) × 上下2種類ずつ合計5種類が設定される。

5) × 直近の2限月と3、6、9、12月限のうち直近の2限月の4限月取引である。

問67 3)、5)

1) × バーティカル・ブル・コール・スプレッドは、権利行使価格の低いコールを買い、権利行使価格の高いコールを売る戦略である。

2) × ストラドルの売りもストラングルの売りも、市場価格が小動きになると予想する戦略である。

3) ○ 同じ権利行使価格、同じ限月のコールの買いとプットの売りを組み合せて合成先物を作ると、あたかも先物の買いポジションを持ったかのようになる。

4) × プットの買いは損失が限定されている戦略である。

5) ○ 「ストラングルの買い」では、損益分岐点が2つ発生する。

問68 1)

権利行使価格の高いコールを買って、低いコールを売っているため、「バーティカル・ベア・コール・スプレッド」である。

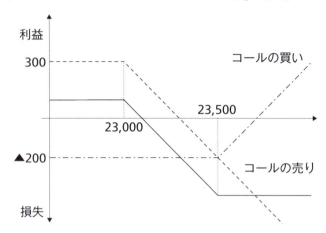

SQが22,000円になった場合
① コールの買いの損益＝▲200円×1,000円×10単位
　　　　　　　　　　＝▲200万円（損失）…権利放棄する
② コールの売りの損益＝300円×1,000円×10単位
　　　　　　　　　　＝300万円（利益）…権利放棄される
③ 取引全体の損益＝①＋②＝▲200万円＋300万円＝100万円（利益）

SQが24,000円になった場合
① コールの買いの損益＝｛(24,000円－23,500円)－200円｝
　　　　　　　　　　×1,000円×10単位
　　　　　　　　　　＝300万円（利益）…権利行使をする
② コールの売りの損益＝｛(23,000円－24,000円)＋300円｝
　　　　　　　　　　×1,000円×10単位
　　　　　　　　　　＝▲700万円（損失）…権利行使される
③ 取引全体の損益＝①＋②＝300万円－700万円＝▲400万円（損失）

問69 ○　クーポンスワップは、元本交換のない通貨スワップである。

問70 ◯ ベーシス・スワップには、同一通貨間の期間が異なる変動金利の受払いを行う「テナー・スワップ」がある。

問71 ◯ トータル・リターン・スワップでは、プロテクションのセラーがプロテクションのバイヤーに社債等の評価損等を補償することにより、プロテクションのバイヤーは社債等を保有したまま売却した場合と同様の経済効果が得られる。

問72 × 地震オプションは、実損填補を目的としておらず、一定の条件が満たされれば、実際に損害が発生しなくても決済金（補償金）が支払われる。

問73 4)

問74 3)

1) ◯ この契約におけるプロテクション・セラーはB銀行であり、プロテクション・バイヤーは顧客Aである。

2) ◯ 顧客Aは、C社債券（債権）を参照資産としたクレジット・デフォルト・スワップを、B銀行と契約したことになる。

3) × 顧客Aは、C社債券の信用リスクをヘッジすることはできるが、B銀行の信用リスク（カウンターパーティ・リスク）をヘッジすることはできない。

4) ◯ 顧客Aは、B銀行にプレミアムを支払うが、クレジット・イベントが発生しなかった場合には、そのまま取引が終了し、支払われたプレミアムは掛け捨てとなる。

5) ◯ C社債券にクレジット・イベントが発生した場合には、顧客Aが、B銀行に対してC社債券を引き渡すか、あるいは差金決済となる。

株式会社法概論

問75 × 発起人は1人でもよい。

385

問76 ○ 会社の設立時に、発行する株式の全部を発起人だけで引き受けるのが発起設立である。

問77 × 資本金5億円以上<u>又は</u>負債総額200億円以上の会社である。

問78 × 議決権が認められないのは、「5分の1以上」ではなく、「<u>4分の1以上</u>」の株式を持つときである。

問79 ○ 会社の分割のうち、切り離した部門を既存の別会社に承継させる方法を吸収分割という。

問80 1)、5)
1) ○ 株式会社は、定款で定めれば、一部の株式について異なる権利内容を定めることができる。
2) × 株式会社は、他の形態の会社に<u>組織変更することができる</u>。
3) × 単元株式数は「<u>1,000株以下</u>」かつ発行済株式総数の<u>200分の1以下</u>とされている。
4) × 取締役はどの会社にも必ず置かなければならない。取締役会を設置しない会社は、<u>最低1名</u>いればよい。
5) ○ 2種類以上の株式が並存する会社を種類株式発行会社という。

経済・金融・財政の常識

問81 2)、3)
1) × 家計貯蓄は<u>可処分所得</u>から<u>消費支出</u>を差し引いて求める。
2) ○ 通貨には、商品の価値の計算単位としての機能がある。
3) ○ ＣＰの法的性格は約束手形である。
4) × 記述は、「公開市場操作」ではなく、「<u>預金準備率操作</u>」の説明である。
5) × 「社会保障負担」ではなく、「<u>租税負担と社会保障負担の合計</u>」の比率のことである。

問82 3)、5)

1) × 「労働力人口」ではなく、「就業者数」に、年間総労働時間を乗じたものである。

2) × 「有効求人倍率＞1」の場合は求人が見つからない企業が多く、「有効求人倍率＜1」の場合は仕事が見つからない人が多いことを意味する。

3) ○ GDPの算出方法における「三面等価の原則」の説明として正しい記述である。

4) × ドルの需要が発生するのは、日本が外国から輸入をする場合や外国債券を購入する場合であり、ドルの供給が発生するのは、外国が日本から輸入をする場合や日本債券を購入する場合である。

5) ○ 完全失業率は、完全失業者数を労働力人口で除して求める。

財務諸表と企業分析

問83 × 支配が一時的である場合などは、連結の範囲に含めてはならない。

問84 × 受取配当金は、「特別利益」ではなく、「営業外収益」に分類される。

問85 ○ 個別財務諸表において、流動比率が100％であるときには、固定長期適合率も100％となる。

問86 × 総資本回転率が高いほど、資本効率は高い。

問87 × のれん及び特許権は、「流動資産」ではなく、「固定資産（無形固定資産）」に分類される。

問88 5)

（以下、単位：万円）

イ.× 売上高10,000 − 売上原価7,500 = 2,500

$$\frac{2,500}{10,000} \times 100 = 25\%$$

ロ.× 売上高10,000 − 売上原価7,500 − 販売費及び一般管理費2,100
+ 営業外損益80 − 特別損益150 − 法人税、住民税及び事業税200
= 130

$$\frac{130}{10,000} \times 100 = 1.3\%$$

ハ.○ 売上高15,000 − 売上原価12,000 − 販売費及び一般管理費2,500
+ 営業外損益50 = 550

$$\frac{550}{15,000} \times 100 ≒ 3.6\%$$

ニ.○ 当期売上高15,000 − 前期売上高10,000 = 増収5,000
当期経常利益550 − 前期経常利益480 = 増益70

証券税制

問89 × 事業的な規模で行う継続的取引の場合は、「譲渡所得」ではなく「事業所得」に区分される。

問90 × 非課税最高限度額は、財形住宅貯蓄と財形年金貯蓄を合わせて、1人当たり元本550万円である。

問91 × 上場株式等に係る譲渡所得等と一般株式等に係る譲渡所得等との間の損益は、通算することができない。

問92 × 所得税の確定申告における所得金額計算上の収入金額は、所得税等を控除する前の金額である。

問93 ○ 公募株式投資信託の一部解約による損失と上場株式の譲渡益は、損益通算することができる。

問94 × 必要に応じて確定申告をすることもできる。

問95 4)
課税時期の終値と、課税時期の属する月以前3ヵ月間の終値平均株価のうち、最も低い価額で評価する。したがって、1～4の中で最も低い価額である「5月中の終値平均株価5,450円」が相続税評価額となる。

セールス業務

問96 × 顧客のニーズに沿うように投資アドバイスを行う。

問97 ○ 外務員は、プロフェッショナルとして、単に不適切又は不公正な行為をしないというだけではなく、不正の除去のため積極的に行動する姿勢が求められる。

問98 × 『モデル倫理コード7．顧客に対する助言行為』
「自己の見解を事実として説明した上で」ではなく、「事実と見解を明確に区別した上で」が正しい。

問99 ○ 『モデル倫理コード1．社会規範及び法令等の遵守』

問100 ○ 『IOSCO　7．コンプライアンス』

模擬試験第3回《解答・解説編》

金融商品取引法

問1 ○ 投資助言・代理業の内容に含まれる。

問2 × 反対の記述である。契約締結前交付書面には、特に重要な事項について12ポイント以上の大きさの文字・数字を用いて明瞭・正確に記載しなければならず、広告その他これに類似する行為をする場合には、リスク情報については書面で使用される最も大きな文字・数字と著しくは異ならない大きさで表示しなければならない（文字ポイントの大きさは指定されていない）。

問3 ○ 既に開示が行われている有価証券の売出しについては発行者等の一定の者以外が行う場合は、目論見書の交付は免除される。

問4 ○ 有価証券報告書の提出義務のある上場会社等の経営者は、有価証券報告書・半期報告書・四半期報告書の他に、確認書を提出する必要がある。

問5 ○ 金融商品取引業者等とその役職員は、顧客に対して誠実かつ公正に、その業務を遂行しなければならない。

問6 × 「訂正報告書」ではなく、「臨時報告書」を提出しなければならない。

問7 1)、5)
1) ○ 契約締結前交付書面の内容の説明義務に該当する。
2) × 重要事実に該当する。
3) × 株式数が「上位10名までの者」ではなく、「総株主等の議決権の10％以上を有している者」に提出義務がある。
4) × 「10日以内」ではなく、「5日以内」である。
5) ○ 流通市場における開示制度に該当する。

問8 4)、5)

1) ○ 仮装取引の説明として正しい記述である。

2) ○ 市場操作情報の流布の禁止規定に該当する。

3) ○ 現実取引による相場操縦の禁止規定に該当する。

4) × このような取引は、原則として禁止されているが、有価証券の募集・売出し等を容易にするために行う場合は、一定の要件のもとで認められており、これを安定操作取引という。

5) × 「原則として」ではなく、「例外なく」禁止されている。

金融商品の勧誘・販売に関する法律

問9 × 書面の交付による方法も認められている。ただし、当該顧客に理解されるために必要な方法及び程度によるものでなければならない。

問10 ○ 法人の代表者や取引担当者個人を識別することができる情報は、個人情報に該当する。

問11 × 本人だけでなく、代理人の取引時確認も必要である。

協会定款・諸規則

問12 ○ 店頭デリバティブ取引に類する複雑な仕組債及び複雑な投資信託の勧誘を行う場合、勧誘開始基準に適合した者でなければ販売の勧誘を行うことができない。

問13 ○ 小口投資家との公社債店頭取引に当たっては、価格情報の掲示等が義務付けられている。

問14 ○ 外務員資格更新研修を修了しなかった場合には、外務員資格更新研修を修了するまでの間、すべての外務員資格の効力が停止され、外務員の職務を行うことができない。

391

問15 ✕ 一切禁止されているのではなく、顧客の取引金額その他に照らして過度にならないよう、適正な管理を行わなければならないとされている。

問16 ◯ 取引残高報告書に照合通知書に記載すべき項目が記載されているときは、照合通知書の作成・交付が免除される。

問17 ✕ 禁止されている。

問18 ✕ 新株予約権証券に係る外務行為は含まれない。

問19 ◯ 有価証券関連デリバティブ取引等の販売に係る契約を締結しようとするときは、あらかじめ、注意喚起文書を交付しなければならない。

問20 2)、3)
1) ✕ 顧客の名義書換えについて、自己（従業員）の名義を使用させることも禁止されている。
2) ◯ 有価証券関連デリバティブ取引は、取引開始基準に適合した顧客からのみこれを受託するものとされている。
3) ◯ 公社債の店頭売買の参考値等の発表及び売買値段に関する規則に該当する。
4) ✕ 有価証券関連デリバティブ取引を行うことも禁止されている。
5) ✕ カバードワラントに係る外務行為は、二種外務員の資格では行うことができない。

問21 1)、2)

1) ○ 適合性の原則に該当する。

2) ○ 投資経験の有無は、「顧客カード」に記載すべき事項である。

3) × 「営業責任者」ではなく、「広告審査担当者」の審査を受けなければ
　 ならない。

4) × 原則として、当該顧客の住所、事務所の所在地又は当該顧客が指
　 定した場所へ郵送することとされている。

5) × 書面による承諾を受けた場合であっても、自己がその相手方とな
　 って売買を成立させることはできない。

問22 4)、5)

1) × 顧客と損益を共にすることは禁止されている。

2) × 外務員登録を受けた者でなければ、外務員の職務を行わせること
　 はできない。

3) × 所属協会員を通さずに、名義書換えの手続を行うことはできない。

4) ○ 高齢顧客に対する勧誘による販売規定に該当する。

5) ○ 一種外務員の同行がある場合には、信用取引に係る注文を受託で
　 きる。

［取引所定款・諸規則］

問23 × 上場申請がなければ転換社債型新株予約権付社債券は上場できない。

問24 ○ 債券の値幅制限に該当する。

問25 × 勧誘を自粛するものとはされていない。当該措置が行われている旨
　 などを説明することが必要となる。

問26 × 複数の金融商品取引所に重複して上場できる。

問27 × 記述は、「ザラ場」ではなく、「板寄せ」の説明である。

393

問28 × その金融商品取引所の上場会社であることが含まれる。

株式業務

問29 ○ 「自己又は委託の別」は、注文伝票に記載すべき事項の1つである。

問30 × 信用取引は、決済日の違いによる売買の種類に含まれていない。

問31 ○ 株式の新規上場に際して、公開価格の決定方法には、競争入札法式とブックビルディング方式の2種類がある。

問32 × 記述は、「株式ミニ投資」ではなく、「株式累積投資」の説明である。

問33 × 売買成立の有無に関係なく、注文伝票を作成する必要がある。

問34 × 委託する都度、制度信用取引に係る注文である旨を指示しなければならない。

問35 5)

・A社株式の約定代金(株価×購入株数)
  約定代金 = (1,250円 × 2,000株) + (1,300円 × 4,000株)
        = 7,700,000円…①
・委託手数料(消費税相当額を含む)
  委託手数料 = (7,700,000円 × 0.700% + 12,500円) × 1.10
        = 73,040円…②
・受渡金額
  ① + ② = 7,773,040円

問36 2)、5)

1) × 金利は買付代金を借りた顧客(買方)から徴収され、信用取引貸株料は株券を借りた顧客(売方)から徴収される。

2) ○ 配当落ちの権利処理に該当する。

3) × 書面による同意書の徴求が必要である。

4) × 相場の変動により生じた計算上の利益相当額について、委託保証金の引出しは禁止されている。

5) ○ 信用取引における日々公表銘柄は、信用取引残高の公表を日々行うことにより投資者に信用取引の利用に関して注意を促すためのものである。

問37 3)

$$EV／EBITDA 倍率 = \frac{時価総額＋有利子負債－現預金－短期有価証券}{EBITDA}$$

$$EV／EBITDA 倍率 = \frac{8,800 億円 + 2,400 億円 - 1,100 億円}{700 億円}$$

$$= 14.42 \cdots 倍 \rightarrow 14.4 倍$$

問38 2)

信用取引の買方は、委託手数料と金利は支払い、品貸料は受け取る。

〈買建株を現引きにより決済した場合の差引支払金額〉

差引支払金額＝買付金額＋委託手数料＋金利－品貸料

債券業務

問39 × 「地方公共団体」ではなく、「民間事業会社」が発行する債券である。

問40 × 記述は、「入替売買」ではなく、「着地取引」の説明である。

問41 × 記述は、「国庫短期証券」ではなく、「政府保証債」の説明である。

問42 ✕　金融商品取引業者(証券会社)は社債管理者になることが**できない**。

問43 ✕　現先取引の対象顧客は、**上場会社又はこれに準ずる法人**であって、経済的、社会的に信用のある者に限られている。

問44 2)

売り手の受渡代金
　　＝約定代金＋経過利子－(委託手数料＋消費税相当額)

問45 2)

$$直接利回り(\%) = \frac{利率}{購入価格} \times 100$$

$$直接利回り(\%) = \frac{1.8}{101} \times 100 ≒ 1.782\%$$

問46 4)

$$約定代金 = 額面 \times \frac{購入単価}{100円}$$

$$約定代金 = 1,000,000円(額面) \times \frac{101円}{100円}$$
$$= 1,010,000円$$

$$委託手数料 = 額面 \times \frac{手数料}{100円}$$

$$委託手数料(消費税は考慮せず) = 1,000,000円(額面) \times \frac{0.30円}{100円}$$
$$= 3,000円$$

$$受渡代金 = 約定代金＋経過利子＋委託手数料$$

$$受渡代金 = 1,010,000円 + 2,400円 + 3,000円 = 1,015,400円$$

投資信託及び投資法人に関する業務

問47 ◯ 投資信託約款に記載すべき事項の1つに、「公告の方法」がある。

問48 ◯ 投資法人の監督役員は、当該投資法人の執行役員を兼任することが認められていない。

問49 ✕ 金銭の分配は、利益を超えて行うことができる。

問50 ◯ 公社債投資信託は、株式を一切組み入れない投資信託である。

問51 ✕ 損害賠償責任を負う。

問52 ◯ 外国投資信託を日本で販売する場合、日本で設定された投資信託と同じルールの下で販売が行われる。

問53 ✕ 記述は、「無分配期間」ではなく、「クローズド期間」の説明である。

問54 2)

　　証券投資信託の運用手法であるアクティブ運用には、大別して、マクロ経済に対する調査・分析結果でポートフォリオを組成していく（イ：トップダウン・アプローチ）と個別企業に対する調査・分析結果の積み重ねでポートフォリオを組成していく（ロ：ボトムアップ・アプローチ）がある。

　　さらに、（ロ：ボトムアップ・アプローチ）によるアクティブ運用には、企業の成長性を重視する（ハ：グロース株運用）や株式の価値と株価水準を比較し、割安と判断される銘柄を中心にする（ニ：バリュー株運用）などがある。

問55 1)

付随業務

問56 2)、3)

1) × 有価証券の売買の媒介、取次ぎ又は代理は、金融商品取引業務である。
2) ○ 累積投資契約の対象有価証券に非上場株式は含まれない。
3) ○ 有価証券に関する顧客の代理は、付随業務である。
4) × 有価証券に関連する情報の提供又は助言は、付随業務である。
5) × インサイダー取引規制の違反とはならない。

証券市場の基礎知識

問57 2)、3)

1) × 株式及び債券の発行による資金調達は、直接金融に区分される。

2) ○ 金融商品取引業の規制には、金融庁による公的規制と自主規制機関を通じて行われる規制がある。

3) ○ 「自己責任原則」とは、投資者は自己の判断と責任で投資を行い、その結果としての損益がすべて投資者に帰属することをいう。

4) × 信用取引に係る保証金及び代用有価証券も含まれる。

5) × 1人当たり1,000万円までである。

デリバティブ取引

問58 ○ 注文の執行業務とポジション・証拠金の管理といった清算業務を異なった取引参加者に依頼することができる制度をギブアップ制度という。

問59 × 差金決済は差額のみを現金決済することであり、売買の都度、約定金額を支払う必要はない。

問60 2)、5)

1) × 「10ポイント」ではなく、「0.5ポイント」である。

2) ○ 「日経225先物取引」の呼値の刻みは、10円である。

3) × 「受渡決済」ではなく、「差金決済」である。

4) × 直近の限月取引の買付けとその他(期先)の限月取引の売付けに係る呼値をいう。

5) ○ 「TOPIX限月間スプレッド取引」の取引単位は、直近の限月取引の1単位の売付け又は買付けと、その他(期先)の限月取引の1単位の買付け又は売付けである。

問61 4)、5)

    1)　× 「3年」ではなく、「5年」である。

    2)　× 「10銭」ではなく、「1銭」である。

    3)　× 「1,000万円」ではなく、「1億円」である。

    4)　○ 国債先物取引の期限満了に伴う受渡決済を行う場合の受渡銘柄は、売方が受渡適格銘柄の中から選択する。

    5)　○ 長期国債先物取引の標準物の利率は、年6％である。

問62 1)

問63 2)

    ①売買損益 = (24,230円 − 23,670円) × 1,000円 × 10単位 = 560万円

    ②手数料

      売建て時：93,500円 × 1.10 = 102,850円

      買戻し時：84,600円 × 1.10 = 93,060円

    ③受払代金 = 560万円 − 102,850円 − 93,060円 = 5,404,090円

    したがって、**5,404,090円の受取り**となる。

問64 ○ コール・オプションでは権利行使価格が高いものほどプレミアムは低くなり、プット・オプションでは権利行使価格が高いものほどプレミアムは高くなる。

問65 ○ アウト・オブ・ザ・マネーの状態において、オプション・プレミアムは、タイム・バリュー（時間価値）のみで成り立っている。

問66 1)、2)

1) ○ コール・オプション及びプット・オプションはともに残存期間が短いほどプレミアムは低くなる。

2) ○ コール・オプション及びプット・オプションはともにボラティリティが上昇するほどプレミアムは上昇する。

3) × プット・オプションは、短期金利が上昇するほどプレミアムは下落する。

4) × コール・オプションは原資産価格が下落すればプレミアムは下落し、プット・オプションは原資産価格が下落すればプレミアムは上昇する。

5) × コール・オプションは、権利行使価格が高いほどプレミアムは低くなる。

問67 2)、3)

1) × 「長期国債」ではなく、「長期国債先物」である。

2) ○ 長期国債先物オプション取引が権利行使されると、権利行使日に長期国債先物取引が成立する。

3) ○ 長期国債先物オプション取引は、取引開始日から取引最終日までいつでも権利行使可能なアメリカンタイプである。

4) × 「10億円分」ではなく「1億円分」である。

5) × 3月、6月、9月及び12月限の直近の2限月とその他の限月の最大で直近2限月である。

401

問68 3)、4)

1) ○ オプションのローは、短期金利の微小変化に対するオプション・プレミアムの変化の割合を表すものである。

2) ○ オプションのコールのデルタは0～1、プットのデルタは－1～0の範囲で動く。

3) × オプションのセータは、満期までの残存期間の変化に対するプレミアムの変化の割合を表すものである。

4) × オプションのガンマは、原証券価格の変化に対するデルタの変化の割合を表すものである。

5) ○ オプションのオメガは、原証券価格の変化率に対するプレミアムの変化率の割合を表すものである。

問69 ○ CDOとは、ローン債権や債券(社債)、あるいは、CDSを多数集めてプールし、これらを裏付け(担保資産)として発行される証券のことである。

問70 ○ 金利デリバティブのフロアの買い手は、プレミアムを支払う代わりに、変動金利が一定水準を下回ったとき、当該差額を売り手から受け取ることができる。

問71 × 日経225等の株価指数の価格変動性の実現値と固定価格を交換するスワップ取引である。

問72 ○ CATスワップは、国内損保と海外損保が自国で引き受けた自然災害保険の再保険として、当該自然災害保険に係るリスクを交換する取引である。

402

問73 3)

問74 5)

$$\boxed{\text{利払い金額} = \text{借入金額} \times \text{利率} \times \frac{\text{実日数}}{\text{Act360}}}$$

$$\text{利払い金額} = 100{,}000{,}000\text{円} \times 2.0\% \times \frac{180}{360} = 1{,}000{,}000\text{円}$$

株式会社法概論

問75 × 剰余金の配当は、金銭以外の財産を支給する方法(現物配当)も認められている。

問76 ○ 会社が事業の全部を譲渡した場合でも、当該会社は当然には解散はしない。

問77 × 大会社は、会計監査人の設置が義務付けられている。

問78 × 株式の全部又は一部について、株式の取得(譲渡)について会社の承認を要する旨の定款の定めがない会社とされる。

問79 ○ 本店には10年間備え置かれる。なお、支店には5年間備え置かれる。

問80 2)、4)

1) × すべての会社に取締役は必要で、取締役会を設置しない会社でも、最低1名の取締役が必要である。

2) ○ 新株予約権付社債は、原則として新株予約権と社債を分離して譲渡することはできない。

3) × 年に何度でも配当をすることができる。

4) ○ 合併の種類には、新設合併と吸収合併がある。

5) × 監査役会（設置していない会社は監査役）ではなく、取締役会（設置しない会社は株主総会）の承認を受けなければならない。

経済・金融・財政の常識

問81 2)、3)

1) × 国民経済計算では、「国内総生産＝雇用者報酬＋営業余剰＋固定資本減耗＋（間接税－補助金）」の式が成立する。

2) ○ 有効求人倍率は、一般に好況期に上昇し、不況期に低下する。

3) ○ 「企業物価指数」は、企業間で取引される中間財の価格を対象とした指数であり、国内企業物価指数、輸出物価指数、輸入物価指数と、これら3つを組み替えたり、調整を加えた参考指数がある。

4) × 「文教及び科学振興費」ではなく、「社会保障関係費」である。

5) × 日銀が民間の金融機関へ貸付けを行うときに適用される金利である。

問82 1)、2)

1) ○ 日本銀行が行う公開市場操作では、国庫短期証券は対象となるが、個別の株式は対象とならない。

2) ○ 消費者物価指数の算出には、直接税や社会保険料、土地や住宅等のストック価格は含まれていない。

3) × 貨幣価値は、「上昇する」のではなく、「下落する」。

4) × 記述は、「オープン市場」ではなく、「インターバンク市場」の説明である。

5) × 名目GDPを実質GDPで除して求めることができる。

財務諸表と企業分析

問83 ○ 貸借対照表において、売掛金と受取手形は、いずれも当座資産に分類される。

問84 ○ 負債比率は一般に低い方が望ましい。

問85 ×

$$流動比率（\%）=\frac{流動資産}{流動負債}\times 100$$

問86 × 流動比率ではなく、「売上高利益率」である。

問87 ○ キャッシュ・フロー計算書の説明として正しい記述である。

405

問88 2)

$$配当金（年額）=（10円+12円）×2,000,000株$$
$$=44,000,000円（44百万円）$$

$$当期純利益=27,000百万円-24,000百万円-2,800百万円$$
$$-100百万円+150百万円-120百万円$$
$$=130百万円$$

$$配当率=\frac{配当金}{資本金}×100$$

$$配当率=\frac{44百万円}{500百万円}×100=8.8\%$$

$$配当性向=\frac{配当金}{当期純利益}×100$$

$$配当性向=\frac{44百万円}{130百万円}×100≒33.8\%$$

証券税制

問89 ×　非課税管理勘定の未使用枠は、翌年以後に繰り越すことができない。

問90 ×　課税時期における価額が、課税時期の属する月以前3ヵ月間の毎日の最終価額の各月ごとの平均額のうち最も低い価額を超える場合には、その最も低い価額によって評価することができる。

問91 ×　確定申告を行って、総合課税を選択する必要がある。

問92 ×　金融商品取引業者に「特定口座源泉徴収選択届出書」を提出する必要がある。

問93 ×　1つの金融商品取引業者には1口座しか設定できないが、複数の金融商品取引業者に設定することはできる。

問94 ×　NISAに係る譲渡損失の金額についてはなかったものとされるため、「上場株式等に係る譲渡損失の損益通算及び繰越控除」の適用を受けることができない。

問95 3)
　　課税総所得金額等が1,070万円、そのうち配当所得が100万円（源泉所得税控除前）なので、所得税の配当控除率は、1,000万円を超える70万円については5％、残り30万円については10％となる。
　　70万円×5％＋30万円×10％＝65,000円

セールス業務

問96 ×　顧客のニーズに沿うように投資アドバイスを行わなければならない。

問97 ○　外務員は、不正又は不適切な行為が、当該行為者本人のみに損失をもたらすのみならず、自己の所属する会社、業界全体、ひいては資本市場の信頼を大きく傷つける可能性があることを意識する必要がある。

問98 ×　『モデル倫理コード6．顧客の立場に立った誠実かつ公正な業務の執行』
　　会社での権限や立場、利用可能な比較優位情報を利用することにより特定の顧客を有利に扱うことはしない。また、顧客の自己判断に基づく取引に徹する。

問99 ×　『モデル倫理コード4．社会秩序の維持と社会的貢献の実践』
　　反社会的な活動を行う勢力や団体等には毅然たる態度で対応し、これらとの取引を一切行わない。

問100 ○　『IOSCO　5．顧客に対する情報開示』

407

MEMO

・装丁デザイン：小川あづさ（ATOZ デザイン）
・本文デザイン：Malpu Design
・イラスト：良知高行（GOKU）

2023-2024年試験をあてる TACスーパー予想模試 証券外務員一種

（2014－2015年版 2014年10月30日　初版　第1刷発行）
2023年8月10日　初　版　第1刷発行

編　著　者	Ｔ　Ａ　Ｃ　株　式　会　社
	（証券外務員講座）
発　行　者	多　　田　　敏　　男
発　行　所	ＴＡＣ株式会社　出版事業部
	（ＴＡＣ出版）

〒101-8383
東京都千代田区神田三崎町3-2-18
電話 03（5276）9492（営業）
FAX 03（5276）9674
https://shuppan.tac-school.co.jp

組　　版	株式会社　グ　ラ　フ　ト
印　　刷	株式会社　ワ　　コ　　ー
製　　本	東京美術紙工協業組合

Ⓒ TAC 2023　　Printed in Japan

ISBN 978-4-300-10627-3
N.D.C. 338

本書は，「著作権法」によって，著作権等の権利が保護されている著作物です。本書の全部または一
部につき，無断で転載，複写されると，著作権等の権利侵害となります。上記のような使い方をされる
場合，および本書を使用して講義・セミナー等を実施する場合には，小社宛許諾を求めてください。

乱丁・落丁による交換，および正誤のお問合せ対応は，該当書籍の改訂版刊行月末日までとい
たします。なお，交換につきましては，書籍の在庫状況等により，お受けできない場合もござ
います。
また，各種本試験の実施の延期，中止を理由とした本書の返品はお受けいたしません。返金も
いたしかねますので，あらかじめご了承くださいますようお願い申し上げます。

TAC出版 書籍のご案内

TAC出版では、資格の学校TAC各講座の定評ある執筆陣による資格試験の参考書をはじめ、資格取得者の開業法や仕事術、実務書、ビジネス書、一般書などを発行しています！

TAC出版の書籍

*一部書籍は、早稲田経営出版のブランドにて刊行しております。

資格・検定試験の受験対策書籍

- 日商簿記検定
- 建設業経理士
- 全経簿記上級
- 税理士
- 公認会計士
- 社会保険労務士
- 中小企業診断士
- 証券アナリスト

- ファイナンシャルプランナー(FP)
- 証券外務員
- 貸金業務取扱主任者
- 不動産鑑定士
- 宅地建物取引士
- 賃貸不動産経営管理士
- マンション管理士
- 管理業務主任者

- 司法書士
- 行政書士
- 司法試験
- 弁理士
- 公務員試験(大卒程度・高卒者)
- 情報処理試験
- 介護福祉士
- ケアマネジャー
- 社会福祉士　ほか

実務書・ビジネス書

- 会計実務、税法、税務、経理
- 総務、労務、人事
- ビジネススキル、マナー、就職、自己啓発
- 資格取得者の開業法、仕事術、営業術
- 翻訳ビジネス書

一般書・エンタメ書

- ファッション
- エッセイ、レシピ
- スポーツ
- 旅行ガイド (おとな旅プレミアム/ハルカナ)
- 翻訳小説

(2021年7月現在)

書籍のご購入は

1 全国の書店、大学生協、ネット書店で

2 TAC各校の書籍コーナーで

資格の学校TACの校舎は全国に展開!
校舎のご確認はホームページにて

資格の学校TAC ホームページ
https://www.tac-school.co.jp

3 TAC出版書籍販売サイトで

CYBER BOOK STORE TAC出版書籍販売サイト

「TAC 出版」で検索

24時間ご注文受付中

https://bookstore.tac-school.co.jp/

- 新刊情報をいち早くチェック!
- たっぷり読める立ち読み機能
- 学習お役立ちの特設ページも充実!

TAC出版書籍販売サイト「サイバーブックストア」では、TAC出版および早稲田経営出版から刊行されている、すべての最新書籍をお取り扱いしています。

また、無料の会員登録をしていただくことで、会員様限定キャンペーンのほか、送料無料サービス、メールマガジン配信サービス、マイページのご利用など、うれしい特典がたくさん受けられます。

サイバーブックストア会員は、特典がいっぱい! (一部抜粋)

通常、1万円(税込)未満のご注文につきましては、送料・手数料として500円(全国一律・税込)頂戴しておりますが、1冊から無料となります。

専用の「マイページ」は、「購入履歴・配送状況の確認」のほか、「ほしいものリスト」や「マイフォルダ」など、便利な機能が満載です。

メールマガジンでは、キャンペーンやおすすめ書籍、新刊情報のほか、「電子ブック版TACNEWS(ダイジェスト版)」をお届けします。

書籍の発売を、販売開始当日にメールにてお知らせします。これなら買い忘れの心配もありません。

書籍の正誤に関するご確認とお問合せについて

書籍の記載内容に誤りではないかと思われる箇所がございましたら、以下の手順にてご確認とお問合せをしてくださいますよう、お願い申し上げます。

なお、正誤のお問合せ以外の**書籍内容に関する解説および受験指導など**は、一切行っておりません。
そのようなお問合せにつきましては、お答えいたしかねますので、あらかじめご了承ください。

1 「Cyber Book Store」にて正誤表を確認する

TAC出版書籍販売サイト「Cyber Book Store」の
トップページ内「正誤表」コーナーにて、正誤表をご確認ください。

CYBER TAC出版書籍販売サイト
BOOK STORE

URL：https://bookstore.tac-school.co.jp/

2 1の正誤表がない、あるいは正誤表に該当箇所の記載がない
⇒ 下記①、②のどちらかの方法で文書にて問合せをする

★ご注意ください★

お電話でのお問合せは、お受けいたしません。

①、②のどちらの方法でも、お問合せの際には、「お名前」とともに、
「対象の書籍名（○級・第○回対策も含む）およびその版数（第○版・○○年度版など）」
「お問合せ該当箇所の頁数と行数」
「誤りと思われる記載」
「正しいとお考えになる記載とその根拠」
を明記してください。

なお、回答までに1週間前後を要する場合もございます。あらかじめご了承ください。

① ウェブページ「Cyber Book Store」内の「お問合せフォーム」より問合せをする

【お問合せフォームアドレス】

https://bookstore.tac-school.co.jp/inquiry/

② メールにより問合せをする

【メール宛先　TAC出版】

syuppan-h@tac-school.co.jp

※土日祝日はお問合せ対応をおこなっておりません。
※正誤のお問合せ対応は、該当書籍の改訂版刊行月末日までといたします。

乱丁・落丁による交換は、該当書籍の改訂版刊行月末日までといたします。なお、書籍の在庫状況等により、お受けできない場合もございます。
また、各種本試験の実施の延期、中止を理由とした本書の返品はお受けいたしません。返金もいたしかねますので、あらかじめご了承くださいますようお願い申し上げます。

TACにおける個人情報の取り扱いについて
■お預かりした個人情報は、TAC(株)で管理させていただき、お問合せへの対応、当社の記録保管にのみ利用いたします。お客様の同意なしに業務委託先以外の第三者に開示、提供することはございません（法令等により開示を求められた場合を除く）。その他、個人情報保護管理者、お預かりした個人情報の開示等及びTAC(株)への個人情報の提供の任意性については、当社ホームページ（https://www.tac-school.co.jp）をご覧いただくか、個人情報に関するお問い合わせ窓口（E-mail:privacy@tac-school.co.jp）までお問合せください。

（2022年7月現在）

第1回

問題用紙

配点(440点満点)は以下のとおりです。

○×方式(全70問)⋯⋯⋯⋯各 2 点
5肢選択方式(全30問)⋯⋯⋯各10点

※5肢選択方式で2つの解答がある問題の場合、
片方が正解であれば、5点となります。

試験時間:160分

金融商品取引法

問1 次の文章が、正しければ○の方へ、正しくなければ×の方へマークしなさい。

　金融商品取引業者等は、顧客に対し契約締結前交付書面に記載すべき事項のすべてが記載されている目論見書を交付している場合でも、契約締結前交付書面を交付しなければならない。

金融商品取引法

問2 次の文章が、正しければ○の方へ、正しくなければ×の方へマークしなさい。

　金融商品取引法が規制対象とする有価証券には、株式や債券だけでなく、小切手や約束手形も含まれる。

金融商品取引法

問3 次の文章が、正しければ○の方へ、正しくなければ×の方へマークしなさい。

　金融商品取引業者等は、顧客の承諾が見込まれる場合には、その顧客の承諾前であっても、その顧客の計算において有価証券の売買等を行うことができる。

金融商品取引法

問4 次の文章が、正しければ○の方へ、正しくなければ×の方へマークしなさい。

　企業内容等開示制度では、株式の所有者が500人以上のとき、その発行者は、当該株式の所有者が500人以上となった年度を含めて5年間、継続開示義務が課される。

金融商品取引法

問5 次の文章が、正しければ○の方へ、正しくなければ×の方へマークしなさい。

　金融商品取引業の行為規制の対象となる広告に類似する行為には、電子メールによって多数の者に対して同様の内容で行う情報の提供も含まれる。

金融商品取引法

問6　次の文章が、正しければ○の方へ、正しくなければ×の方へマークしなさい。

　　自ら内部者取引を行わない場合でも、他人の内部者取引に関与する行為は、共犯として処罰される場合がある。

金融商品取引法

問7　次の文章のうち、正しいものの番号を2つマークしなさい。

1)　金融商品取引業者でない者は、金融商品取引業者という商号もしくは名称又はこれに紛らわしい商号や名称を用いてはならない。

2)　有価証券報告書において記載される財務諸表は、その発行会社の監査役の監査を受けていれば、公認会計士又は監査法人の監査証明を受ける必要はない。

3)　金融商品取引業者等は、顧客から有価証券の売買注文を受託した場合には、あらかじめ、当該顧客に対し自己がその相手方となって当該売買を成立させるのか、又は媒介し、取次ぎし、もしくは代理して行うのかの別を明らかにしなければならない。

4)　金融商品取引業者等は、金融商品取引行為について、顧客の知識、経験及び財産の状況並びに金融商品取引契約を締結する目的に照らして不適当と認められる勧誘を行って債権者の保護に欠けることのないように業務を営まなければならない。

5)　金融商品取引業者等の役員もしくは使用人が、自己の職務上の地位を利用して知り得た情報に基づいて有価証券の売買その他の取引等を行うことは、投機的利益を得る目的でなければ禁止されていない。

2

金融商品取引法

問8 次の文章のうち、正しいものの番号を2つマークしなさい。

1) 外務員は、いかなる場合でも登録を取り消されることはない。

2) 有価証券報告書の提出義務のある上場会社等は事業年度ごとに、内部統制報告書を、有価証券報告書と併せて内閣総理大臣(金融庁長官)に提出しなければならない。

3) 「株券等の大量保有の状況に関する開示制度(いわゆる5％ルール)」において、株券等の保有状況を計算するための「株券等保有割合」は、発行済株式総数を保有株券等の数で除して求めることができる。

4) 金融商品取引業者等又はその役員もしくは使用人が顧客に断定的判断を提供して勧誘することの禁止規定は、当該顧客の有価証券の買付けに係る勧誘及び当該顧客の有価証券の売付けに係る勧誘のいずれについても適用される。

5) 金融商品取引業者等又はその役員もしくは使用人は、有価証券の売買その他の取引等に関し、虚偽の表示、又は投資者の投資判断に重大な影響を及ぼす重要事項について誤解を生ぜしめるような表示は禁止されているが、この禁止は勧誘行為がなければ適用されない。

金融商品の勧誘・販売に関する法律

問9 次の文章が、正しければ○の方へ、正しくなければ×の方へマークしなさい。

金融サービスの提供に関する法律において、金融商品の販売等を業として行おうとするときは、原則として金融商品が販売されるまでの間に、顧客に重要事項の説明をしなければならない。

金融商品の勧誘・販売に関する法律

問10 次の文章が、正しければ○の方へ、正しくなければ×の方へマークしなさい。

消費者契約法により、事業者が消費者契約の締結について勧誘をする際に、重要事項について事実と異なる告知をしたことにより、消費者がその内容を事実と誤認して契約した場合、消費者は契約を取り消すことができる。

金融商品の勧誘・販売に関する法律

問11　次の文章が、正しければ○の方へ、正しくなければ×の方へマークしなさい。

　　　金融商品取引業者は、顧客から受け取った財産が犯罪による収益である疑いがある場合、速やかに所管行政庁に対して疑わしい取引の届出を行わなくてはならない。

協会定款・諸規則

問12　次の文章が、正しければ○の方へ、正しくなければ×の方へマークしなさい。

　　　協会員は、新規顧客、大口取引顧客等からの注文を受託する場合には、あらかじめ当該顧客から買付代金又は売付有価証券の全部又は一部の預託を受ける等、取引の安全性の確保に努める。

協会定款・諸規則

問13　次の文章が、正しければ○の方へ、正しくなければ×の方へマークしなさい。

　　　協会員の従業員は、いかなる名義を用いているかを問わず、特定店頭デリバティブ等の取引を行ってはならない。

協会定款・諸規則

問14　次の文章が、正しければ○の方へ、正しくなければ×の方へマークしなさい。

　　　協会員は、投資勧誘に当たり、顧客に対し、証券投資は投資者自身の判断と責任において行うべきものであることを理解させる必要がある。

協会定款・諸規則

問15　次の文章が、正しければ○の方へ、正しくなければ×の方へマークしなさい。

　　　協会員は、上場公社債の取引を初めて行う小口投資家に対する取引所金融商品市場における取引と店頭取引との相違点について説明等をするものとされている。

4

協会定款・諸規則

問16 次の文章が、正しければ○の方へ、正しくなければ×の方へマークしなさい。
　　協会員は、顧客から累積投資契約に基づく有価証券の寄託を受ける際には、当該顧客と保護預り契約を締結しなければならない。

協会定款・諸規則

問17 次の文章が、正しければ○の方へ、正しくなければ×の方へマークしなさい。
　　本籍は、「顧客カード」に記載すべき事項である。

協会定款・諸規則

問18 次の文章が、正しければ○の方へ、正しくなければ×の方へマークしなさい。
　　「外国証券取引口座約款」は、顧客の注文に基づく外国証券の売買の執行、売買代金の決済、証券の保管等について規定したものである。

協会定款・諸規則

問19 次の文章が、正しければ○の方へ、正しくなければ×の方へマークしなさい。
　　協会員は、信用取引について、取引開始基準を定めることを要しない。

協会定款・諸規則

問20 次の文章のうち、正しいものの番号を２つマークしなさい。
1) 日本証券業協会は、登録を受けている外務員が金融商品取引法に定める欠格事由に該当したときは、その登録を取り消し、又は２年以内の期間を定めて外務員の職務を停止する処分を行うことができる。
2) 投資目的は、「顧客カード」に記載すべき事項に含まれない。
3) 二種外務員は、所属協会員の一種外務員の同行がある場合に限り、有価証券関連デリバティブ取引に係る外務行為を行うことができる。
4) 顧客から照合通知書の記載内容について照会があった際には、検査、監査又は管理を担当する部門において受け付け、営業部門の担当者を通じて当該顧客に回答する。
5) 協会員の従業員は、いかなる名義を用いているかを問わず、自己の計算において信用取引を行うことは禁止されている。

協会定款・諸規則

問21 次の文章のうち、正しいものの番号を2つマークしなさい。

1) 協会員は、照合通知書による報告を行う時点で金銭及び有価証券の残高がない顧客で、直前に行った報告以後1年に満たない期間においてその残高があった顧客については、現在残高がない旨の報告を照合通知書において行わなければならない。

2) 協会員が顧客との間で外国債券の国内店頭取引を行うに当たっては、顧客が求める場合であっても、取引価格の算定方法等について、口頭又は書面等による概要の説明を要しない。

3) 協会員は、契約締結時交付書面を交付する際は、顧客との直接連絡を確保する趣旨から、原則として、当該顧客に直接交付する。

4) 照合通知書の作成は、検査、監査又は管理を担当する部門で行う。

5) 協会員は、顧客に対する債権債務について、照合通知書により報告しなければならないが、その報告回数は、すべての顧客において年2回以上と定められている。

協会定款・諸規則

問22 次の文章のうち、正しいものの番号を2つマークしなさい。

1) 協会員は、顧客との外国証券の取引について、いかなる場合も、すべて「外国証券取引口座約款」の条項にしたがって行う。

2) 協会員は、一部の例外を除き、外務員の登録を受けている者については、その登録を受けた日を基準として5年ごとに日本証券業協会の資格更新研修を受講させる必要がある。

3) 協会員は、顧客の保護預り口座を設定した際に、その旨を当該顧客に通知する必要はない。

4) 協会員は、取引所外売買が成立したときは、銘柄名、売買価格、売買数量等を金融商品取引所に報告しなければならない。

5) 協会員の従業員が、所属協会員から顧客に交付するために預託された業務に関する書類を、遅滞なく当該顧客に交付しないことは、禁止行為に該当する。

取引所定款・諸規則

問23 次の文章が、正しければ○の方へ、正しくなければ×の方へマークしなさい。

転換社債型新株予約権付社債の上場審査基準は、発行者に関する基準と上場申請銘柄に関する基準からなっている。

取引所定款・諸規則

問24 次の文章が、正しければ○の方へ、正しくなければ×の方へマークしなさい。

制度信用取引において、委託保証金はその全額を有価証券で代用することはできず、必ず一定額は現金で収める。

取引所定款・諸規則

問25 次の文章が、正しければ○の方へ、正しくなければ×の方へマークしなさい。

東証スタンダード市場における上場維持基準の1つには、売買高がある。

取引所定款・諸規則

問26 次の文章が、正しければ○の方へ、正しくなければ×の方へマークしなさい。

金融商品取引所における国債先物等取引参加者は、金融商品取引業者に限られる。

取引所定款・諸規則

問27 次の文章が、正しければ○の方へ、正しくなければ×の方へマークしなさい。

株券の上場廃止基準の1つには、発行会社の純資産の額がある。

取引所定款・諸規則

問28 次の文章が、正しければ○の方へ、正しくなければ×の方へマークしなさい。

売呼値においては、低い値段の売呼値が高い値段の売呼値に優先する。

株式業務

問29 次の文章が、正しければ○の方へ、正しくなければ×の方へマークしなさい。

株式の新規上場に際して、まず入札が行われ、その後、その落札価格などを勘案して公開価格を決定する方式を、ブックビルディング方式という。

株式業務

問30 次の文章が、正しければ○の方へ、正しくなければ×の方へマークしなさい。

　私設取引システム(PTS)において、顧客の提示した指値が取引の相手方となる顧客の提示した指値と一致する場合、当該顧客の提示した指値を用いることができる。

株式業務

問31 次の文章が、正しければ○の方へ、正しくなければ×の方へマークしなさい。

　EV／EBITDA倍率は、国際的な同業他社比較に用いられるが、一般にこの倍率が低ければ株価は割安と判断され、逆に倍率が高ければ株価は割高と判断される。

株式業務

問32 次の文章が、正しければ○の方へ、正しくなければ×の方へマークしなさい。

　信用取引における金利は、「新規売買成立の日から起算して3営業日目の受渡日」から「弁済売買成立の日から起算して3営業日目の受渡日」までの両端入で計算される。

株式業務

問33 次の文章が、正しければ○の方へ、正しくなければ×の方へマークしなさい。

　株式のバスケット取引を利用できるのは、15銘柄以上で構成され、かつ、総額5,000万円以上のポートフォリオである。

株式業務

問34 次の文章が、正しければ○の方へ、正しくなければ×の方へマークしなさい。

　金融商品取引業者は、顧客から株式の売買注文を受託した際には、約定が成立した場合にはその旨の、約定が成立しなかった場合にもその旨の契約締結時交付書面を顧客に交付しなければならない。

株式業務

問35 　1：1.8の株式分割を行う上場銘柄Ａ社株式の権利付相場は2,000円であったが、権利落後の株価が1,200円になったとすると、権利付相場の2,000円に対していくら値上がりしたことになるか。正しいものの番号を１つマークしなさい。

(注)答は、円単位未満を切り捨て。

1) 　　88円
2) 　120円
3) 　140円
4) 　160円
5) 　180円

9

株式業務

問36 以下の会社(年1回決算)の株価純資産倍率(PBR)及び株価収益率(PER)の組合せとして、正しいものの番号を1つマークしなさい。

(注)答は、小数第2位以下を切り捨て。また、発行済株式総数及び貸借対照表上の数値は、前期末と当期末において変化はないものとし、純資産と自己資本は同額とする。

発行済株式総数	8,000万株
総資産	950億円
総負債	550億円
当期(純)利益	36億円
株価(時価)	700円

	(PBR)	(PER)
1)	0.7倍	15.5倍
2)	0.7倍	1.4倍
3)	1.4倍	15.5倍
4)	1.4倍	2.3倍
5)	15.5倍	2.3倍

株式業務

問37　次の文章のうち、正しいものの番号を２つマークしなさい。

1)　金融商品取引業者が受け入れた代用有価証券を再担保又は他人に貸し付けるときは、当該顧客から口頭により承諾を受けた場合、書面による同意書の徴求は必要ない。

2)　金融商品取引業者は、信用取引口座を設定した顧客から信用取引のできる銘柄の売買注文を受託する場合には、当該顧客から特別の指定がない限り、すべて信用取引による売買注文として受託する。

3)　金融商品取引業者は、委託保証金の率の引上げ措置を行っている銘柄について、顧客に対し、信用取引の勧誘を自粛する。

4)　金融商品取引業者は、顧客から有価証券の売付けの注文を受ける場合には、原則として当該売付けが空売りであるか否かの別を確認しなければならない。

5)　証券金融会社が貸株利用等に関する注意喚起通知を行っている銘柄については、金融商品取引業者は、顧客から信用取引を受託する場合において、当該顧客に対して、当該措置が行われている旨及びその内容を説明しなければならない。

株式業務

問38 ある顧客(居住者)が、時価700円の上場銘柄A社株式2,000株を制度信用取引で新たに買建て、委託保証金代用有価証券として時価450円の上場銘柄B社株式2,000株を差し入れた。その後、金融商品取引業者が、当該顧客から追加委託保証金を徴収しなければならない場合として、正しいものの番号を2つマークしなさい。

(注)委託保証金率は30%、上場株式の現金換算率(代用掛目)は80%とし、立替金は考慮しない。

1) A社株式が550円、B社株式が340円となった場合
2) A社株式が580円、B社株式が300円となった場合
3) A社株式が600円、B社株式が420円となった場合
4) A社株式が750円、B社株式が250円となった場合
5) A社株式が850円、B社株式が320円となった場合

債券業務

問39 次の文章が、正しければ○の方へ、正しくなければ×の方へマークしなさい。

国の一般会計予算のうち、経常経費の歳入不足を補填するために発行される国債を特例国債という。

債券業務

問40 次の文章が、正しければ○の方へ、正しくなければ×の方へマークしなさい。

格付とは、発行会社が負う金融債務についての総合的な債務履行能力や個々の債務等が約定どおりに履行される確実性に対する格付機関の意見を簡単な記号で示し、投資者に発行会社や個々の債券の信用度を分かりやすく伝達するものである。

債券業務

問41 次の文章が、正しければ○の方へ、正しくなければ×の方へマークしなさい。

　　債券の現先取引とは、売買に際し同種・同量の債券などを、一定の期間後に、一定価格で反対売買することをあらかじめ取り決めて行う取引のことである。

債券業務

問42 次の文章が、正しければ○の方へ、正しくなければ×の方へマークしなさい。

　　政府関係機関債で元利払いにつき、政府の保証がついて発行されるものは国庫短期証券である。

債券業務

問43 次の文章が、正しければ○の方へ、正しくなければ×の方へマークしなさい。

　　スプレッド・プライシング方式とは、投資家の需要調査を行う際に、利率の絶対値で条件を提示するのではなく、国債等の金利に対する上乗せ分(スプレッド)を提示する方法である。

債券業務

問44 次の条件の転換社債型新株予約権付社債の乖離率として、正しいものの番号を1つマークしなさい。

　　(注)計算過程及び答は、小数第3位以下を切り捨て。

転換価額　　10,200円

転換社債型新株予約権付社債の時価　　101.80円

転換の対象となる株式の時価　　9,500円

---

1)　▲5.18%

2)　▲8.51%

3)　▲9.30%

4)　　8.51%

5)　　9.30%

13

債券業務

問45 利率年1.2％、残存期間5年、購入価格103円の利付債券の最終利回りとして、正しいものの番号を1つマークしなさい。

（注）答は、小数第4位以下を切り捨て。

1) 0.582％
2) 0.600％
3) 1.000％
4) 1.165％
5) 1.200％

債券業務

問46 転換社債型新株予約権付社債の価格変動要因に関する組合せとして、正しいものの番号を1つマークしなさい。

	（金利）	（クレジットスプレッド）	（株価）	（ボラティリティ）
1) 価格上昇	低下	縮小	上昇	下落
2) 価格上昇	上昇	拡大	下落	上昇
3) 価格上昇	低下	縮小	上昇	上昇
4) 価格下落	上昇	縮小	上昇	上昇
5) 価格下落	低下	拡大	下落	下落

投資信託及び投資法人に関する業務

問47 次の文章が、正しければ○の方へ、正しくなければ×の方へマークしなさい。

投資信託の信託財産の運用対象として、有価証券、不動産、不動産の賃借権、地上権などがある。

投資信託及び投資法人に関する業務

問48 次の文章が、正しければ○の方へ、正しくなければ×の方へマークしなさい。

投資法人とは、資産を主として特定資産に対する投資として運用すること
を目的として設立された法人であり、資産運用以外の行為を営業とすること
ができない。

投資信託及び投資法人に関する業務

問49 次の文章が、正しければ○の方へ、正しくなければ×の方へマークしなさい。

投資信託の信託財産に組み入れられている有価証券に係る議決権について
は、受益者の指図に基づき受託会社が行使する。

投資信託及び投資法人に関する業務

問50 次の文章が、正しければ○の方へ、正しくなければ×の方へマークしなさい。

外国投資信託とは、外国において外国の法令に基づいて設定された信託で、
投資信託に類するもののことである。

投資信託及び投資法人に関する業務

問51 次の文章が、正しければ○の方へ、正しくなければ×の方へマークしなさい。

投資信託の信託報酬は、投資家が保有する投資信託を解約することによっ
て得た利益のことである。

投資信託及び投資法人に関する業務

問52 次の文章が、正しければ○の方へ、正しくなければ×の方へマークしなさい。

販売会社が異なっても同じファンドであれば、販売手数料は同じである。

投資信託及び投資法人に関する業務

問53 次の文章が、正しければ○の方へ、正しくなければ×の方へマークしなさい。

通貨選択型投資信託を販売する際には、投資対象資産の価格変動リスクに
加え、換算する通貨の為替変動リスクが存在することに十分に留意する必要
がある。

15

投資信託及び投資法人に関する業務

問54　次の文章のうち、正しいものの番号を2つマークしなさい。

1) MMF（マネー・マネジメント・ファンド）は、長期国債を主要投資対象としている。

2) MMF（マネー・マネジメント・ファンド）の解約代金の支払日は、請求日から起算して3営業日目の日である。

3) 証券総合口座用ファンド(MRF)の販売単位は、1口（1口1円）である。

4) 証券総合口座用ファンド(MRF)の決算は毎月行われ、分配金は毎月末に再投資される。

5) 長期公社債投資信託（追加型）の解約代金の支払いとして、キャッシングの制度はない。

投資信託及び投資法人に関する業務

問55　次の文章のうち、正しいものの番号を2つマークしなさい。

1) 証券総合口座用ファンド(MRF)の買付から30日以内に解約した場合には、1万口につき10円の信託財産留保額が控除される。

2) 証券総合口座用ファンド(MRF)は、金融商品取引所において市場価格で売買できる。

3) MMF（マネー・マネジメント・ファンド）の販売単位は、10万口（1口1円）である。

4) 長期公社債投資信託（追加型）には、販売手数料はかからない。

5) 長期公社債投資信託（追加型）の解約代金の支払日は、解約請求日から起算して4営業日目の日となっている。

付随業務

問56 次の文章のうち、正しいものの番号を2つマークしなさい。

1) 金融商品取引業者のうち投資運用業者は、付随業務（金融商品取引法第35条第1項各号に定める業務）を行うことができない。

2) 第一種金融商品取引業者は、顧客から保護預りをしている有価証券を担保とする金銭の貸付けを行うことができる。

3) 「金融商品取引業の付随業務（金融商品取引法第35条第1項各号に定める業務）」に該当するものに、商品市場における取引に係る業務がある。

4) 株式累積投資とは、金融商品取引業者と顧客との間で行う1売買単位に満たない株式を10分の1単位で売買できる制度のことである。

5) ドルコスト平均法とは、株価の動きやタイミング等に関係なく、株式を定期的に継続して一定金額ずつ購入する方法である。

証券市場の基礎知識

問57 次の文章のうち、正しいものの番号を2つマークしなさい。

1) 企業の資金調達方法のうち、株式の発行によるもの及び債券の発行によるものは、直接金融に区分される。

2) 投資者保護基金は、会員金融商品取引業者に対して、顧客資産の返還を迅速に行うために必要な資金の貸付けを行うことは、いかなる場合にも認められていない。

3) 投資者保護基金の補償対象顧客には、適格機関投資家は含まれていない。

4) 投資者は、自己の判断と責任の下に投資行動を行う必要があるが、その結果、生じた損失が少額である場合に、金融商品取引業者がその損失を補填することをあらかじめ約しておくことは、投資者保護の観点からは、必ずしも不適切な行為とはいえない。

5) 証券取引等監視委員会は、金融商品取引法における自主規制機関の1つに含まれている。

デリバティブ取引

問58 次の文章が、正しければ○の方へ、正しくなければ×の方へマークしなさい。

　一時中断措置(サーキット・ブレーカー制度)は、相場加熱時に投資家に冷静な投資判断を促し、相場の乱高下を防止するために設けられている。

デリバティブ取引

問59 次の文章が、正しければ○の方へ、正しくなければ×の方へマークしなさい。

　長期国債先物取引の現物決済の受渡銘柄は、買い手が受渡適格銘柄から選択する。

デリバティブ取引

問60 次の文章のうち、正しいものの番号を2つマークしなさい。

1) 日経225先物取引は、6月限・12月限の直近の16限月と3月限・9月限の直近の3限月を取引対象とする19限月取引である。
2) 日経225先物取引は、日経225に1,000円を乗じた額を1取引単位とする。
3) 日経225先物取引の取引最終日は、各限月の第2金曜日(休日にあたるときは順次繰下げ)である。
4) 日経225先物取引の呼値の刻みは、100円である。
5) 日経225先物取引の未決済建玉の最終決済方法は、現渡し及び現引きによる受渡決済である。

18

デリバティブ取引

問61 次の文章のうち、正しいものの番号を2つマークしなさい。

1) 有価証券を対象とする先物取引について、現物価格の価格変動リスクを回避しようとする取引のことを裁定取引という。

2) 有価証券を対象とする先物取引について、現物価格より先物価格が高い状態を「先物がディスカウント」という。

3) 有価証券を対象とする先物取引について、ヘッジ取引とは先物と現物の価格差から利益を上げようとする取引である。

4) 有価証券を対象とする先物取引について、カレンダー・スプレッド取引(限月間スプレッド取引)とは、先物の異なる限月の価格差が一定水準近辺で動くことを利用した取引である。

5) 有価証券を対象とする先物取引について、スペキュレーションとは、先物の価格変動をとらえて利益を獲得することを目的とした取引である。

デリバティブ取引

問62 ある顧客が、日経225先物9月限を1,000単位買建て、日経225先物12月限を1,500単位売建て、日経225プット・オプション12月限権利行使価格12,000円を1,000単位売建て、JPX日経400先物を500単位売建てたときのSPAN証拠金額は3億5,500万円と計算された。この状況においてネット・オプション価値の総額がマイナス3億円であった場合の証拠金所要額として、正しいものの番号を1つマークしなさい。なお、取引受渡証拠金所要額はないものとする。

1) 5,500,000円

2) 55,000,000円

3) 300,000,000円

4) 355,000,000円

5) 655,000,000円

19

> デリバティブ取引

問63 長期国債先物を額面金額10億円（清算値段103円）買建て、証拠金所要額は、1,000万円と計算されたものとし、全額代用有価証券で差し入れたとする。ここで、長期国債先物の清算値段が100円に下落し、かつ、代用有価証券につき、100万円の評価損が発生した場合に必要とされる対応として、正しいものの番号を1つマークしなさい。ただし、証拠金所要額は、1,000万円で変わらないものとする。

1) 建玉の評価損、及び代用有価証券の評価損につき、すべて現金を差し入れる必要がある。
2) 建玉の評価損については、現金を差し入れる必要があるが、代用有価証券の評価損については、有価証券を差し入れても構わない。
3) 代用有価証券の評価損については、現金を差し入れる必要があるが、建玉の評価損については、有価証券を差し入れても構わない。
4) 建玉の評価損、及び代用有価証券の評価損につき、すべて有価証券を差し入れても構わない。
5) 証拠金を追加的に差し入れる必要はない。

> デリバティブ取引

問64 次の文章が、正しければ○の方へ、正しくなければ×の方へマークしなさい。
　先物取引において、流動性または建玉の集中度に照らして顧客が保有する建玉が非常に大きい場合に、受渡決済の履行の確保を目的として、取引受渡証拠金所要額が証拠金所要額に加算される。

> デリバティブ取引

問65 次の文章が、正しければ○の方へ、正しくなければ×の方へマークしなさい。
　選択権付債券売買取引における最低売買額面金額は、円貨建債券については、額面1億円、外貨建債券については、1億ドル相当額である。

20

デリバティブ取引

問66　オプション取引に関する次の文章について、それぞれの（　　）に当てはまる
　　　語句の組合せとして、正しいものの番号を1つマークしなさい。

　　プロテクティブ・プットとは、「原証券買い持ち＋プットの（　①　）」で作る
ポジションで、原証券が値上がりすると値上がり幅は原証券のみのときに比
べて（　②　）なるが、原証券が下落してもトータルとしての（　③　）が限定され
る。

　　1)　①買い　　②大きく　　③利益
　　2)　①買い　　②小さく　　③損失
　　3)　①売り　　②小さく　　③損失
　　4)　①売り　　②大きく　　③利益
　　5)　①買い　　②小さく　　③利益

デリバティブ取引

問67　ある顧客が、権利行使価格1,750ポイントのTOPIXコール・オプションを
　　　プレミアム50ポイントで10単位買建てるとともに、権利行使価格1,820ポ
　　　イントの同コール・オプションを30ポイントで10単位売建てた。TOPIXの
　　　SQ値が1,860ポイントとなった場合、取引全体の損益として、正しいもの
　　　の番号を1つマークしなさい。

　　（注）委託手数料、税金は考慮しないものとする。

　　1)　▲500万円
　　2)　▲100万円
　　3)　　300万円
　　4)　　500万円
　　5)　　600万円

21

デリバティブ取引

問68 ある顧客が、権利行使価格28,000円の日経225コール・オプションをプレミアム200円で1単位売り付けるとともに、権利行使価格28,000円の同プット・オプションをプレミアム250円で1単位売り付けた。この取引に関する記述として、正しいものの番号を2つマークしなさい。

（注）委託手数料、税金は考慮しないものとする。

1) 最大利益が生じるのは、満期時の日経225が28,400円のときである。
2) 最大損失は、プレミアム分に限定される。
3) 最大利益は45万円となる。
4) このポジションは、「ストラングルの売り」と呼ばれる。
5) 損益分岐点は、日経225が27,550円と28,450円である。

デリバティブ取引

問69 次の文章が、正しければ○の方へ、正しくなければ×の方へマークしなさい。
金利スワップでは、元本の交換は行われない。

デリバティブ取引

問70 次の文章が、正しければ○の方へ、正しくなければ×の方へマークしなさい。
キャップとは、将来の市場金利低下による保有金利資産の受取金利収入の減少に備えるヘッジ取引である。

デリバティブ取引

問71 次の文章が、正しければ○の方へ、正しくなければ×の方へマークしなさい。
エクイティ・デリバティブの原資産が株価指数である場合の決済方法は、「現金決済」（キャッシュ・セトル）である。

デリバティブ取引

問72 次の文章が、正しければ○の方へ、正しくなければ×の方へマークしなさい。
レンジ・フォワードは、予約締結レートに幅を設けず、為替レートの範囲が限定されないオプション取引である。

22

> **デリバティブ取引**

問73 次の文章の(　　)に当てはまる語句の組合せとして、正しいものの番号を1つマークしなさい。

「通貨スワップ」とは、取引者Aと取引者Bが、異なる通貨のキャッシュ・フロー（元本及び金利）を、あらかじめ合意した(①)で交換する取引をいう。元本交換のない、金利の交換のみを行う場合は、(②)と呼ばれる。

たとえば、外貨建資産を持つ「事業法人」が、将来の円高に対するヘッジのために、「銀行」との間で通貨スワップ取引を行うとすると、事業法人のリスクとしては取引相手方である「銀行」の(③)（銀行が財務状態の悪化等により契約した通貨スワップ取引に応じられないリスク）が存在する。

1) ①スワップレート　　②エクイティ・スワップ　　③信用リスク
2) ①スワップレート　　②スワップション　　　　　③市場リスク
3) ①為替レート　　　　②スワップション　　　　　③市場リスク
4) ①為替レート　　　　②クーポンスワップ　　　　③流動性リスク
5) ①為替レート　　　　②クーポンスワップ　　　　③信用リスク

> **デリバティブ取引**

問74 次の文章のうち、正しいものの番号を2つマークしなさい。

1) 天候デリバティブでは、気象に関する指標が、あらかじめ約定した条件に合致するように変動した場合に、決済金を支払う。
2) 天候デリバティブでは、異常気象等と損害の因果関係に関する調査が必要である。
3) 地震オプションでは、実際に損害が発生しなくても、一定の条件が満たされれば、決済金が支払われる。
4) 地震オプションの買手のリスクとしては、「決済金では実際の損害金額をカバーできないリスク」のみである。
5) CATボンドは、同質的で独立性の高い多数の資産からなるキャッシュ・フローをプールしたポートフォリオを裏付資産とする証券化商品の一種である。

23

株式会社法概論

問75 次の文章が、正しければ○の方へ、正しくなければ×の方へマークしなさい。

合資会社には、無限責任社員1名以上と有限責任社員1名以上がいる。

株式会社法概論

問76 次の文章が、正しければ○の方へ、正しくなければ×の方へマークしなさい。

株式会社の最低資本金は、500万円となっている。

株式会社法概論

問77 次の文章が、正しければ○の方へ、正しくなければ×の方へマークしなさい。

少数株主権とは、1株しか持たない株主でも行使できる権利のことである。

株式会社法概論

問78 次の文章が、正しければ○の方へ、正しくなければ×の方へマークしなさい。

会社の分割のうち、会社の事業の1部門を切り離して別会社として独立させる方法を新設分割という。

株式会社法概論

問79 次の文章が、正しければ○の方へ、正しくなければ×の方へマークしなさい。

会社法においては、会社の形態として、株式会社、合名会社、合資会社の3種類が規定されている。

株式会社法概論

問80 次の文章のうち、正しいものの番号を2つマークしなさい。

1) 分配可能額がないのに行われた配当は無効であり、会社債権者は、株主に対してこれを会社へ返還することを要求することができる。

2) 株式を併合すると、発行済株式数は減少し、1株当たりの実質的価値は小さくなる。

3) 指名委員会等設置会社には、例外なく監査役を置くことができない。

4) 自己株式の取得は、出資の払戻しと同じであるため、いかなる場合も認められない。

5) 株式会社の大会社（有価証券報告書提出会社を除く）が、定時株主総会終了後遅滞なく公告しなければならない計算書類は、貸借対照表のみである。

経済・金融・財政の常識

問81 次の文章のうち、正しいものの番号を2つマークしなさい。

1) 消費関連指標のうち、「家計貯蓄率」は、家計貯蓄を財産所得で除して求めることができる。

2) 消費者物価指数（CPI）の算出に当たって、直接税や社会保険料等の非消費支出、土地や住宅等のストック価格は含まれている。

3) オープン市場は、金融機関相互の資金運用・調達の場として利用されており、非金融機関は参加できない市場である。

4) 日本銀行は、銀行券の独占的発行権を有する「発券銀行」としての機能のほかに、政府の出納業務を行う「政府の銀行」としての機能も有している。

5) 労働投入量とは、就業者数に年間総労働時間を乗じたものである。

25

経済・金融・財政の常識

問82 次の文章のうち、正しいものの番号を2つマークしなさい。

  1) 有効求人倍率は、有効求職者数を有効求人数で除して求めることができる。

  2) 国の基礎的財政収支対象経費のうち、最大の割合を占めているのは、公共事業関係費である。

  3) 景気動向指数には、先行系列、一致系列、遅行系列の3つの系列があり、東証株価指数は一致系列である。

  4) プライマリーバランスとは、公債金収入以外の収入と、利払費及び債務償還費を除いた支出との収支のことをいう。

  5) 経常収支は、貿易・サービス収支、第一次所得収支及び第二次所得収支の合計として求めることができる。

財務諸表と企業分析

問83 次の文章が、正しければ○の方へ、正しくなければ×の方へマークしなさい。

  損益計算書は、一定時点における資金の源泉と使途の関係を一覧表示するもので、企業の財政状態の一覧が可能となる。

財務諸表と企業分析

問84 次の文章が、正しければ○の方へ、正しくなければ×の方へマークしなさい。

  売上高(純)利益率が一定であるときに、総資本回転率を高めた場合、総資本(純)利益率は低下する。

財務諸表と企業分析

問85 次の式が、正しければ○の方へ、正しくなければ×の方へマークしなさい。

$$固定比率(\%) = \frac{固定資産}{自己資本 + 固定負債} \times 100$$

財務諸表と企業分析

問86 次の文章が、正しければ○の方へ、正しくなければ×の方へマークしなさい。

　　配当性向は、当期純利益に対する配当金の割合を示すものであり、配当性向が低いということは、内部留保率が低いことを意味している。

財務諸表と企業分析

問87 次の文章が、正しければ○の方へ、正しくなければ×の方へマークしなさい。

　　有形固定資産とは、生産準備手段として役立つ実体価値を有する使用資産をいい、土地、建物及び機械装置はこれに含まれる。

財務諸表と企業分析

問88 資料から抜粋した金額（単位：百万円）が次のとおりである会社について、正しいものをイ～ハから選んでいる選択肢の番号を1つマークしなさい。

　　(注)答は、小数第2位を切り捨て。

売上高	70,000
変動費	49,000
利　益	6,000

　イ．限界利益率は70％である。

　ロ．損益分岐点は50,000百万円である。

　ハ．損益分岐点比率は140.0％である。

1) イ及びロ

2) イ及びハ

3) ロ及びハ

4) ロのみ

5) ハのみ

27

証券税制

問89 次の文章が、正しければ○の方へ、正しくなければ×の方へマークしなさい。

　財形住宅貯蓄及び財形年金貯蓄の利子所得の非課税最高限度額は、それぞれの合計で一人当たり元本550万円である。

証券税制

問90 次の文章が、正しければ○の方へ、正しくなければ×の方へマークしなさい。

　金融商品市場で取引される有価証券オプション取引における権利行使によって取得した、居住者が所有する上場株式を譲渡したときのその譲渡益は、先物取引に係る雑所得等として20.315％（所得税及び復興特別所得税15.315％、住民税5％）の申告分離課税が適用される。

　（注）2023年中においては、所得税額に対して2.1％の復興特別所得税が付加的に課せられる。

証券税制

問91 次の文章が、正しければ○の方へ、正しくなければ×の方へマークしなさい。

　居住者に対する国内課税に関して、確定申告不要制度の対象とされるものには、内国法人から支払いを受ける公募証券投資信託の収益の分配に係る所得、源泉徴収選択口座内保管上場株式等の譲渡による所得が含まれる。

証券税制

問92 次の文章が、正しければ○の方へ、正しくなければ×の方へマークしなさい。

　オープン型（追加型）証券投資信託の元本払戻金（特別分配金）は、所得税法上、非課税とはならない。

証券税制

問93 次の文章が、正しければ○の方へ、正しくなければ×の方へマークしなさい。

　公社債投資信託の収益の分配金に係る所得は、利子所得に分類される。

証券税制

問94 次の文章が、正しければ○の方へ、正しくなければ×の方へマークしなさい。

　　所得税の確定申告における所得金額計算上の収入金額とは、源泉徴収された所得税等がある場合には、当該所得税が差し引かれる前の金額のことである。

証券税制

問95 ある個人（居住者）が、上場銘柄Ａ社株式を金融商品取引業者に委託して、現金取引により、2023年8月から同年10月までの間に10,000株を下記のとおり新たに買付け、同年11月に10,000株売却を行った。

　　この売却による所得に対する所得税及び復興特別所得税並びに住民税の合計金額として、正しいものの番号を1つマークしなさい。

　　2023年中には、他に有価証券の売買はない。また、売買に伴う手数料その他の諸費用等及び住民税による基礎控除は考慮しない。

　　なお、計算の途中で端数が生じた場合、取得価額については円未満を切り上げ、税額については、円未満を切り捨てること。

年　　月	売買の別	単　価	株　　数
2023年8月	買い	4,700円	2,500株
2023年9月	買い	3,000円	4,700株
2023年10月	買い	5,600円	2,800株
2023年11月	売り	4,300円	10,000株

1)　104,630円

2)　149,630円

3)　298,630円

4)　387,630円

5)　458,630円

セールス業務

問96 次の文章が、正しければ○の方へ、正しくなければ×の方へマークしなさい。

　外務員は、刻々と変化する市場の様々な情報を的確に分析し、そのなかから投資家に対して有用なアドバイスができるように自己研鑽に励む必要がある。

セールス業務

問97 次の文章が、正しければ○の方へ、正しくなければ×の方へマークしなさい。

　協会員が保有すべき倫理コードに関して、協会員は、法令や規則等に定めのないものであっても、社会通念や市場仲介者として求められるものに照らして疑義を生じる可能性のある行為については、自社の倫理コードと照らし、その是非について判断する。

セールス業務

問98 次の文章が、正しければ○の方へ、正しくなければ×の方へマークしなさい。

　協会員が保有すべき倫理コードに関して、協会員は、業務に関し生ずる利益相反を適切に管理しなければならない。また、地位や権限、業務を通じて知り得た情報等を用いて、不正な利益を得ることはしない。

セールス業務

問99 次の文章が、正しければ○の方へ、正しくなければ×の方へマークしなさい。

　協会員は、自社の利益の最大化を図るため、法令や規則に違反する可能性がある場合でも、明らかに違反である場合を除き、積極的に行動をすべきである。

セールス業務

問100 次の文章が、正しければ○の方へ、正しくなければ×の方へマークしなさい。

　「IOSCO（証券監督者国際機構）の行為規範原則」において、業者は、その業務に当たっては、顧客の最大の利益及び市場の健全性を図るべく、相当の技術、配慮及び注意をもって行動しなければならない。

別冊

2023-2024年試験をあてる
TACスーパー予想

模擬試験 問題編

第2回

問題用紙の使い方

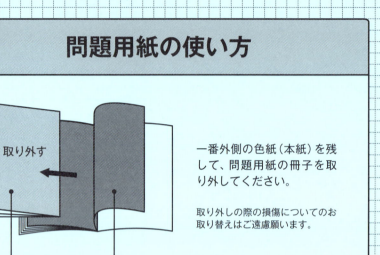

一番外側の色紙（本紙）を残して、問題用紙の冊子を取り外してください。

取り外しの際の損傷についてのお取り替えはご遠慮願います。

第2回

問題用紙

配点（440点満点）は以下のとおりです。

○×方式（全70問）…………各 2 点
5 肢選択方式（全30問）……各10点

※5肢選択方式で2つの解答がある問題の場合、
　片方が正解であれば、5点となります。

試験時間：160分

金融商品取引法

問1　次の文章が、正しければ○の方へ、正しくなければ×の方へマークしなさい。

　　以前会社関係者であったが、会社関係者でなくなってから1年を経過した者は、内部者取引規制の対象とはならない。

金融商品取引法

問2　次の文章が、正しければ○の方へ、正しくなければ×の方へマークしなさい。

　　上場会社の役員は、当該上場会社の株式に係る買付け等又は売付け等をした場合には、内閣府令で定める場合を除いて、その売買等に関する報告書を内閣総理大臣（金融庁長官）に提出しなければならない。

金融商品取引法

問3　次の文章が、正しければ○の方へ、正しくなければ×の方へマークしなさい。

　　有価証券の引受けは、第一種金融商品取引業者の業に含まれる。

金融商品取引法

問4　次の文章が、正しければ○の方へ、正しくなければ×の方へマークしなさい。

　　金融商品取引業務のうち、有価証券店頭デリバティブ取引業務については、リスクが大きいため、内閣総理大臣（金融庁長官）の認可を要する。

金融商品取引法

問5　次の文章が、正しければ○の方へ、正しくなければ×の方へマークしなさい。

　　上場会社等の役員又は主要株主が、当該会社等の特定有価証券等について、自己の計算で買付け等をした後1年以内に売付け等をして利益を得たときは、当該会社等は、その者に対して、得た利益の提供を請求することができる。

金融商品取引法

問6　次の文章が、正しければ○の方へ、正しくなければ×の方へマークしなさい。

　　金融商品取引業者等は、金融商品取引契約につき、顧客もしくはその指定したものに対し、特別の利益の提供を約し、又は顧客もしくは第三者に対し、特別の利益を提供することは禁止されている。

金融商品取引法

問7　次の文章のうち、正しいものの番号を２つマークしなさい。

1)　金融商品取引業者等は、顧客から預託を受けた有価証券や顧客の計算で金融商品取引業者等が占有している有価証券を担保に供したり、他人に貸し付けたりする場合には、当該顧客から口頭又は書面による同意を得なければならない。

2)　金融商品取引業者等は、有価証券の売買等に関する顧客の注文について、政令で定めるところにより、最良の取引の条件で執行するための方針及び方法（最良執行方針等）を定め、公表し、顧客の注文を受けようとする場合には、あらかじめ顧客に対し、当該最良執行方針等を記載した書面を交付しなければならない。

3)　公開買付けにおいて、公開買付期間中は、価格を引き上げることまたは引き下げることは認められていない。

4)　有価証券の引受人となった金融商品取引業者は、その有価証券を売却する場合において、引受人となった日から６ヵ月を経過する日までは、その買主に対し、買入代金について貸付けその他信用の供与をしてはならない。

5)　金融商品取引業者が個人の顧客のために行う市場デリバティブ取引の媒介又は取次ぎ等の契約に係る勧誘については、不招請勧誘を禁止されている。

> **金融商品取引法**

問8　次の文章のうち、正しいものの番号を２つマークしなさい。

1) 有価証券報告書等について内閣総理大臣（金融庁長官）に提出して電子開示手続を行うものは、TDnetを使用して行わなければならない。

2) 金融商品取引業者等は、金融商品取引業の内容の広告を行う場合には、重要事項について顧客の不利益となる事実である事項も表示しなければならない。

3) 内部者取引規制の会社関係者に、その上場企業の帳簿閲覧権を持つ株主は含まれない。

4) 有価証券報告書等は、一定の場所に備え置かれ、各書類ごとに定められた期間、公衆の縦覧に供される。

5) 提出された大量保有報告書は、10年間公衆の縦覧に供される。

> **金融商品の勧誘・販売に関する法律**

問9　次の文章が、正しければ○の方へ、正しくなければ×の方へマークしなさい。

金融サービス提供法では、一定事項を記載した勧誘方針の策定及び公表を金融商品販売業者等に義務付けているが、その記載すべき事項に勧誘の方法及び時間帯に関し勧誘の対象となる者に対し配慮すべき事項がある。

> **金融商品の勧誘・販売に関する法律**

問10　次の文章が、正しければ○の方へ、正しくなければ×の方へマークしなさい。

個人情報保護法における個人情報取扱事業者は、個人情報を取り扱うに当たり、その利用目的をできる限り特定しなければならない。

> **金融商品の勧誘・販売に関する法律**

問11　次の文章が、正しければ○の方へ、正しくなければ×の方へマークしなさい。

犯罪による収益の移転防止に関する法律において、取引時確認を行う際の本人確認書類のうち、有効期限のないものについては、金融商品取引業者が提示又は送付を受ける日の前１年以内に作成されたもののみ認められる。

協会定款・諸規則

問12 次の文章が、正しければ○の方へ、正しくなければ×の方へマークしなさい。

協会員は、顧客から新たに外国株券の売買を受託する際には、あらかじめ外国証券取引口座約款を交付し、外国証券取引口座設定に関する申込書を徴求しなければならない。

協会定款・諸規則

問13 次の文章が、正しければ○の方へ、正しくなければ×の方へマークしなさい。

協会員は、顧客に対し主観的又は恣意的な情報提供となる特定銘柄の有価証券又は有価証券の売買に係るオプションの一律集中的推奨をしてはならない。

協会定款・諸規則

問14 次の文章が、正しければ○の方へ、正しくなければ×の方へマークしなさい。
照合通知書に記載すべき事項に、有価証券の直近の残高がある。

協会定款・諸規則

問15 次の文章が、正しければ○の方へ、正しくなければ×の方へマークしなさい。
協会員の従業員は有価証券の売買その他の取引等に関して顧客と金銭、有価証券の貸借を行うことは禁止されている。

協会定款・諸規則

問16 次の文章が、正しければ○の方へ、正しくなければ×の方へマークしなさい。
協会員は上場会社等の役員等に該当する顧客については、当該顧客の届出に基づいて、上場会社等の特定有価証券等の売買等が行われるまでに内部者登録カードを備え付けなければならない。

協会定款・諸規則

問17 次の文章が、正しければ○の方へ、正しくなければ×の方へマークしなさい。
一種外務員は、外務員のうち、原則として外務員の職務のすべてを行うことができる者をいう。

4

協会定款・諸規則

問18 次の文章が、正しければ○の方へ、正しくなければ×の方へマークしなさい。

　　協会員は、国債の発行日前取引を初めて行う顧客に対し、あらかじめ当該取引が停止条件付売買であることを説明するものとされている。

協会定款・諸規則

問19 次の文章が、正しければ○の方へ、正しくなければ×の方へマークしなさい。

　　協会員が顧客との間で外国株券の国内店頭取引を行うに当たっては、本国の外国金融商品市場における当該外国株券の前日の終値により取引を行わなければならない。

協会定款・諸規則

問20 次の文章のうち、正しいものの番号を2つマークしなさい。

1) 協会員が顧客（適格機関投資家を除く）に対し勧誘を行うことができる外国投資信託証券は、選別基準に適合し、投資家保護上問題がないことを協会員が確認したものであることとされている。

2) 協会員の従業員は、顧客から有価証券の売付けの注文を受ける場合、原則として、当該有価証券の売付けが空売りであるか否かの別を確認したうえで注文を受けなければならない。

3) 協会員は、公社債の店頭取引を行ったときは、約定年月日等を記載した当該注文に係る伝票等を速やかに作成し、整理、保存する等適切な管理を行わなければならない。

4) 協会員の従業員は、いかなる名義を用いているかを問わず、有価証券関連デリバティブの取引を行ってはならないが、特定店頭デリバティブの取引は行うことができる。

5) 二種外務員の資格で行うことができる外務行為の範囲には、新株予約権証券の売買取引に係る外務行為が含まれている。

協会定款・諸規則

問21 次の文章のうち、正しいものの番号を2つマークしなさい。

1) 協会員は、その従業員が銘柄、価格、数量、指値又は成行の区別等顧客の注文内容について、確認を行わないまま注文を執行することがないよう、指導、監督しなければならない。

2) 名義人である顧客の配偶者が、名義人本人の取引に係る注文であることを明示して有価証券の売買を発注した場合、本人名義の取引とみなされることはない。

3) 協会員の従業員は、いかなる名義を用いているかを問わず、自己の計算において、信用取引を行うことは禁止されている。

4) 協会員は、顧客が株券の名義書換を請求するに際し、自社の名義を貸与できる。

5) 協会員は、登録を受けている外務員について、外務員資格更新研修とは別に、3年毎に、外務員の資質の向上のための社内研修を受講させなければならない。

協会定款・諸規則

問22 次の文章のうち、正しいものの番号を2つマークしなさい。

1) 協会員は、金融商品取引所が有価証券オプション取引に係る委託証拠金の差入日時の繰上措置を行っている銘柄について顧客から有価証券オプション取引を受託する場合には、当該顧客に対し、これらの措置等について説明しなければならないが、金融商品取引所が有価証券オプション取引に係る建玉に関して注意喚起を行っている銘柄については、こうした説明は不要である。

2) 保護預り約款における受託者は顧客、寄託者は協会員である。

3) 協会員の従業員が、顧客カード等により知り得た投資資金の額その他の事項に照らし、過当な数量の有価証券の売買の勧誘を行うことは禁止されている。

4) 協会員は、取引所外売買を行うに当たっては、売買の価格又は金額が適当と認められることを確認するものとされている。

5) 協会員は、顧客に販売した外国投資信託証券が当該証券について規定された選別基準に適合しなくなったときは、遅滞なくその旨を当該顧客に通知しなければならないが、その場合、当該顧客から買戻しの取次ぎ又は解約の取次ぎの注文があったとしても、これに応じる義務はない。

取引所定款・諸規則

問23 次の文章が、正しければ○の方へ、正しくなければ×の方へマークしなさい。

上場の対象となる有価証券には、株券や国債証券のほか、小切手や約束手形も含まれている。

取引所定款・諸規則

問24 次の文章が、正しければ○の方へ、正しくなければ×の方へマークしなさい。

国債証券の上場に当たっては、発行者からの上場申請は不要である。

取引所定款・諸規則

問25 次の文章が、正しければ○の方へ、正しくなければ×の方へマークしなさい。

上場維持基準の1つには、株主数がある。

7

取引所定款・諸規則

問26 次の文章が、正しければ○の方へ、正しくなければ×の方へマークしなさい。

　金融商品取引所の取引参加者は、取引所市場における有価証券の売買等を重要な業務とする者でなければならない。

取引所定款・諸規則

問27 次の文章が、正しければ○の方へ、正しくなければ×の方へマークしなさい。

　国内の金融商品取引所に上場されている外国地方債証券は、上場株券の制度信用取引において委託保証金の代用有価証券とすることができる。

取引所定款・諸規則

問28 次の文章が、正しければ○の方へ、正しくなければ×の方へマークしなさい。

　株券の東証プライム市場上場基準の項目の1つに、東証スタンダード市場に上場していることがあるため、東証スタンダード市場銘柄でなければ東証プライム市場に上場されない。

株式業務

問29 次の文章が、正しければ○の方へ、正しくなければ×の方へマークしなさい。

　私設取引システム（PTS）では、顧客間の交渉に基づく価格を用いる方法によって価格を決定することはできない。

株式業務

問30 次の文章が、正しければ○の方へ、正しくなければ×の方へマークしなさい。

　資金と証券の同時又は同日中の引渡しを行う決済のことをDVP決済といい、この決済では取引相手の決済不履行から生じる元本リスク（資金又は証券を交付した後その対価を受け取れないリスク）を排除することができる。

株式業務

問31 次の文章が、正しければ○の方へ、正しくなければ×の方へマークしなさい。

　「上場銘柄の制度信用取引」について、信用取引貸株料は、買方が株券の借入れに伴う費用として金融商品取引業者に支払うものである。

8

株式業務

問32 次の文章が、正しければ○の方へ、正しくなければ×の方へマークしなさい。

　　金融商品取引所に上場されている転換社債型新株予約権付社債券は、取引所外売買を行うことはできない。

株式業務

問33 次の文章が、正しければ○の方へ、正しくなければ×の方へマークしなさい。

　　手数料の金額は、注文伝票に記載すべき事項である。

株式業務

問34 次の文章が、正しければ○の方へ、正しくなければ×の方へマークしなさい。

　　株価純資産倍率(PBR)は、1株当たり純資産を株価で除して求めることができる。

株式業務

問35 次の文章のうち、正しいものの番号を2つマークしなさい。なお、私設取引システム(PTS)信用取引は、考慮しないものとする。

1) 金融商品取引業者は、顧客の信用取引の受託について取引開始基準を定めなくとも、顧客から信用取引を受託することができる。

2) 信用取引において買建株を決済する方法は、反対売買による転売の方法のみである。

3) 信用取引の弁済期限について、一般信用取引の場合は、最長6ヵ月である。

4) 貸借銘柄とは、制度信用銘柄のうち、金融商品取引業者が証券金融会社から制度信用取引のために必要な買付資金及び売付有価証券の貸付けを受けることができる銘柄のことをいう。

5) 「上場銘柄の制度信用取引」において、証券金融会社が、貸株超過銘柄の不足する株数を他から調達したときの品貸料を一般に逆日歩といい、金融商品取引業者は、売方から徴収し、買方に支払う。

株式業務

問36 ある顧客（居住者）が、時価1,000円の上場銘柄A社株式10,000株を制度信用取引で新たに買建て、委託保証金代用有価証券として時価600円の上場銘柄B社株式10,000株を差し入れた。その後、B社株式が500円となった場合、買建てたA社株式の値下がりによっていくらを下回ると維持率を割って追加保証金が必要となるか、正しいものの番号を1つマークしなさい。

（注）委託保証金率は30%、上場株式の現金換算率（代用掛目）は70%とし、立替金は考慮しない。

1) A社株式が950円を下回ったとき
2) A社株式が900円を下回ったとき
3) A社株式が850円を下回ったとき
4) A社株式が700円を下回ったとき
5) A社株式が650円を下回ったとき

株式業務

問37 以下の会社（年1回決算）の自己資本利益率（ROE）及び総資本（純）利益率
（ROA）の組合せとして、正しいものの番号を1つマークしなさい。

（注）答は、小数第2位以下を切り捨て。また、純資産と自己資本は同額と
する。

（単位：百万円）

	総資産	自己資本	売上高	当期（純）利益
当　期	78,300	42,100	96,300	6,200
前　期	69,700	45,800	85,500	3,100

　　　　（ROE）　（ROA）

1)　　7.0%　　4.1%

2)　14.1%　　8.3%

3)　14.1%　　4.1%

4)　14.7%　　7.9%

5)　14.7%　　8.3%

株式業務

問38 売買立会の始値決定直前の注文控(板)の状況が下表のとおりであるとき、決定される始値として、正しいものの番号を1つマークしなさい。

売呼値記載欄	値　段	買呼値記載欄
株	円	株
5,000	624	
3,000	623	4,000
2,000	622	2,000
3,000	621	3,000
5,000	620	4,000
2,000	619	3,000
	618	2,000

(注)成行売呼値18,000株、成行買呼値15,000株とする。

1) 619円
2) 620円
3) 621円
4) 622円
5) 623円

債券業務

問39 次の文章が、正しければ○の方へ、正しくなければ×の方へマークしなさい。

わが国の社債発行には、様々な規制が存在し、発行条件は一定の方式にしたがって画一的に決められ、また発行量の調整も行われている。

債券業務

問40 次の文章が、正しければ○の方へ、正しくなければ×の方へマークしなさい。

社債発行会社は、原則として、社債管理者を設置することが義務付けられているが、各社債券面の金額が1億円以上である場合には、社債管理者を置く必要はない。

債券業務

問41 次の文章が、正しければ○の方へ、正しくなければ×の方へマークしなさい。

債券の償還には最終償還と期中償還があり、期中償還には発行時に期中償還の時期と金額が決められた定時償還と、発行者の都合で行える任意償還がある。

債券業務

問42 次の文章が、正しければ○の方へ、正しくなければ×の方へマークしなさい。

ダンベル(バーベル)型のポートフォリオとは、短期から長期までの債券を各年度ごとに均等に保有し、毎期、同じ満期構成を維持するポートフォリオである。

債券業務

問43 次の文章が、正しければ○の方へ、正しくなければ×の方へマークしなさい。

ユーロ円債とは、日本国内で発行される円建の債券である。

債券業務

問44 次の文章は、債券に関する記述である。文中のそれぞれの( )に当てはまる語句の組合せとして、正しいものの番号を1つマークしなさい。

・元利金の支払いについて政府の保証がついた債券は、(イ)という。
・発行者の保有する特定の財産に担保をつけた債券は、(ロ)という。
・発行者の全財産から、他の債権者に優先して弁済を受けられる一種の優先弁済権がついた債券は、(ハ)という。

1) (イ)一般担保債　(ロ)物上担保債　(ハ)政府保証債
2) (イ)一般担保債　(ロ)政府保証債　(ハ)物上担保債
3) (イ)物上担保債　(ロ)一般担保債　(ハ)政府保証債
4) (イ)政府保証債　(ロ)一般担保債　(ハ)物上担保債
5) (イ)政府保証債　(ロ)物上担保債　(ハ)一般担保債

13

債券業務

問45 利率年3.0%、10年満期の利付国債を99.00円で買い付けたところ、3年後に105.00円に値上がりしたので売却した。所有期間利回りとして、正しいものの番号を1つマークしなさい。

（注）答は、小数第4位以下を切り捨て。

1) 3.636%
2) 4.050%
3) 5.050%
4) 6.000%
5) 6.050%

債券業務

問46 以下の取引の経過利子を計算する際の経過日数として、正しいものの番号を1つマークしなさい。

○売買有価証券：利付債券（償　還　日　：2025年12月15日）
　　　　　　　　　　　　　（直前の利払日：2023年 6 月15日）
○約　定　日：2023年 6 月16日
○受　渡　日：2023月 6 月21日

1) 4日
2) 5日
3) 6日
4) 7日
5) 8日

投資信託及び投資法人に関する業務

問47 次の文章が、正しければ○の方へ、正しくなければ×の方へマークしなさい。

投資法人の執行役員は投資主総会で選任されるが、その数は3人以上である。

投資信託及び投資法人に関する業務

問48 次の文章が、正しければ○の方へ、正しくなければ×の方へマークしなさい。

投資法人の設立時の出資総額は、設立の際に発行する投資口の発行価額の総額とされており、その最低額が定められている。

投資信託及び投資法人に関する業務

問49 次の文章が、正しければ○の方へ、正しくなければ×の方へマークしなさい。

単位型投資信託は、いかなる場合も、信託期間の終了までの間に償還されることはない。

投資信託及び投資法人に関する業務

問50 次の文章が、正しければ○の方へ、正しくなければ×の方へマークしなさい。

投資法人は、設立については届出制を採用しているが、業務については登録制を採用している。

投資信託及び投資法人に関する業務

問51 次の文章が、正しければ○の方へ、正しくなければ×の方へマークしなさい。

投資法人は、投資法人であることが明らかな場合、その商号中に投資法人という文字を用いる必要がない。

投資信託及び投資法人に関する業務

問52 次の文章が、正しければ○の方へ、正しくなければ×の方へマークしなさい。

レバレッジ投資信託は、基準価額の変動率を特定の指標又は価格の変動率にあらかじめ定めた倍率を乗じて得た数値に一致させるよう運用される投資信託である。

投資信託及び投資法人に関する業務

問53 次の文章が、正しければ○の方へ、正しくなければ×の方へマークしなさい。

単位型投資信託の中には、その時々の投資家のニーズや株式市場、債券市場等のマーケット状況に応じて、これに適合した仕組みの投資信託をタイムリーに設定するスポット型投資信託がある。

15

投資信託及び投資法人に関する業務

問54 次のうち、ETFの内容について、正しいものをイ〜ニから選んでいる選択肢
の番号を1つマークしなさい。

イ．売買注文については、指値注文や成行注文が可能である。

ロ．売買単位は、すべての商品について同じである。

ハ．上場株券と同様に、信用取引が可能である。

ニ．収益分配金は、普通分配金と元本払戻金に区別されている。

1) イ及びロ

2) イ及びハ

3) ロ及びハ

4) ロ及びニ

5) ハ及びニ

投資信託及び投資法人に関する業務

問55 次の文章の(　　)に当てはまる語句をa、bから正しく選んでいるものの番
号を1つマークしなさい。

・(イ)型の発行証券を換金する場合は、市場で売却することになる。

・(ロ)型の発行証券の買戻しは、純資産価格に基づいて行われる。

・(ハ)型は、(ニ)型に比べて、基金の資金量が安定している。

a．クローズド・エンド

b．オープン・エンド

1) イ－a、ロ－b、ハ－a、ニ－b

2) イ－a、ロ－b、ハ－b、ニ－a

3) イ－b、ロ－a、ハ－a、ニ－b

4) イ－b、ロ－a、ハ－b、ニ－a

5) イ－b、ロ－b、ハ－a、ニ－b

付随業務

問56 次の文章のうち、「金融商品取引業の付随業務（金融商品取引法第35条第1項各号に定める業務）」として、誤っているものの番号を2つマークしなさい。

1) 信用取引に付随する金銭の貸付け
2) 有価証券に関する顧客の代理
3) 私設取引システム（PTS）運営業務
4) 累積投資契約の締結
5) 貸金業その他金銭の貸付け又は金銭の貸借の媒介に係る業務

証券市場の基礎知識

問57 次の文章のうち、正しいものの番号を2つマークしなさい。

1) 企業の資金調達方法のうち、債券の発行によるものは間接金融に区分されている。
2) 銀行は、金融商品仲介業務を行うことはできない。
3) 内閣総理大臣の登録を受けた株式会社でなければ、第一種金融商品取引業を営むことはできない。
4) 日本証券業協会は、金融商品取引法における自主規制機関の1つである。
5) 金融商品取引法上の投資者保護とは、すべての証券価格を保証することをいう。

デリバティブ取引

問58 次の文章が、正しければ○の方へ、正しくなければ×の方へマークしなさい。

先物取引は、商品の種類、取引単位、満期、決済方法等の条件をすべて売買の当事者間で任意に定めることができる相対取引であるが、先渡取引は、諸条件がすべて標準化された取引所取引である。

デリバティブ取引

問59 次の文章が、正しければ○の方へ、正しくなければ×の方へマークしなさい。

長期国債先物取引の決済方法は、現渡し・現引きによる受渡決済のみである。

デリバティブ取引

問60 次の文章のうち、正しいものの番号を2つマークしなさい。

1) 長期国債先物の取引最終日は、受渡決済日の6営業日前である。

2) 長期国債先物取引の限月は、3月限、6月限、9月限及び12月限の直近の2限月取引制である。

3) 中期国債先物取引の標準物の利率は、年3％である。

4) 中期国債先物取引の呼値の刻みは、額面100円につき5銭である。

5) 長期国債先物取引の取引単位は、額面1億円である。

デリバティブ取引

問61 現在、Aさんは長期国債現物を額面10億円保有している。長期国債現物の価格は現在103.10円であるが、今後金利が上昇し債券相場が値下がりすることが懸念されることから、長期国債先物の価格は98.20円となっている。1ヵ月後には、懸念したとおり長期国債現物は値下がりして102.00円、長期国債先物は96.50円になった。しかし、2ヵ月後には、長期国債現物は104.00円、長期国債先物は98.80円になった。

この場合、Aさんが下記の投資を行ったとすると、最も妥当な投資を記述しているものの番号を1つマークしなさい。

(注)手数料、税金等は考慮しない。

1) そのまま長期国債10億円を保有し、2ヵ月後に売却した。

2) 直ちに保有する長期国債現物と同額面の長期国債先物を売り、1ヵ月後に長期国債先物を全額買戻し、長期国債現物も全額売却した。

3) 直ちに保有する長期国債現物と同額面の長期国債先物を売り、2ヵ月後に長期国債先物を全額買戻し、長期国債現物も全額売却した。

4) 1ヵ月後に長期国債現物と同額面の長期国債先物を買い、2ヵ月後に長期国債先物を全額売却し、長期国債現物も全額売却した。

5) 1ヵ月後に長期国債現物と同額面の長期国債先物を売り、2ヵ月後に長期国債先物を全額買戻し、長期国債現物も全額売却した。

18

デリバティブ取引

問62 ある顧客が、TOPIX先物を1,600ポイントで10単位買建て、証拠金として必要額を全額代用有価証券で差し入れた。その後、TOPIX先物の清算値段が1,450ポイントに下落し、代用有価証券に100万円（現金換算）の評価損が発生した。1単位当たりの証拠金額を100万円とした場合、顧客が現金で差し入れなければならない証拠金の不足額として、正しいものの番号を1つマークしなさい。なお、他に取引は行っていない。

1)　　　0円
2)　　600万円
3)　1,000万円
4)　1,500万円
5)　1,600万円

デリバティブ取引

問63 日経225現物指数が21,000円で短期金利（市中金利）が年率1.2％とした場合、3ヵ月後の先物理論価格として、正しいものの番号を1つマークしなさい。ただし、金利については月割り計算するものとし、配当利回りについては考慮しないものとする。

（注）先物理論価格は、小数以下切り捨て。

1)　21,000円
2)　21,021円
3)　21,042円
4)　21,063円
5)　21,252円

デリバティブ取引

問64 次の文章が、正しければ○の方へ、正しくなければ×の方へマークしなさい。

イン・ザ・マネーの状態では、イントリンシック・バリュー（本質的価値）は生じない。

19

> **デリバティブ取引**

問65 次の文章が、正しければ○の方へ、正しくなければ×の方へマークしなさい。

　　有価証券を対象とするオプション取引の特徴として、レバレッジ効果とヘッジ効果が挙げられる。

> **デリバティブ取引**

問66 次の文章のうち、正しいものの番号を2つマークしなさい。

1)　　有価証券オプション取引では、顧客が東京証券取引所に上場するすべての有価証券から取引対象を選定できる。

2)　　有価証券オプション取引において、オプション対象証券に株式分割・併合等が行われた場合、取引単位の調整を行う場合がある。

3)　　有価証券オプションの権利行使における最終決済は、オプション対象証券の受渡決済で行う。

4)　　有価証券オプション取引の取引開始時の権利行使価格は、当該取引開始日の前営業日におけるオプション対象証券の最終値段に最も近い権利行使価格を中心に、上下5種類ずつ合計11種類が設定される。

5)　　有価証券取引オプションの取引対象である限月は、直近の連続する4ヵ月で、常時4限月が取引されている。

デリバティブ取引

問67 次の文章のうち、正しいものの番号を2つマークしなさい。

1) 有価証券を対象とするオプション取引について、バーティカル・ブル・コール・スプレッドは、権利行使価格の高いコールを買い、低いコールを売る戦略である。

2) ストラドルの売りもストラングルの売りも市場価格が大きく変動すると予想する戦略である。

3) 同じ権利行使価格、同じ限月のコールの買いとプットの売りを組み合せた合成先物を作ると、あたかも先物の買いポジションを持ったかのようになる。

4) コールの買いは利益が無限大、損失が限定されている戦略であり、また、プットの買いは損失が無限大である戦略である。

5) 「ストラングルの買い」では、損益分岐点が2つ発生する。

デリバティブ取引

問68 ある顧客が、権利行使価格23,500円の日経225コール・オプションをプレミアム200円で10単位買建てるとともに、権利行使価格23,000円の日経225コール・オプションをプレミアム300円で10単位売建てた。その後、転売は行わず最終決済期日を迎え、SQ（特別清算指数）が22,000円となった場合及び24,000円となった場合の、それぞれの取引全体での損益の組合せとして、正しいものの番号を1つマークしなさい。

（注）委託手数料、税金は考慮しないものとする。

	（SQが22,000円になった場合）	（SQが24,000円になった場合）
1)	100万円の利益	400万円の損失
2)	100万円の利益	700万円の損失
3)	200万円の損失	400万円の損失
4)	300万円の利益	700万円の利益
5)	300万円の損失	100万円の利益

デリバティブ取引

問69　次の文章が、正しければ○の方へ、正しくなければ×の方へマークしなさい。

　　　クーポンスワップは、元本交換のない通貨スワップである。

デリバティブ取引

問70　次の文章が、正しければ○の方へ、正しくなければ×の方へマークしなさい。

　　　ベーシス・スワップには、同一通貨間の期間が異なる変動金利の受払いを行う「テナー・スワップ」がある。

デリバティブ取引

問71　次の文章が、正しければ○の方へ、正しくなければ×の方へマークしなさい。

　　　トータル・リターン・スワップでは、プロテクションのセラーがプロテクションのバイヤーに社債等の評価損等を保証することにより、プロテクションのバイヤーは社債等を保有したまま売却した場合と同様の経済効果が得られる。

デリバティブ取引

問72　次の文章が、正しければ○の方へ、正しくなければ×の方へマークしなさい。

　　　地震オプションは、実損塡補を目的としており、実際に損害が発生しなければ決済金（補償金）は支払われない。

22

`デリバティブ取引`

問73 次の文章の( )に当てはまる語句の組合せとして、正しいものの番号を1つマークしなさい。

「金利スワップ」とは、取引者Aと取引者Bが、(①)で変動金利と固定金利、変動金利と異種の変動金利、固定金利もしくは変動金利と一定のインデックス(参照指標)を交換する取引であり、元本の交換は(②)。

「キャップ」とは、変動金利を対象としたコールオプションで(③)のヘッジが可能となる。

1) ①異なる通貨間　　②行われない　　③金利下落リスク
2) ①異なる通貨間　　②行われない　　③金利上昇リスク
3) ①同一通貨間　　　②行われる　　　③金利上昇リスク
4) ①同一通貨間　　　②行われない　　③金利上昇リスク
5) ①同一通貨間　　　②行われない　　③金利下落リスク

`デリバティブ取引`

問74 顧客Aは、保有するC社債券の信用リスクをヘッジするために、B銀行とクレジット・デフォルト・スワップを契約した。この契約に関する次の記述のうち、誤っているものの番号を1つマークしなさい。

1) この契約におけるプロテクション・セラーはB銀行であり、プロテクション・バイヤーは顧客Aである。
2) 顧客Aは、C社債券(債権)を参照資産としたクレジット・デフォルト・スワップを、B銀行と契約したことになる。
3) 顧客Aは、この契約により、C社債券の信用リスクをヘッジすることができる上に、B銀行の信用リスクを負うこともない。
4) 顧客Aは、B銀行にプレミアムを支払うが、クレジット・イベントが発生しなかった場合には、そのまま取引が終了し、支払われたプレミアムは掛け捨てとなる。
5) C社債券にクレジット・イベントが発生した場合には、顧客Aが、B銀行に対してC社債券を引き渡すか、あるいは差金決済となる。

23

株式会社法概論

問75　次の文章が、正しければ○の方へ、正しくなければ×の方へマークしなさい。
　　　株式会社の発起人は、2人以上必要である。

株式会社法概論

問76　次の文章が、正しければ○の方へ、正しくなければ×の方へマークしなさい。
　　　会社の設立時に、発行する株式の全部を発起人が引き受ける会社設立方法
　　を発起設立という。

株式会社法概論

問77　次の文章が、正しければ○の方へ、正しくなければ×の方へマークしなさい。
　　　会社法で定める大会社とは、資本金5億円以上かつ負債総額200億円以上
　　の会社である。

株式会社法概論

問78　次の文章が、正しければ○の方へ、正しくなければ×の方へマークしなさい。
　　　A社がB社の議決権総数の5分の1以上の株式を持つとき、B社がA社株
　　を持っていても議決権が認められない。

株式会社法概論

問79　次の文章が、正しければ○の方へ、正しくなければ×の方へマークしなさい。
　　　会社の分割のうち、切り離した部門を既存の別会社に承継させる方法を吸
　　収分割という。

株式会社法概論

問80 次の文章のうち、正しいものの番号を2つマークしなさい。

1) 株式会社は、定款で定めれば、一部の株式について異なる権利内容を定めることができる。

2) 株式会社が、合名会社に組織変更することはできない。

3) 単元株制度において、単元株式数は100株以下かつ発行済株式総数の200分の1以下とされている。

4) 取締役会を置かない会社には、取締役を置く必要はない。

5) 2種類以上の株式が並存する会社を種類株式発行会社という。

経済・金融・財政の常識

問81 次の文章のうち、正しいものの番号を2つマークしなさい。

1) 家計貯蓄は、所得から可処分所得を差し引いて求めることができる。

2) 通貨には、商品の価値を通貨で示すことが可能になるという、価値の計算単位としての機能がある。

3) CPとはコマーシャル・ペーパーのことであり、その法的性格は約束手形である。

4) 公開市場操作とは、日本銀行が預金準備率を変更することで金融機関の支払準備を増減させ、金融に影響を与える政策である。

5) 国民負担率とは、国民所得に対する社会保障負担の比率のことである。

25

経済・金融・財政の常識

問82 次の文章のうち、正しいものの番号を2つマークしなさい。

　1) 労働投入量とは、労働力人口に年間総労働時間を乗じたものである。

　2) 有効求人倍率が1を上回るということは、仕事が見つからない人が多いことを意味し、1を下回るということは、求人が見つからない企業が多いことを意味する。

　3) 一国の経済活動において、生産、分配、支出の3つの側面から算出した額が等しくなることを「三面等価の原則」という。

　4) ドルの需要が発生するのは、日本が外国へ製品を輸出する場合や外国債券を売却する場合であり、一方、ドルの供給が発生するのは、外国が日本へ製品を輸出する場合や日本債券を売却する場合である。

　5) 完全失業率は、完全失業者数を労働力人口で除して求める。

財務諸表と企業分析

問83 次の文章が、正しければ○の方へ、正しくなければ×の方へマークしなさい。

　親会社は、いかなる場合でも、すべての子会社について連結財務諸表の連結の範囲に含めなければならない。

財務諸表と企業分析

問84 次の文章が、正しければ○の方へ、正しくなければ×の方へマークしなさい。

　損益計算書において、受取配当金は特別利益に分類される。

財務諸表と企業分析

問85 次の文章が、正しければ○の方へ、正しくなければ×の方へマークしなさい。

　個別財務諸表において流動比率が100%であるときには、固定長期適合率も100%となる。

財務諸表と企業分析

問86 次の文章が、正しければ○の方へ、正しくなければ×の方へマークしなさい。

　一般に、総資本回転率が高いほど、資本効率は低い。

財務諸表と企業分析

問87 次の文章が、正しければ○の方へ、正しくなければ×の方へマークしなさい。

貸借対照表において、のれん及び特許権は流動資産に分類される。

財務諸表と企業分析

問88 損益計算書から抜粋した金額は、次のとおりである。正しいものをイ〜ニから選んでいる選択肢の番号を1つマークしなさい。なお、金額は万円単位で、小数第2位以下切り捨て。

	前　期	当　期
売　　上　　高	10,000	15,000
売　上　原　価	7,500	12,000
販売費及び一般管理費	2,100	2,500
営　業　外　損　益	80	50
特　　別　　損　　益	▲150	380
法人税、住民税及び事業税	200	450

イ．前期の売上高総利益率は、4.0％である。

ロ．前期の売上高純利益率は、3.2％である。

ハ．当期の売上高経常利益率は、3.6％である。

ニ．当期は、前期比に比べて増収（売上高に対して）、増益（経常利益に対して）である。

1)　イ及びロ
2)　イ及びハ
3)　ロ及びハ
4)　ロ及びニ
5)　ハ及びニ

27

証券税制

問89 次の文章が、正しければ○の方へ、正しくなければ×の方へマークしなさい。

「居住者に対する国内課税」に関して、株式など有価証券の売買を事業的な規模で行う継続的取引から生ずる所得は、譲渡所得に区分される。

証券税制

問90 次の文章が、正しければ○の方へ、正しくなければ×の方へマークしなさい。

財形住宅貯蓄における利子所得の非課税制度の非課税最高限度額は、財形年金貯蓄とは別枠で550万円とされている。

証券税制

問91 次の文章が、正しければ○の方へ、正しくなければ×の方へマークしなさい。

「上場株式等に係る申告分離課税」における上場株式等の譲渡による所得と、「一般株式等に係る申告分離課税」における一般株式等の譲渡による所得は、損益通算することができる。

証券税制

問92 次の文章が、正しければ○の方へ、正しくなければ×の方へマークしなさい。

所得税の確定申告における所得金額の計算上、収入金額とは、所得税（復興特別所得税を含む）を控除した手取額である。

証券税制

問93 次の文章が、正しければ○の方へ、正しくなければ×の方へマークしなさい。

居住者が保有する公募株式投資信託の一部解約による損失が発生した場合、当該損失は上場株式の譲渡益と通算することができる。

証券税制

問94 次の文章が、正しければ○の方へ、正しくなければ×の方へマークしなさい。

居住者が「源泉徴収選択口座」の特定口座を通じて上場株式の売買を行った場合、当該居住者は当該口座について年間の売買損益を通算して、必ず確定申告を行わなければならない。

証券税制

問95 上場銘柄Ａ社株式の１株当たりの７月30日の終値及び最近４ヵ月の最終価額
　　　の月平均額が以下のとおりである場合、当該株式の１株当たりの相続税評価
　　　額として、正しいものの番号を１つマークしなさい。
　　　なお、当該株式の課税時期は７月30日とする。

　　　1)　７月30日の終値　　　　5,620円
　　　2)　７月中の終値平均株価　5,560円
　　　3)　６月中の終値平均株価　5,730円
　　　4)　５月中の終値平均株価　5,450円
　　　5)　４月中の終値平均株価　5,230円

セールス業務

問96 次の文章が、正しければ○の方へ、正しくなければ×の方へマークしなさい。
　　　外務員は、投資家のニーズに合わない場合であっても、顧客の資産や収入
　　　などを勘案し、投資アドバイスを行う。

セールス業務

問97 次の文章が、正しければ○の方へ、正しくなければ×の方へマークしなさい。
　　　外務員は、プロフェッショナルとして、単に不適切又は不公正な行為をし
　　　ないというだけではなく、不正の除去のため積極的に行動する姿勢が求めら
　　　れる。

セールス業務

問98 次の文章が、正しければ○の方へ、正しくなければ×の方へマークしなさい。
　　　協会員が保有すべき倫理コードに関して、協会員は、顧客に対して投資に
　　　関する助言行動を行う場合、中立的立場から、自己の見解を事実として説明
　　　した上で、専門的な能力を活かし助言をする。

セールス業務

問99　次の文章が、正しければ○の方へ、正しくなければ×の方へマークしなさい。

　　協会員が保有すべき倫理コードに関して、協会員は、投資者の保護や取引の公正性を確保するための法令や規則等、金融商品取引に関連するあらゆるルールを正しく理解し、これらを厳格に遵守するとともに、一般的な社会規範に則り、法令や規則等が予見していない部分を補う社会常識と倫理感覚を保持し、実行する。

セールス業務

問100　次の文章が、正しければ○の方へ、正しくなければ×の方へマークしなさい。

　　「IOSCO（証券監督者国際機構）の行為規範原則」において、業者は、顧客の最大の利益及び市場の健全性を図るため、その業務に適用されるすべての規則を遵守しなければならない。

別冊

2023-2024年試験をあてる
TACスーパー予想

模擬試験 問題編

第3回

問題用紙の使い方

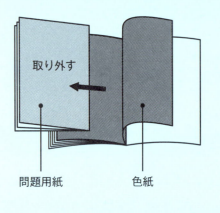

一番外側の色紙（本紙）を残して、問題用紙の冊子を取り外してください。

取り外しの際の損傷についてのお取り替えはご遠慮願います。

第3回

問題用紙

配点（440点満点）は以下のとおりです。

○×方式（全70問）……………各 2 点
5 肢選択方式（全30問）……各10点

※ 5 肢選択方式で 2 つの解答がある問題の場合、
　片方が正解であれば、5 点となります。

試験時間：160分

金融商品取引法

問1 次の文章が、正しければ○の方へ、正しくなければ×の方へマークしなさい。

投資助言・代理業の範囲には、投資顧問契約又は投資一任契約の締結の代理又は媒介が含まれる。

金融商品取引法

問2 次の文章が、正しければ○の方へ、正しくなければ×の方へマークしなさい。

金融商品取引業者等は、広告その他これに類似する行為をする場合には特に重要な事項について12ポイント以上の大きさの文字・数字を用いて明瞭・正確に記載しなければならず、契約締結前交付書面に記載するリスク情報については書面で使用される最も大きな文字・数字と著しくは異ならない大きさで表示しなければならない。

金融商品取引法

問3 次の文章が、正しければ○の方へ、正しくなければ×の方へマークしなさい。

既に開示が行われている有価証券の売出しについては、発行者、発行者の関係者及び引受人以外の者が行う場合は、当該売出しについての目論見書の交付は免除される。

金融商品取引法

問4 次の文章が、正しければ○の方へ、正しくなければ×の方へマークしなさい。

有価証券報告書の提出義務のある上場会社等の経営者は有価証券報告書・半期報告書・四半期報告書の記載内容が金融商品取引法令に基づき適正であることを確認し、確認書を提出する必要がある。

金融商品取引法

問5 次の文章が、正しければ○の方へ、正しくなければ×の方へマークしなさい。

金融商品取引業者等とその役職員は、顧客に対して誠実かつ公正に、その業務を遂行しなければならない。

金融商品取引法

問6　次の文章が、正しければ○の方へ、正しくなければ×の方へマークしなさい。

　　企業内容に関し財政状態及び経営成績に著しい影響を与える事象が発生した場合、有価証券報告書の提出を義務付けられる会社は訂正報告書を提出しなければならない。

金融商品取引法

問7　次の文章のうち、正しいものの番号を2つマークしなさい。

1)　金融商品取引契約を締結するに当たっては、契約締結前交付書面を交付した上で、顧客に対して当該契約締結前交付書面の内容の説明を行わなければならない。

2)　「内部者取引規制」において、主要株主の異動は、上場会社等の業務に関する重要事実に該当しない。

3)　上場会社等の株主のうち所有する株式数が上位10名までの者は、自己の計算において特定有価証券等の取引等を行った場合、一定の場合を除いて、取引等に関する報告書を内閣総理大臣に提出しなければならない。

4)　「株券等の大量保有の状況に関する開示制度」における大量保有報告書の提出期限は、株券等の実質的な保有者がこの開示制度に定める大量保有者に該当することとなった日から起算して10日(日曜日その他政令で定める休日の日数は算入しない)以内である。

5)　有価証券報告書の提出を義務付けられる上場株式会社等は、その事業年度が3ヵ月を超える場合には、経理の状況その他の重要事項を記載した四半期報告書を提出しなければならない。

> 金融商品取引法

問8　次の文章のうち、誤っているものの番号を2つマークしなさい。

1) 仮装取引とは、上場有価証券等の売買取引について、取引状況に関し他人に誤解を生じさせる目的をもって、権利の移転、金銭の授受を目的としない取引である。

2) 取引を誘引する目的をもって、取引所金融商品市場における上場金融商品等の相場が自己又は他人の操作によって変動する旨を流布することは、禁止されている。

3) 上場有価証券等の売買取引を誘引する目的をもって、取引所金融市場における上場金融商品等の相場を変動させる一連の有価証券売買等取引については、禁止されている。

4) 取引所金融商品市場における上場金融商品等の相場をくぎ付けにし、固定し、又は安定させる目的で、一連の有価証券売買等を取引することは一切禁止されている。

5) 取引所金融商品市場によらないで、取引所金融商品市場における相場により差金の授受を目的とする行為は、原則として、禁止されている。

> 金融商品の勧誘・販売に関する法律

問9　次の文章が、正しければ○の方へ、正しくなければ×の方へマークしなさい。

金融サービスの提供に関する法律において、金融商品販売業者等が、重要事項の説明を行う場合は、口頭によるものでなくてはならない。

> 金融商品の勧誘・販売に関する法律

問10　次の文章が、正しければ○の方へ、正しくなければ×の方へマークしなさい。

法人の情報は、個人情報保護法等においては対象とされていないが、法人の代表者や取引担当者個人を識別することができる情報は、個人情報に該当する。

金融商品の勧誘・販売に関する法律

問11 次の文章が、正しければ○の方へ、正しくなければ×の方へマークしなさい。

犯罪による収益の移転防止に関する法律において、代理人が取引を行う場合、金融商品取引業者は、本人についてのみ取引時確認を行えばよい。

協会定款・諸規則

問12 次の文章が、正しければ○の方へ、正しくなければ×の方へマークしなさい。

協会員は、顧客(特定投資家を除く)に対し、店頭デリバティブ取引に類する複雑な仕組債及び複雑な投資信託の勧誘を行うに当たって、勧誘開始基準に適合した者でなければ販売の勧誘を行うことができない。

協会定款・諸規則

問13 次の文章が、正しければ○の方へ、正しくなければ×の方へマークしなさい。

協会員は、小口投資家との公社債の店頭取引に当たり、価格情報の掲示等が義務付けられている。

協会定款・諸規則

問14 次の文章が、正しければ○の方へ、正しくなければ×の方へマークしなさい。

外務員資格更新研修を修了しなかった場合には、外務員資格更新研修を修了するまでの間、すべての外務員資格の効力が停止され、外務員の職務を行うことができない。

協会定款・諸規則

問15 次の文章が、正しければ○の方へ、正しくなければ×の方へマークしなさい。

協会員は、有価証券の売買に関連し、顧客の資金又は有価証券の借入れにつき行う保証、あっせん等の便宜の供与を行うことが一切禁止されている。

協会定款・諸規則

問16 次の文章が、正しければ○の方へ、正しくなければ×の方へマークしなさい。

取引残高報告書を定期的に交付している顧客である場合、取引残高報告書に照合通知書に記載すべき項目が記載されているときには、当該顧客に対する照合通知書の作成・交付が免除される。

協会定款・諸規則

問17 次の文章が、正しければ○の方へ、正しくなければ×の方へマークしなさい。

協会員の従業員は、自己の有価証券の売買その他の取引等について、顧客の名義又は住所を使用することは禁止されていない。

協会定款・諸規則

問18 次の文章が、正しければ○の方へ、正しくなければ×の方へマークしなさい。

二種外務員の資格で行える外務行為の範囲には、新株予約権証券の売買取引に係る外務行為が含まれる。

協会定款・諸規則

問19 次の文章が、正しければ○の方へ、正しくなければ×の方へマークしなさい。

協会員は、顧客（特定投資家を除く）に有価証券関連デリバティブ取引等の販売に係る契約を締結しようとするときは、あらかじめ、当該顧客に対し、注意喚起文書を交付しなければならない。

協会定款・諸規則

問20 次の文章のうち、正しいものの番号を2つマークしなさい。

1) 協会員の従業員は、顧客から有価証券の名義書換え等の手続の依頼を受けた場合において、所属する協会員を通じないでその手続を行ってはならないが、顧客の名義書換えについて便宜上自己の名義を使用させることは認められる。

2) 協会員は、有価証券関連デリバティブ取引については、取引開始基準を定め、当該基準に適合した顧客からのみこれを受託するものとされる。

3) 協会員は、顧客との間で外国債券の国内店頭売買を行うに当たり、合理的な方法で算出された時価（社内時価）を基準とした適正な価格により取引を行わなければならない。

4) 協会員の従業員は、いかなる名義を用いているかを問わず、特定店頭デリバティブ取引を行ってはならないが、有価証券関連デリバティブ取引は行うことができる。

5) カバードワラントに係る外務行為は、二種外務員の資格で行える。

協会定款・諸規則

問21 次の文章のうち、正しいものの番号を2つマークしなさい。

1) 協会員は、顧客の投資経験、投資目的、資力等を十分に把握し、顧客の意向と実情に適合した投資勧誘を行うよう努めなければならないとされている。

2) 投資経験の有無は、「顧客カード」に記載すべき事項である。

3) 協会員の従業員が、従業員限りで広告等の表示又は景品類の提供を行う際には、所属営業単位の営業責任者の審査を受けなければならない。

4) 照合通知書を顧客に交付する際には顧客との直接連絡を確保する趣旨から、顧客に店頭で直接交付することを原則としている。

5) 協会員の従業員は、顧客から有価証券の売買注文を受けた際に、当該顧客から書面による承諾を受けた場合に限り、自己がその相手方となって売買を成立させることができる。

協会定款・諸規則

問22 次の文章のうち、正しいものの番号を2つマークしなさい。

1) 協会員の従業員が有価証券の取引について顧客と損益を共にする際には、あらかじめ当該顧客の承諾を得なければならない。

2) 協会員が、外務員の職務を行わせることができるのは、外務員資格を取得した者又は外務員登録を受けた者である。

3) 協会員の従業員は、顧客から有価証券の名義書換えの手続の依頼を受けた場合には、所属金融商品取引業者を通じずに手続を行うことができる。

4) 協会員は、高齢顧客（特定投資家を除く）に有価証券等の勧誘による販売を行う場合には、当該協会員の業態、顧客属性等の条件を勘案し、高齢顧客の定義、販売対象となる有価証券等、説明方法、受注方法等に関する社内規則を定め、適正な投資勧誘に努めなければならない。

5) 二種外務員は、所属協会員の一種外務員の同行がある場合には、顧客から信用取引に係る注文を受託できる。

取引所定款・諸規則

問23 次の文章が、正しければ○の方へ、正しくなければ×の方へマークしなさい。

転換社債型新株予約権付社債券については、発行者からの上場申請がなくても上場できる。

取引所定款・諸規則

問24 次の文章が、正しければ○の方へ、正しくなければ×の方へマークしなさい。

取引所市場で行われる国債証券の売買における呼値の制限値幅は、原則として、前営業日の終値から上下1円である。

取引所定款・諸規則

問25 次の文章が、正しければ○の方へ、正しくなければ×の方へマークしなさい。

協会員は、取引所が委託保証金の率の引上げ措置を行っている銘柄について、顧客に対し信用取引の勧誘を自粛するものとされている。

7

取引所定款・諸規則

問26 次の文章が、正しければ○の方へ、正しくなければ×の方へマークしなさい。

ある金融商品取引所に上場されている銘柄は、他の金融商品取引所に上場することはできない。

取引所定款・諸規則

問27 次の文章が、正しければ○の方へ、正しくなければ×の方へマークしなさい。

ザラ場とは、売買立会における始値の決定方法のことをいう。

取引所定款・諸規則

問28 次の文章が、正しければ○の方へ、正しくなければ×の方へマークしなさい。

優先株(非参加型優先株)の上場審査基準として、当該上場申請銘柄の発行会社が、その金融商品取引所の上場会社であることは含まれていない。

株式業務

問29 次の文章が、正しければ○の方へ、正しくなければ×の方へマークしなさい。

「自己又は委託の別」は、注文伝票に記載すべき事項の1つである。

株式業務

問30 次の文章が、正しければ○の方へ、正しくなければ×の方へマークしなさい。

金融商品取引所の売買立会による内国株式の売買の種類は、決済日の違いにより当日決済取引、普通取引、信用取引及び発行日決済取引の4種類に区分されている。

株式業務

問31 次の文章が、正しければ○の方へ、正しくなければ×の方へマークしなさい。

株式の新規上場に際して、公開価格の決定方法には、競争入札方式とブックビルディング方式の2種類がある。

株式業務

問32　次の文章が、正しければ○の方へ、正しくなければ×の方へマークしなさい。

　　株式ミニ投資とは、毎月一定額を積み立てて、一定の期日にあらかじめ選択した一定の銘柄を買い付ける制度のことである。

株式業務

問33　次の文章が、正しければ○の方へ、正しくなければ×の方へマークしなさい。

　　金融商品取引業者は、顧客からの株式の売買注文について、約定が成立しなかった場合には注文伝票を作成する必要はない。

株式業務

問34　次の文章が、正しければ○の方へ、正しくなければ×の方へマークしなさい。

　　顧客が制度信用取引を行おうとするときは、金融商品取引業者に売買注文を委託する都度、制度信用取引に係る注文である旨を指示する必要はない。

株式業務

問35 ある個人（居住者）が、2023年4月に、取引所取引で現金取引により、上場銘柄Ａ社株式6,000株を成行注文で買い委託したところ、同一日に2,000株を1株1,250円で、また4,000株を1株1,300円でそれぞれ約定が成立した。この場合の受渡金額として、正しいものの番号を1つマークしなさい。

（注）株式委託手数料は下表に基づき計算すること。なお、株式の譲渡に係る所得税は考慮しない。

株式委託手数料額算出表

約定代金		委託手数料額
100万円超	500万円以下	約定代金×0.900％＋2,500円
500万円超	1,000万円以下	約定代金×0.700％＋12,500円
・委託手数料額には消費税10％相当額が加算される。		

1) 7,623,616円

2) 7,629,616円

3) 7,769,616円

4) 7,771,048円

5) 7,773,040円

株式業務

問36 次の文章のうち、正しいものの番号を2つマークしなさい。なお、私設取引システム(PTS)信用取引については、考慮しないものとする。

1) 「上場銘柄の制度信用取引」について、金利は、株券を借りた顧客から徴収され、信用取引貸株料は、買付代金を借りた顧客から徴収される。

2) 金融商品取引業者は、顧客の売建株又は買建株が未決済の状態で配当落ちとなった場合には、発行会社が支払う配当金確定後、その税引後配当金相当額を配当落調整額として、売方より徴収し、買方に支払う。

3) 金融商品取引業者が受け入れた代用有価証券を再担保又は他人に貸し付けるときは、当該顧客から口頭による承諾を受けた場合、書面による「同意書」の徴求は必要ない。

4) 制度信用取引において、顧客による委託保証金の引出しは、制度信用取引に係る有価証券の相場の変動により生じた計算上の利益相当額に限られている。

5) 信用取引における日々公表銘柄とは、信用取引残高の公表を日々行うことにより投資者に信用取引の利用に関して注意を促すためのものであり、信用取引に関する規制銘柄のことではない。

株式業務

問37 以下の会社(年1回決算)のEV／EBITDA倍率として、正しいものの番号を
1つマークしなさい。

(注)答は、小数第2位以下を切り捨て。

資本金	7,800億円
時価総額	8,800億円
利益剰余金	400億円
保有現預金(短期有価証券含む)	1,100億円
有利子負債	2,400億円
EBITDA	700億円

1)　11.1倍
2)　13.3倍
3)　14.4倍
4)　15.8倍
5)　26.3倍

株式業務

問38 次の式は、信用取引の買建株を現引きにより決済した場合に、差引支払金額
を求める算式である。それぞれの( )に当てはまる記号を正しく選んでい
るものの番号を1つマークしなさい。

(注)算式中の委託手数料には、消費税相当額を含むものとする。

差引支払金額＝買付金額(ア)委託手数料(イ)金利(ウ)品貸料

1)　(ア)＋　　(イ)＋　　(ウ)＋
2)　(ア)＋　　(イ)＋　　(ウ)－
3)　(ア)＋　　(イ)－　　(ウ)＋
4)　(ア)－　　(イ)－　　(ウ)＋
5)　(ア)－　　(イ)－　　(ウ)－

債券業務

問39 次の文章が、正しければ○の方へ、正しくなければ×の方へマークしなさい。

事業債は、地方公共団体が発行する債券である。

債券業務

問40 次の文章が、正しければ○の方へ、正しくなければ×の方へマークしなさい。

債券の入替売買とは、将来の一定の時期に一定の条件で債券を受渡しすることをあらかじめ取り決めて行う売買取引で、約定日から1ヵ月以上先に受渡しする取引をいう。

債券業務

問41 次の文章が、正しければ○の方へ、正しくなければ×の方へマークしなさい。

政府関係機関債で元利払いにつき、政府の保証がついて発行されるものは国庫短期証券である。

債券業務

問42 次の文章が、正しければ○の方へ、正しくなければ×の方へマークしなさい。

社債管理者とは、社債権者のために弁済を受ける等の業務を行うのに必要な一切の権限を有する会社であり、銀行、信託銀行及び金融商品取引業者は社債管理者になることができる。

債券業務

問43 次の文章が、正しければ○の方へ、正しくなければ×の方へマークしなさい。

現先取引の対象顧客は、一定の金融機関に限定される。

13

債券業務

問44 ある個人（居住者）が、長期利付国債を取引所取引により売り付けた場合の受渡代金を計算する式として、正しい組合せを選んでいる選択肢の番号を1つマークしなさい。

受渡代金＝約定代金（ア）経過利子（イ）（委託手数料（ウ）消費税相当額）

1) （ア）＋　　（イ）＋　　（ウ）＋
2) （ア）＋　　（イ）－　　（ウ）＋
3) （ア）－　　（イ）＋　　（ウ）＋
4) （ア）－　　（イ）－　　（ウ）＋
5) （ア）－　　（イ）－　　（ウ）－

債券業務

問45 利率年1.8％、残存期間3年、購入価格101円の利付債券の直接利回りとして、正しいものの番号を1つマークしなさい。

（注）答は、小数第4位以下を切り捨て。

1) 1.800％
2) 1.782％
3) 1.925％
4) 2.658％
5) 5.346％

14

債券業務

問46　ある個人（居住者）が、額面100万円の長期利付国債を取引所取引により単価101円で購入したときの受渡代金として、正しいものの番号を1つマークしなさい。

（注）経過利子は2,400円、委託手数料は額面100円につき30銭（消費税相当額を考慮しない）で計算すること。

1)　1,004,400円
2)　1,005,400円
3)　1,009,400円
4)　1,015,400円
5)　1,015,640円

投資信託及び投資法人に関する業務

問47　次の文章が、正しければ○の方へ、正しくなければ×の方へマークしなさい。

投資信託約款に記載すべき事項の1つに、「公告の方法」がある。

投資信託及び投資法人に関する業務

問48　次の文章が、正しければ○の方へ、正しくなければ×の方へマークしなさい。

ある投資法人の監督役員になっている者が、当該投資法人の執行役員を兼任することは認められていない。

投資信託及び投資法人に関する業務

問49　次の文章が、正しければ○の方へ、正しくなければ×の方へマークしなさい。

投資法人が、決算期毎に投資主に対して行う金銭の分配は、当該投資法人の貸借対照表上の純資産額から出資総額等の合計金額を控除した額（利益）の範囲内としなければならない。

投資信託及び投資法人に関する業務

問50 次の文章が、正しければ○の方へ、正しくなければ×の方へマークしなさい。

公社債投資信託とは、主として公社債を中心に運用され、株式を一切組み入れない証券投資信託のことをいう。

投資信託及び投資法人に関する業務

問51 次の文章が、正しければ○の方へ、正しくなければ×の方へマークしなさい。

金融商品の販売業者が顧客に対し、投資信託が有するリスク等の重要事項についての説明義務を怠り、そのために顧客が損害を被った場合であっても、損害賠償責任を負わない。

投資信託及び投資法人に関する業務

問52 次の文章が、正しければ○の方へ、正しくなければ×の方へマークしなさい。

外国投資信託を日本で販売する場合には、日本で設定された投資信託と同じルールの下で販売が行われる。

投資信託及び投資法人に関する業務

問53 次の文章が、正しければ○の方へ、正しくなければ×の方へマークしなさい。

証券投資信託には、あらかじめ投資信託約款により解約請求することができない期間が定められる場合があり、この期間を無分配期間という。

投資信託及び投資法人に関する業務

問54 次の文中のそれぞれの( )に当てはまる語句を下の語群から正しく選んで
いるものの番号を1つマークしなさい。

証券投資信託の運用手法であるアクティブ運用には、大別して、マクロ経
済に対する調査・分析結果でポートフォリオを組成していく(イ)と個別企
業に対する調査・分析結果の積み重ねでポートフォリオを組成していく
(ロ)がある。

さらに、(ロ)によるアクティブ運用には、企業の成長性を重視する(ハ)
や株式の価値と株価水準を比較し、割安と判断される銘柄を中心にする
(ニ)などがある。

〈語群〉

a．パッシブ運用 b．インデックス運用
c．トップダウン・アプローチ d．ボトムアップ・アプローチ
e．グロース株運用 f．バリュー株運用

1) イ－c、ロ－d、ハ－a、ニ－b
2) イ－c、ロ－d、ハ－e、ニ－f
3) イ－c、ロ－d、ハ－f、ニ－e
4) イ－d、ロ－c、ハ－a、ニ－b
5) イ－d、ロ－c、ハ－e、ニ－f

17

投資信託及び投資法人に関する業務

問55 次のうち、「運用報告書」の主な記載事項として、正しいものをイ～ニから選んでいる選択肢の番号を1つマークしなさい。

イ．期中の運用の経過

ロ．運用状況の推移

ハ．株式につき、銘柄毎に前期末・当期末における株数及び当期末現在における時価総額並びに期中の株式の売買総数及び売買総額

ニ．公社債につき、種類及び銘柄毎に、期末現在における時価総額及び期中の売買総額

1) すべて正しい

2) イ、ロ及びハ

3) イ、ロ及びニ

4) ロ、ハ及びニ

5) ロ及びニ

付随業務

問56 次の文章のうち、正しいものの番号を2つマークしなさい。

1) 「金融商品取引業の付随業務（金融商品取引法第35条第1項各号に定める業務）」に該当するものに、有価証券の売買の媒介、取次ぎ又は代理がある。

2) 累積投資契約の対象有価証券に非上場株式は含まれない。

3) 「金融商品取引業の付随業務（金融商品取引法第35条第1項各号に定める業務）」に該当するものに、有価証券に関する顧客の代理がある。

4) 有価証券に関連する情報の提供又は助言は、付随業務（金融商品取引法第35条第1項各号に定める業務）に該当しない。

5) インサイダー情報を知った会社関係者がその情報が公開される前に株式累積投資契約に基づく買付けを行った場合、その情報を知る前に締結された株式累積投資契約に基づく定期的な買付けであってもインサイダー取引規制の違反となる。

証券市場の基礎知識

問57　次の文章のうち、正しいものの番号を2つマークしなさい。

1)　企業の資金調達方法のうち、株式の発行によるものは直接金融に区分され、債券の発行によるものは間接金融に区分される。

2)　金融商品取引業の規制には、金融庁による公的規制だけでなく、自主規制機関による規制もある。

3)　証券投資における「自己責任原則」とは、投資者は自己の判断と責任で投資を行い、その結果としての損益がすべて投資者に帰属することをいう。

4)　投資者保護基金の補償対象となる預り資産に、信用取引に係る保証金及び代用有価証券は含まれていない。

5)　投資者保護基金の補償限度額は、顧客1人当たり3,000万円までである。

デリバティブ取引

問58　次の文章が、正しければ○の方へ、正しくなければ×の方へマークしなさい。

注文の執行業務とポジション・証拠金の管理といった清算業務を異なった取引参加者に依頼することができる制度をギブアップ制度という。

デリバティブ取引

問59　次の文章が、正しければ○の方へ、正しくなければ×の方へマークしなさい。

有価証券を対象とする先物取引の差金決済では、売買の都度、買い手から売り手へ、約定金額を支払う必要がある。

デリバティブ取引

問60 次の文章のうち、正しいものの番号を2つマークしなさい。

1) 「TOPIX先物取引」の呼値の刻みは、10ポイントである。

2) 「日経225先物取引」の呼値の刻みは、10円である。

3) 「TOPIX先物取引」の未決済建玉の最終決済方法は、受渡決済である。

4) 「日経225限月間スプレッド取引」の「スプレッド売呼値」とは、直近の限月取引の売付けとその他(期先)の限月取引の買付けに係る呼値をいう。

5) 「TOPIX限月間スプレッド取引」の取引単位は、直近の限月取引の1単位の売付け又は買付けと、その他(期先)の限月取引の1単位の買付け又は売付けである。

デリバティブ取引

問61 次の文章のうち、正しいものの番号を2つマークしなさい。

1) 中期国債先物の標準物の償還期限は、3年である。

2) 長期国債先物取引の呼値の刻みは、額面100円につき10銭である。

3) 中期国債先物取引の取引単位は、額面1,000万円である。

4) 国債先物取引の期限満了に伴う受渡決済を行う場合の受渡銘柄は、売方が受渡適格銘柄の中から選択する。

5) 長期国債先物取引の標準物の利率は、年6%である。

20

> デリバティブ取引

問62 先物取引に関する次の文章について、それぞれの（　　）に当てはまる語句の組合せとして、正しいものの番号を1つマークしなさい。

　先物取引のもつ価格変動リスクの移転機能は、市場での取引を通じて、相互に逆方向のリスクを持つ（　①　）の間でリスクが移転され合ったり、（　①　）から（　②　）にリスクが転嫁されることにより果たされる。

　先物市場は、（　①　）に対してはリスク回避の手段を提供し、（　②　）に対しては投機利益獲得の機会を提供し、（　③　）に対しては裁定利益獲得の機会を提供しているといえる。

1)　①ヘッジャー　　　②スペキュレーター　　　③アービトラージャー
2)　①ヘッジャー　　　②アービトラージャー　　　③スペキュレーター
3)　①スペキュレーター　②アービトラージャー　　　③ヘッジャー
4)　①スペキュレーター　②ヘッジャー　　　　　　③アービトラージャー
5)　①アービトラージャー　②ヘッジャー　　　　　　③スペキュレーター

> デリバティブ取引

問63 ある顧客（居住者）が、日経225先物を24,230円で10単位売建て、その後SQ（特別清算指数）23,670円で決済したときの顧客の受払代金として、正しいものを1つマークしなさい。なお、売建時の委託手数料は93,500円、決済時の委託手数料は84,600円とする。

（注）委託手数料には消費税が加算される。なお、消費税以外の税金は考慮しない。

1)　5,404,090円の支払い
2)　5,404,090円の受取り
3)　5,783,443円の支払い
4)　5,783,443円の受取り
5)　5,792,348円の受取り

デリバティブ取引

問64 次の文章が、正しければ○の方へ、正しくなければ×の方へマークしなさい。

コール・オプションでは権利行使価格が高いものほどプレミアムは低くなり、プット・オプションでは権利行使価格が高いものほどプレミアムは高くなる。

デリバティブ取引

問65 次の文章が、正しければ○の方へ、正しくなければ×の方へマークしなさい。

アウト・オブ・ザ・マネーの状態において、オプション・プレミアムは、タイム・バリューのみで成り立っている。

デリバティブ取引

問66 次の文章のうち、正しいものの番号を2つマークしなさい。

1) コール・オプション及びプット・オプションは、ともに残存期間が短いほど、プレミアムは低くなる。

2) コール・オプション及びプット・オプションは、ともにボラティリティが上昇するほど、プレミアムは上昇する。

3) プット・オプションは、短期金利が上昇するほど、プレミアムは上昇する。

4) コール・オプションは、原資産価格が下落すればプレミアムは上昇し、プット・オプションは原資産価格が下落すればプレミアムは下落する。

5) コール・オプションは、権利行使価格が高いほど、プレミアムは高くなる。

22

デリバティブ取引

問67 次の文章のうち、正しいものの番号を2つマークしなさい。

1) 長期国債先物オプション取引の原資産は、長期国債である。

2) 長期国債先物オプション取引が権利行使されると、権利行使日に長期国債先物取引が成立する。

3) 長期国債先物オプション取引は、取引開始日から取引最終日までいつでも権利行使可能なアメリカンタイプである。

4) 長期国債先物オプション取引の取引単位は1契約当たり長期国債先物取引の額面10億円分である。

5) 長期国債先物オプション取引は、3月、6月、9月及び12月限の5限月取引制である。

デリバティブ取引

問68 次の文章のうち、誤っているものの番号を2つマークしなさい。

1) 有価証券を対象とするオプション取引について、オプションのローとは、短期金利の微小変化に対するオプション・プレミアムの変化の割合を表すものである。

2) 有価証券を対象とするオプション取引について、オプションのコールのデルタは0～1、プットのデルタは-1～0の範囲で動く。

3) 有価証券を対象とするオプション取引について、オプションのセータとは、ボラティリティの微小変化に対するプレミアムの変化の比を表すものである。

4) 有価証券を対象とするオプション取引について、オプションのガンマとは、ボラティリティに関するオプション・プレミアムの変動リスクである。

5) 有価証券を対象とするオプション取引について、オプションのオメガとは、原証券価格の変化率に対するプレミアムの変化率の割合を表すものである。

デリバティブ取引

問69 次の文章が、正しければ○の方へ、正しくなければ×の方へマークしなさい。

CDO（Collateralized Debt Obligation）とは、ローン債権や債券（社債）、あるいは、CDSを多数集めてプールし、これらを裏付け（担保資産）として発行される証券のことである。

デリバティブ取引

問70 次の文章が、正しければ○の方へ、正しくなければ×の方へマークしなさい。

金利デリバティブのフロアの買手は、プレミアムを支払う代わりに、変動金利が一定水準を下回ったときは、当該差額を売り手から受け取ることができる。

デリバティブ取引

問71 次の文章が、正しければ○の方へ、正しくなければ×の方へマークしなさい。

バリアンス・スワップとは、投資家（金融機関）と証券会社等が、変動金利と資産のパフォーマンスを交換するスワップ取引である。

デリバティブ取引

問72 次の文章が、正しければ○の方へ、正しくなければ×の方へマークしなさい。

CATスワップは、国内損保と海外損保が自国で引き受けた自然災害保険の再保険として、当該自然災害保険に係るリスクを交換する取引である。

デリバティブ取引

問73　次の文章の(　　)に当てはまる語句の組合せとして、正しいものの番号を1
　　　つマークしなさい。

　　店頭デリバティブで特に重要視されるリスクには、(　①　)、(　②　)、(　③　)
の3つがある。(　①　)とは、市場価格や金利や為替レートなどが予見不能な、
あるいは、確率的に変動するリスクをいう。(　②　)とは、信用力の予期しな
い変化に関連して、価格が確率的に変化するリスクをいう。(　③　)とは、ポ
ジションを解消する際、十分な出来高がなく取引できないリスクをいう。

　　1)　①市場リスク　②オペレーショナルリスク　③流動性リスク
　　2)　①市場リスク　②信用リスク　　　　　　　③オペレーショナルリスク
　　3)　①市場リスク　②信用リスク　　　　　　　③流動性リスク
　　4)　①為替リスク　②信用リスク　　　　　　　③スプレッドリスク
　　5)　①為替リスク　②システミックリスク　　　③流動性リスク

デリバティブ取引

問74　前回リセットされた6ヵ月物レートが2.0%（Act/360）であり、前回から次
　　　の利払日までの実日数が180日（利払間隔は半年間）であったとする。このと
　　　き、借入金額が1億円であったとすると、利払い額として、正しいものの番
　　　号を1つマークしなさい。なお、利払い額の計算においては、実日数を用い
　　　ることとする。
　　（注）答は、円未満切り捨て。

　　1)　　　493,150円
　　2)　　　500,000円
　　3)　　　600,000円
　　4)　　　986,301円
　　5)　　1,000,000円

株式会社法概論

問75 次の文章が、正しければ○の方へ、正しくなければ×の方へマークしなさい。

会社の剰余金の配当は金銭で行われ、金銭以外の財産によるものは認められない。

株式会社法概論

問76 次の文章が、正しければ○の方へ、正しくなければ×の方へマークしなさい。

会社が事業の全部を譲渡した場合でも、当該会社は当然には解散はしない。

株式会社法概論

問77 次の文章が、正しければ○の方へ、正しくなければ×の方へマークしなさい。

会社法における大会社は、監査役会を置けば会計監査人を置く必要はない。

株式会社法概論

問78 次の文章が、正しければ○の方へ、正しくなければ×の方へマークしなさい。

会社法で定める公開会社は、その発行する全部の株式の内容として、譲渡による当該株式の取得について会社の承認を要する旨の定款の定めを設けていない株式会社のことである。

株式会社法概論

問79 次の文章が、正しければ○の方へ、正しくなければ×の方へマークしなさい。

株主総会の議事録は、本店には10年間備え置かれ、株主及び会社債権者の閲覧に供される。

株式会社法概論

問80 次の文章のうち、正しいものの番号を2つマークしなさい。

1) 取締役会を設置する会社の取締役は3名以上必要であるが、取締役会を設置しない会社では取締役は必要ない。

2) 新株予約権付社債について、新株予約権と社債のいずれかが消滅しない限り、新株予約権と社債を分離して譲渡することはできない。

3) 剰余金の配当は分配可能額の範囲内で行われることが必要であるが、一事業年度において配当は年2回までできる。

4) 2つ以上の会社が合併により1つの会社になる方法には、当事会社の全部が解散して新会社を設立する新設合併と、当事会社の1つが存続して他の会社を吸収する吸収合併がある。

5) 株式会社の取締役が、自己のために当該株式会社と取引をする場合は、監査役会(設置していない会社は監査役)の承認を受けなければならない。

経済・金融・財政の常識

問81 次の文章のうち、正しいものの番号を2つマークしなさい。

1) 国民経済計算では、「国内総生産＝雇用者報酬＋固定資本減耗＋(間接税－補助金)」の式が成立する。

2) 有効求人倍率は、一般に好況期に上昇し、不況期に低下するとされている。

3) 「企業物価指数(CGPI)」は、企業間で取引される中間財の価格を対象とした指数であり、国内企業物価指数、輸出物価指数、輸入物価指数と、これら3つを組み替えたり、調整を加えた参考指数がある。

4) わが国の一般会計における基礎的財政収支対象経費の中で最も金額の大きな経費は、文教及び科学振興費となっている。

5) 基準割引率と基準貸付利率は、民間金融機関の当座預金に適用される金利である。

27

経済・金融・財政の常識

問82 次の文章のうち、正しいものの番号を２つマークしなさい。

1) 日本銀行が行う公開市場操作では、国庫短期証券は対象となるが、個別の株式は対象とならない。

2) 消費者物価指数(CPI)を算出するときに、直接税や社会保険料等の非消費支出、土地や住宅等のストック価格は含まれていない。

3) 一般にインフレーションが進行すると、貨幣価値は実物資産の価値に比べて、相対的に上昇する。

4) オープン市場は、金融機関相互の資金運用・調達の場として利用されており、非金融機関は参加できない市場である。

5) GDPデフレーターは、実質GDPを名目GDPで除して求めることができる。

財務諸表と企業分析

問83 次の文章が、正しければ○の方へ、正しくなければ×の方へマークしなさい。

貸借対照表において、売掛金と受取手形は、いずれも当座資産に分類される。

財務諸表と企業分析

問84 次の文章が、正しければ○の方へ、正しくなければ×の方へマークしなさい。

負債比率は一般に低い方が望ましい。

財務諸表と企業分析

問85 次の式が、正しければ○の方へ、正しくなければ×の方へマークしなさい。

$$流動比率(\%) = \frac{流動負債}{流動資産} \times 100$$

財務諸表と企業分析

問86 次の文章が、正しければ○の方へ、正しくなければ×の方へマークしなさい。

企業の収益性を測る最も一般的な指標として「資本利益率」と「流動比率」がある。

財務諸表と企業分析

問87 次の文章が、正しければ○の方へ、正しくなければ×の方へマークしなさい。

　　キャッシュ・フロー計算書は、企業活動の状況を営業活動、投資活動、財務活動という3領域に区分し、そこでのキャッシュ・フローの状況から、企業活動全般の動きを捉えようとするものである。

財務諸表と企業分析

問88 資料から抜粋した金額が次のとおりである会社の配当率及び配当性向の組合せとして、正しいものの番号を1つマークしなさい。

　　(注)答は、小数第2位以下を切り捨て。発行済株式総数及び資本金の数値は、前期末と当期末において変化はないものとする。

（単位：百万円）

発行済株式総数	2,000,000株
中間配当／10.0円	期末配当／12.0円

（単位：百万円）

資本合計	資本金	500
	その他	2,100

売上高	27,000
売上原価	24,000
販売費及び一般管理費	2,800
営業外損益	▲100
特別損益	150
法人税、住民税及び事業税	120

	（配当率）	（配当性向）
1)	8.8%	24.6%
2)	8.8%	33.8%
3)	24.6%	8.8%
4)	33.8%	33.8%
5)	33.8%	24.6%

証券税制

問89 次の文章が、正しければ○の方へ、正しくなければ×の方へマークしなさい。

　　非課税口座内の少額上場株式等に係る配当所得及び譲渡所得等の非課税措置(いわゆるNISA)について、その年の非課税管理勘定の未使用枠は翌年以後に繰り越すことができる。

証券税制

問90 次の文章が、正しければ○の方へ、正しくなければ×の方へマークしなさい。

　居住者が相続によって取得する上場株式の相続税の評価は、課税時期における金融商品取引所が公表する最終価額以外の価額は認められない。

証券税制

問91 次の文章が、正しければ○の方へ、正しくなければ×の方へマークしなさい。

　居住者が上場株式の配当金について配当控除の適用を受けたい場合であっても、その配当所得の確定申告を行う必要はない。

証券税制

問92 次の文章が、正しければ○の方へ、正しくなければ×の方へマークしなさい。

　特定口座内の上場株式等の譲渡益は、口座を開設すれば、金融商品取引業者に届出を行わなくても、源泉徴収の適用を受けられる。

証券税制

問93 次の文章が、正しければ○の方へ、正しくなければ×の方へマークしなさい。

　「特定口座内保管上場株式等の源泉徴収の特例」に関して、特定口座は、個人１人につき１口座とされているため、複数の金融商品取引業者に口座を設定することはできない。

証券税制

問94 次の文章が、正しければ○の方へ、正しくなければ×の方へマークしなさい。

　非課税口座内の少額上場株式等に係る配当所得及び譲渡所得等の非課税措置(いわゆるNISA)について、2023年中に譲渡損失が発生した場合、この譲渡損失の金額については、「上場株式等に係る譲渡損失の損益通算及び繰越控除」の適用を受けることができる。

証券税制

問95　居住者が内国法人から支払いを受ける配当所得の金額が100万円（源泉所得税控除前）で、課税総所得金額等が、1,070万円である場合の所得税の配当控除の額として、正しいものの番号を1つマークしなさい。

（注）負債利子はないものとする。

1)　　45,000円
2)　　50,000円
3)　　65,000円
4)　　95,000円
5)　100,000円

セールス業務

問96　次の文章が、正しければ○の方へ、正しくなければ×の方へマークしなさい。

　　外務員は、投資家の信頼を得るためには、自らが行う投資アドバイスを投資家に納得してもらうことが重要であり、そのためには、投資家のニーズに沿わない場合であっても、提示したアドバイスの有効性・有益性を粘り強く説明する姿勢が求められる。

セールス業務

問97　次の文章が、正しければ○の方へ、正しくなければ×の方へマークしなさい。

　　外務員は、不正又は不適切な行為が、当該行為者本人のみに損失をもたらすのみならず、自己の所属する会社、業界全体、ひいては資本市場の信頼を大きく傷つける可能性があることを意識する必要がある。

セールス業務

問98　次の文章が、正しければ○の方へ、正しくなければ×の方へマークしなさい。

　　協会員が保有すべき倫理コードに関して、投資者が投資目的や資金量にふさわしくない投資を行おうとしている場合、協会員は、会社での権限や立場、利用可能な比較優位情報を利用しながら投資者に代わってその投資の決定を行う。

セールス業務

問99 次の文章が、正しければ○の方へ、正しくなければ×の方へマークしなさい。

協会員が保有すべき倫理コードに関して、協会員は、仲介者として、顧客が反社会的な活動を行う勢力や団体等であっても、常に顧客のニーズや利益を重視して取引を行う。

セールス業務

問100 次の文章が、正しければ○の方へ、正しくなければ×の方へマークしなさい。

「IOSCO（証券監督者国際機構）の行為規範原則」において、業者は、顧客との取引に当たっては、当該取引に関する具体的な情報を十分に開示しなければならない。